SILKE KLUTH

SELBST VERSORGT

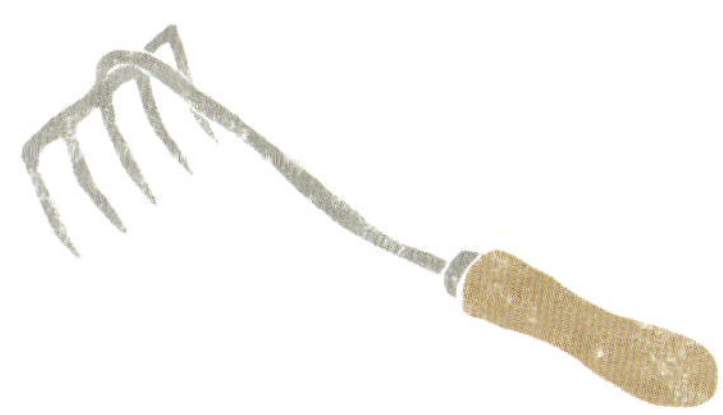

DAS STARTPROGRAMM FÜR EINSTEIGER

SILKE KLUTH

SELBST VERSORGT

DAS STARTPROGRAMM FÜR EINSTEIGER

INHALT

84 HERBST

110 WINTER

116 DAS ZWEITE JAHR

118 FRÜHLING

140 SOMMER

152 HERBST

160 WINTER

SERVICE

Umschlagklappen:

AUF DIE PLÄTZE, FERTIG – GÄRTNERN!

Wer sich heute bereits erfolgreich selbst mit Gemüse, Kräutern und Obst versorgt, musste erst einmal Erfahrungen sammeln. Das können Sie auch. Dieses Buch möchte Sie auf Ihrem Weg zum Küchengärtner begleiten. Von Anfang an. Gehen Sie mit!

> *Alles Gute fängt einmal klein an. Gehen Sie als Einsteiger lieber kleine Schritte. Der Erfolg kommt dann von selbst.*

Beetplanung? Fruchtfolge? Nicht verwirren lassen. Legen Sie lieber los!

Kennen Sie das: Sie würden gerne eigene Radieschen, Bohnen, Erdbeeren und Äpfel ernten? Den Garten dazu haben Sie? Informationen, wie das funktioniert, gibt es auch. Viele. Viel zu viele. Womit soll man da bloß anfangen? Hier setzt dieses Buch an. Es lässt das für Einsteiger Unwesentliche erst einmal weg. Beschreibt ganz konkret einen ersten Schritt. Dann den zweiten. Den dritten. Ehe Sie es sich versehen, ernten Sie schon! Und sind auf dem besten Weg zum Selbstversorger.

So läuft das hier – ein Überblick

Zwei Jahre lang können Sie sich von diesem Buch begleiten lassen. Es zeigt Ihnen im Rhythmus der Jahreszeiten, was gerade möglich ist und wie Sie dabei vorgehen. Die ersten zwölf Monate sind vornehmlich den Gemüse-, Kräuter- und Obstarten sowie Kulturtechniken gewidmet, die sich allesamt gut für Einsteiger eignen, Terrassengärtner eingeschlossen. Zwischen den Praxisseiten finden Sie immer dann, wenn es sinnvoll ist, ein wenig Theorie, beispielsweise „Grundkurse" in Mischkultur oder Kompostwirtschaft.
Das zweite Jahr bringt etwas kniffligere Arten, wieder über die Jahreszeiten. Hinzu kommt weiteres Rüstzeug, damit Sie ab Jahr 3 Ihre persönlichen Küchengartenwünsche selber planen und umsetzen können.
Neugierige, die schon früh tiefer in bestimmte Themen einsteigen möchten, folgen den an entsprechenden Stellen auftauchenden Verweisen „**Mehr wissen** ...".
Wer sich beim Lesen im zweiten Jahr etwas noch einmal ins Gedächtnis rufen möchte, findet die richtige Seite schnell durch den Vermerk „**Memo** ...".

Das Programm fürs erste Gärtnerjahr

- Zum Einstieg im Frühling bietet Ihnen dieses Buch drei fertige **Beetpläne** für Gemüse an. Davon können Sie eines verwirklichen. Oder zwei. Oder alle drei. So, wie Sie Zeit und Lust haben. Vielleicht möchten Sie dazu bzw. stattdessen ein Kräuterbeet anlegen. Oder Himbeeren pflanzen. Sie entscheiden.
- Direkt im Anschluss an die ersten Praxiskapitel zu Gemüse, Kräutern und Obst folgen die **Porträts** der jeweils vorgestellten Arten. Bei besonders beliebten und/oder sortenreichen Kulturen, wie Tomaten und Kartoffeln, fallen diese etwas ausführlicher aus.
- Anhand der **Praxisseiten** zu den Sommermonaten behalten Sie den Überblick darüber, was in welchem Beet wie zu tun ist. Säen, pflanzen, gießen, ernten –

an alles ist gedacht. Sogar an mögliche Pannen oder eventuell gesichtete ungeladene „Mitesser“, vor denen selbst Meister nicht gefeit sind. Wer mag, richtet sich nun außerdem sein Erdbeerbeet ein.

Die beste Zeit, einen Apfel zu pflanzen, war vor 20 Jahren. Die nächstbeste Zeit ist jetzt. (Nach einem afrikanischen Sprichwort)

- Über den Herbst ziehen sich die Anleitungen zu den anfallenden Tätigkeiten in den verschiedenen Kulturen weiterhin konsequent durch. Und dann geht es für diejenigen, die sich einen oder mehrere **Obstbäume** wünschen, auch schon wieder los: Für sie beginnt im Spätherbst die beste Pflanzzeit.
- Zum Ende Ihres ersten Selbstversorgerjahres erhalten Sie Tipps und Tricks dazu, wie Sie Garten und Terrasse für den **Winter** herrichten.
- Um schnell zu finden, was Ihre Interessen betrifft, orientieren Sie sich am **Inhaltsverzeichnis**. Dort sehen Sie auf einen Blick, auf welchen Seiten die Frühlings-, Sommer-, Herbst- und Winterarbeiten für z. B. das Gemüsebeet 2 beschrieben sind.

Hiermit fangen Sie an

Im ersten Schritt entscheiden Sie, was Sie am meisten reizt: Eines, zwei oder alle drei Gemüsebeete (→ Seite 19–22), ein Kräuterbeet (→ Seite 40/41), Himbeeren (→ Seite 46/47) und/oder Erdbeeren (→ Seite 68/69). Anschließend schauen Sie sich im Garten um, wo der beste Platz für Ihre Wünsche ist. Oft genug stellt sich während dieser Phase heraus, dass man sich möglicherweise doch etwas einschränken muss: Die Hausgärten sind heutzutage nicht die Größten.
Bevor Sie nun mit den Einkaufszetteln aus dem Buch in die Gärtnereien und Gartencenter aufbrechen, checken Sie Ihren bereits vorhandenen Bestand an Werkzeugen. Sollte noch etwas Wesentliches in der Grundausstattung (→ Seite 14/15) fehlen, können Sie das bei der Gelegenheit gleich mit besorgen.
Dann ist es schon so weit: Sie messen die Beete genau aus und bereiten den Boden für die ersten Samen und Setzlinge vor (→ Seite 12/13)! Sobald die Saatbänder und Jungpflanzen in der Erde sind, folgen Sie den Anleitungen zur Pflege in den ersten Wochen (→ Seite 30/31). Die Zeit bis zur baldigen (!) Ernte verkürzen Sie sich am besten, indem Sie Ihre Schützlinge näher kennenlernen. Sowohl durch Beobachtungen im Garten (Notizen machen!) als auch durch die dazu gehörenden Praxis-Anleitungen im Buch (→ ab Seite 24/25). Das Gleiche gilt, wenn Sie ein Kräuterbeet anlegen (→ Seite 40/41), Himbeeren setzen (→ Seite 46/47) oder Ihre Terrasse bzw. Ihren Balkon mit Essbarem in Kasten und Kübel bereichern möchten (→ Seite 48/49).
Sie merken schon: Von Buchseite zu Buchseite geht es Schritt für Schritt immer weiter durch die Jahreszeiten und die Jahre. Ein einfaches Prinzip.

Mit fertigem Plan in die Zukunft

Im zweiten Jahr können Sie die Beete 1–3 weiterkultivieren oder die neuen Beete 4 + 5 mit Gemüse für Fortgeschrittene ausprobieren. Ab Jahr 3 erstellen Sie eigene Beetpläne. Oder Sie halten sich weiter an die Beete 1–5 aus diesem Buch. Sie sind so aufeinander abgestimmt, dass die Fruchtfolge eingehalten wird, wenn die Kulturen Jahr für Jahr auf den Beeten rotieren. Wie? Ach, fangen Sie lieber vorne an. (Neugierige dürfen natürlich schon spickeln: **Mehr wissen: Fruchtfolge → Seite 66/67, Nährstoffbedarf → Seite 98/99.**)

> *Was werden diese Möhren gut schmecken! Auch das Grün – verwenden Sie es frisch oder getrocknet wie Petersilie.*

DAS ERSTE JAHR

FRÜHLING

Der Kalender sagt, der Winter sei noch nicht vorbei? Daran halten sich weder das Wetter noch die Natur. Achten Sie lieber auf deren verlässlichere Zeichen!

VORFRÜHLING: FEBRUAR/MÄRZ

Die Schneeglöckchen blühen! Sie verkünden, dass es nur noch eine Frage von Wochen ist, bis das erste Saatband in die Erde kommt. Wer jetzt noch kein Beet angelegt hat (→ Seite 12/13), erledigt das, sobald der Boden frostfrei ist.

ERSTFRÜHLING: MÄRZ/APRIL

Gemüsegärtner beobachten jetzt die Forsythie: Deren volle Blüte gibt ihnen das Startsignal, denn sie verrät, dass der Boden sich nun so weit erwärmt hat, dass Sie einige robuste Pflanzenarten säen bzw. pflanzen können. Konkret: Jetzt kommen die Samen von Frühlingsradieschen, Spinat, Frühmöhren und Gartenkresse in die Saatrillen. Pflücksalat und Petersilie setzen Sie als Jungpflanze. Und Steckzwiebeln werden, logisch, gesteckt.

VOLLFRÜHLING: APRIL/MAI

Der April/Mai leitet über in den Vollfrühling. Dann stehen Apfelbaum und Löwenzahn in voller Blüte. Gab es im März noch Kälteeinbrüche, kommen spätestens jetzt die ersten Gemüse ins Beet. Wird es noch wärmer, meist ab Ende April/Anfang Mai, haben Asia-Salate und Mangold gute Startbedingungen. Mitte Mai, wenn kein Spätfrost mehr zu erwarten ist, pflanzen Sie die wärmeliebende Zucchini.

VORFRÜHLING

Schneeglöckchen

ERSTFRÜHLING

Forsythie

VOLL-FRÜHLING

Apfelblüte

DAS ERSTE BEET RICHTIG ANLEGEN

Wenn Sie ganz von vorne anfangen und erst einmal Rasen umstechen müssen, kostet das Schweiß. Nehmen Sie sich Zeit. Einerseits zum Ausruhen, andererseits um sorgfältig vorzugehen. Die Mühe zahlt sich auf lange Sicht aus. Versprochen!

Erst der Kompass, dann der Spaten

Was gut gedeihen soll, braucht ideale Voraussetzungen. Das beginnt mit dem passenden Standort und gutem Boden. Bei der Beetanlage geht es aber auch um Sie: Die richtigen Maße erleichtern Ihnen später das Gärtnern.

Gemüse mögen es am liebsten sonnig

Die meisten Gemüsearten brauchen so viel Licht wie möglich. Gönnen Sie ihnen den sonnigsten Platz, den Sie anbieten können. Ideal ist die Fläche südlich des Hauses. Zeigt sich die Sonne auf der West- bzw. Ostseite im Sommer mindestens sechs Stunden, bietet sich dort eine gute Alternative. Bewährt hat sich, die Beete der Länge nach in Nord-Süd-Richtung anzulegen: Dann fällt sogar im Winter ausreichend Licht darauf.

> *Messen Sie das Beet aus. Die Ecken markieren Sie mit Pflöcken, die Seiten mit dazwischen gespannter Schnur.*

PRAXIS TIPP

Der Boden fürs Gemüsebeet ist verdichtet? Starten Sie mit Kartoffeln!

WIE ERDE LEICHTER URBAR WIRD

Als erste Frucht für neue Beete wählten schon die Altvorderen Kartoffeln: Sie lockern den Boden. Auch eine Gründüngung mit Lupinen wirkt sich positiv aus. Nachteil: Sie müssen mit dem Gemüse noch ein Jahr warten.

Auch Beete haben Idealmaße

- Haben Sie den besten Platz für Ihre Beete bestimmt, geht es um deren **Größe** und **Form**. Als Idealmaß für die Breite gelten 120 cm: So können Sie von beiden Seiten bequem säen, pflanzen und pflegen, ohne ins Beet hineintreten zu müssen. Die **Länge** ist variabel und hängt von Ihnen ab: Wie viel Platz steht Ihnen zur Verfügung? Wie viel möchten Sie ernten?
- Für den Anfang sind **drei Meter** zu empfehlen. Die Pläne für die drei Einsteigerbeete in diesem Buch betragen 120 cm Breite auf 100 cm Länge. Wenn Sie ein Beet von drei Meter Länge bestellen möchten, verwirklichen Sie den vorgegebenen Plan also in der Länge dreimal. Wenn Sie mit mehreren Beeten starten, legen Sie dazwischen Wege an. Eine Breite

von 30 cm belässt ausreichend Platz zum Werkeln, ohne zu viel Fläche zu verbrauchen. Die Wege treten Sie einfach fest, legen ein Brett darauf oder nutzen Rindenmulch als Bodenbelag.

Die ersten Beete nehmen Formen an

Haben Sie Ort und Größe der Beete festgelegt? Dann markieren Sie die Umrisse mit Pflöcken und Schnur. Durch Umgraben mit dem Spaten bereiten Sie den Boden vor. Gemüse braucht lockere, schön krümelige Erde, um sich zufriedenstellend zu entwickeln **(Mehr wissen: Saatbett → Seite 24/25)**. Wer Rasen umstechen muss, kommt erst einmal ins Schwitzen. Manche Gärtner scheuen diese Mühe und verwenden zur Bodenvorbereitung stattdessen eine Motorfräse. Doch wenn Sie die Erde mit dem Spaten bearbeiten, bekom-

→ Feste Erdschollen kriegen Sie am besten mit einem Kultivator klein.

men Sie erstens ein Gefühl dafür, welche Art von Boden Sie überhaupt haben. Zweitens können Sie dabei das Unkraut viel besser entfernen **(Mehr wissen: Unkraut → Seite 16/17)**. Wenn die Wurzeln von Ackerwinde, Quecke und Giersch in Stücke gefräst werden, hilft man den Lästlingen eher, sich auszubreiten. Auf lange Sicht haben Sie also mehr davon, wenn Sie sich auf Ihre

Nach dem Hausbau ist der Boden oft verdichtet. Kartoffeln mit ihren tief reichenden Wurzeln lockern ihn wieder auf.

Muskelkraft verlassen. Nehmen Sie sich ausreichend Zeit für dieses erste Projekt. Oder lassen Sie sich helfen. Schließlich soll die Gartenarbeit auch Spaß machen!

Auf schweren, klumpigen Böden erleichtert ein schwererer Metallrechen das Glattziehen der Beetoberfläche.

Guter Boden für eine reiche Ernte

In der Regel kommen die Gemüse auf den meisten Gartenböden gut zurecht. Nur sehr leichte Sandböden bzw. sehr schwere Tonböden brauchen eine Extrabehandlung. Erstere erkennen Sie daran, dass sie viel Sand enthalten und in der Hand auseinanderfallen, wenn man versucht, sie zu formen. Sie erwärmen sich im Frühling zwar flott, können dafür Wasser und Nährstoffe nicht gut halten. Tonböden dagegen lassen sich zu stabilen, glänzenden „Würsten" kneten und kleben obendrein an den Fingern. Sie speichern Wasser und Nährstoffe hervorragend, neigen aber dazu, die Pflanzenwurzeln zu ersticken. Beide Bodenarten sind über die Jahre durch regelmäßige Kompostgaben **(Mehr wissen: Kompost → Seite 80/81)** gut zu verbessern. Außerdem dadurch, dass Sie dem einen etwas vom anderen geben: Tonmehl (als Bentonit erhältlich, 100–500 g/m^2) zum Sandboden und Sand (Kieswerk oder Baustoffhandel, bis 10 l/m^2) zum Tonboden.

DAS WERKZEUG FÜR EINSTEIGER

Im ersten Selbstversorgerjahr brauchen Sie für Bodenpflege, Aussaat und Pflanzung nur eine kleine Grundausstattung. Das eine oder andere Gerät besitzen Sie bestimmt schon. Gehen Sie Ihren Bestand einmal durch!

Je besser Qualität und Ergonomie eines Gartenwerkzeugs, desto leichter geht Ihnen die Arbeit von der Hand. Achten Sie darauf, wenn Sie Ihren Bestand jetzt ergänzen müssen. Mit der Zeit merken Sie, wie intensiv Sie den Anbau von Gemüse und Obst betreiben. Dann können Sie bei Bedarf vorhandene Geräte durch hochwertigere ersetzen.

① HANDSCHAUFEL
Praktisches Gerät zum Setzen von Jungpflanzen.

② MESSER
Multitalent, z. B. für Ernte und Stecklingsvermehrung.

③ GARTENSCHERE
Unentbehrliches Basiswerkzeug zum Schneiden von Kräutern, Trieben etc.

④ HANDKULTIVATOR
Nützlich zum Lockern der Erde zwischen den Gemüsereihen sowie für das Jäten von Unkraut.

⑤ GARTENSCHNUR
Mit Pflöcken zum Markieren von Beeträndern und Saat- bzw. Pflanzreihen sowie zum Anbinden.

⑥ GIESSKANNE
Mit feiner Siebtülle zum Angießen von Saaten und Pflanzungen, zum Wässern sowie zum Ausbringen von flüssigen Düngern.

⑦ KULTIVATOR
Gerät mit drei oder fünf gekrümmten Zinken zum Zerkleinern von Erdbrocken und Einarbeiten, z. B. von Kompost, in den Boden.

⑧ SCHAUFEL
Zum Umsetzen von Kompost sowie zum Schaufeln von Erdmaterial.

⑨ RECHEN
Zum feinkrümeligen Abharken der Gemüsebeete.

⑩ GRABEGABEL
Zur Lockerung der Erde sowie zur Gemüseernte.

⑪ HACKE
Zur Auflockerung der Bodenoberfläche und zur Bekämpfung von Samenunkräutern.

⑫ SPATEN
Basisgerät zur Anlage eines Beets sowie zum regelmäßigen Umgraben im Herbst bei schweren Böden.

6
7
8
9
10
11
12

UNKRAUT? NEIN, DANKE!

Leider haben Ackerwinde, Schachtelhalm und Quecke oft eine höhere Konkurrenzkraft als Kulturpflanzen. Wenn Sie jedoch ihre Verbreitungsstrategien verstanden haben, können Sie das Übel buchstäblich an der Wurzel packen.

Aller Anfang ist zahlreich

Wenn Sie Gemüsebeete oder Obstpflanzungen übernehmen können, die bereits länger bestehen, haben Sie richtig Glück: In diesen Fällen haben Ihre Vorgänger meist schon viel geleistet: In der Erde stecken nur noch wenig Wurzeln und Samen von Unkräutern, die Ihren Wunschgewächsen im Sinne des Wortes das Wasser abgraben. Wenn Sie den Boden erst urbar machen, müssen Sie jedoch leider recht viel Geduld beweisen: Die Wildpflanzen hinterlassen jede Menge Nachkommen, die im Laufe der Jahre versuchen, das Beet wieder

> *Flach wachsende Unkräuter bekommen Sie mit Wurzeln aus der Erde, wenn Sie vorsichtig daran ziehen.*

für sich zu erobern. Von dieser Zähigkeit weiß jeder Gärtner ein Lied zu singen. Das starke Durchsetzungsvermögen verdanken die Unkräuter zwei unterschiedlichen Verbreitungsstrategien. Gehen Sie gezielt dagegen an! Dann haben Sie am ehesten die Chance, die ungebetenen Gartengäste in einem erträglichen Maß zu halten und auf Dauer zurückzudrängen.

WILDE GENÜSSE

Viele Unkräuter ergeben herzhafte, vitamin- und mineralstoffreiche Salate und Gemüse. Das sollten Sie unbedingt einmal ausprobieren!

- ***Vogelmiere** erinnert geschmacklich an junge Maiskolben oder Erbsen.*
- ***Giersch, Melde und Brennnessel** lassen sich nach den gleichen Rezepten wie Spinat verwenden.*
- ***Löwenzahn** eignet sich für Blütengelee, Blütenknospen-Kapern, Blattsalat und Wurzelgemüse.*
- ***Hirtentäschelknospen, -blüten** und junge Triebe würzen Salat, Spinat und Pfannengemüse wie Rucola.*

Strategie 1: Hohes Ausschüttungs-Potenzial

Die eine Gruppe der Unkräuter bildet massenhaft Samen, um sich auszubreiten. Bis zu 4000 produziert ein Hirtentäschel jährlich, Vogelmiere sogar 15000. Dieser Überfluss sichert den Fortbestand. Die meisten Samen werden von Vögeln oder Insekten gefressen, oder sie landen irgendwo, wo sie nicht auskeimen können. Viele verschwinden in tieferen Erdschichten, z. B. bei der Bodenbearbeitung oder bei Baumaßnahmen. Dort warten sie teilweise mehr als 60 Jahre darauf, dass sie wieder an die Oberfläche gelangen und zu neuem Leben erweckt werden. Hier greift die Gegenstrategie: Warten Sie nach der Beetvorbereitung für die Aussaat oder Pflanzung noch etwa 14 Tage ab. Ein Großteil der gerade wieder zutage getretenen Samen keimt in dieser Zeit aus. Jetzt gehen Sie noch einmal mit der Hacke darüber – und die erste große Invasion ist beseitigt. Nach dem Bestellen des Gemüsebeets müssen Sie dranbleiben: Jäten Sie neu aufgelaufene Unkräuter in regelmäßigen Abständen, solange sie noch klein sind. Und verhindern Sie vorbeugend bei Exemplaren außerhalb der Beete die Samenbildung!

Strategie 2: Auftauchen aus der Unterwelt

Verglichen mit dieser Gruppe an Konkurrenten sind Samenunkräuter harmlos. Noch einigermaßen gut in Schach zu halten sind Kriechender Hahnenfuß, Günsel oder Gundermann. Ihre oberirdischen

→ Das Erfolgsgeheimnis: Bleiben Sie hartnäckig. Auf Dauer siegen Sie!

Ausläufer schlagen zwar Wurzeln, wo immer sie auf geeigneten Boden treffen. Jedoch so flach, dass Sie ihnen durch Hacken leicht beikommen. Wer allerdings einmal die langen Schnurwurzeln der Quecke oder die ausschweifenden Wurzelausläufer von Giersch gesehen hat, wundert sich über nichts mehr. Schon ein kurzes, in der Erde übersehenes Stück treibt wieder aus und bildet bald neue Bestände. Ebenso die berüchtigten Pfahlwurzeln des Löwenzahns. Ihre Gegenmaßnahmen können also nur sein, bei der Bodenbearbeitung und Beetvorbereitung die Wurzeln so sorgfältig wie möglich herauszulesen. Und hartnäckig zu sein: Wenn Sie jeden Neuaustrieb konsequent ausstechen bzw. ausgraben, geht selbst dem stärksten Unkraut irgendwann einmal die Puste aus.

Bis das Gemüse so groß geworden ist, dass es Unkraut selbst unterdrücken kann, müssen Sie regelmäßig hacken.

MULCHEN STATT ZUPFEN

In der Natur wird jede Lücke auf dem Boden von Pflanzen flott besiedelt. Das ist im Garten nicht anders. Bedeckte und somit beschattete Erde bietet für Unkräuter keine guten Startbedingungen. Eine Mulchdecke ***(Mehr wissen: Mulchen → Seite 76/77)*** *unterdrückt ihr Wachstum.*

EINKAUFSLISTE BEET 1

Saattüten / Jungpflanzen pro Meter

bis März

→ 1 × Spinat (Saatband)

im Mai

→ 1 × Zucchini (Jungpflanze)

nach der Spinaternte

→ 6 × Tagetes (Jungpflanzen, niedrige Sorte)

→ 4 × Kohlrabi (Jungpflanzen)

Ende August

→ 4 × Grünkohl, Wintersorte (Jungpflanzen)

→ 1 × Radieschen (Saatband)

EINKAUFSLISTE BEET 2

Saattüten / Jungpflanzen pro Meter

bis März

→ 1 × Radieschen (Saatband)

→ 10 × Pflücksalat (Jungpflanzen)

→ 9 × Petersilie (Jungpflanzen)

→ 250 g Steckzwiebeln

→ 1 × Frühmöhren (Saatband)

→ 1 × Dill (Samen)

→ 1 × Rettich (Saatband)

nach der Zwiebelernte

→ 6 × Endivie (Jungpflanzen)

Beet 2: Möhren und Zwiebeln haben einen mittleren Nährstoffbedarf

Die geniale Verbindung zwischen Möhren und Zwiebeln liefert die Basis für diese Beetplanung: Mit ihren Düften halten sie sich gegenseitig Schädlinge von der Rübe bzw. Zwiebel. Damit Sie im Frühling schon Salatzutaten ernten können, besetzen Sie zeitig die beiden äußersten Reihen mit Pflücksalat-Jungpflanzen und Radieschen. In der mittleren Reihe ersetzen Sie den Salatnachwuchs durch Petersilie. Sobald Radieschen und Salat die Außenreihen im Frühsommer freimachen, säen Sie eine Mischung aus Möhren und Dill hinein. Dill ist ein bisschen flotter im Keimen als die Möhren, und man sagt ihm nach, dass er diesen Vorgang bei den Möhren etwas beschleunigt. Rupfen Sie die Dillpflanzen nach und nach für die Küche heraus, um Platz für die Möhren zu machen. Falls Sie Dillsamen ernten möchten, lassen Sie hier und da eine Pflanze weiterwachsen und ziehen Sie dafür die benachbarten Möhren heraus. Diese können Sie komplett mit Kraut verwerten. Im Hochsommer folgt Rettich auf die Frühmöhren. Im Herbst ist Erntezeit für die Zwiebeln. Ihre Stelle übernehmen Endivien-Jungpflanzen, die im Spätherbst reifen.

› *Beet 2: Gemüsearten mit mittlerem Nährstoffbedarf (Mittelzehrer)*

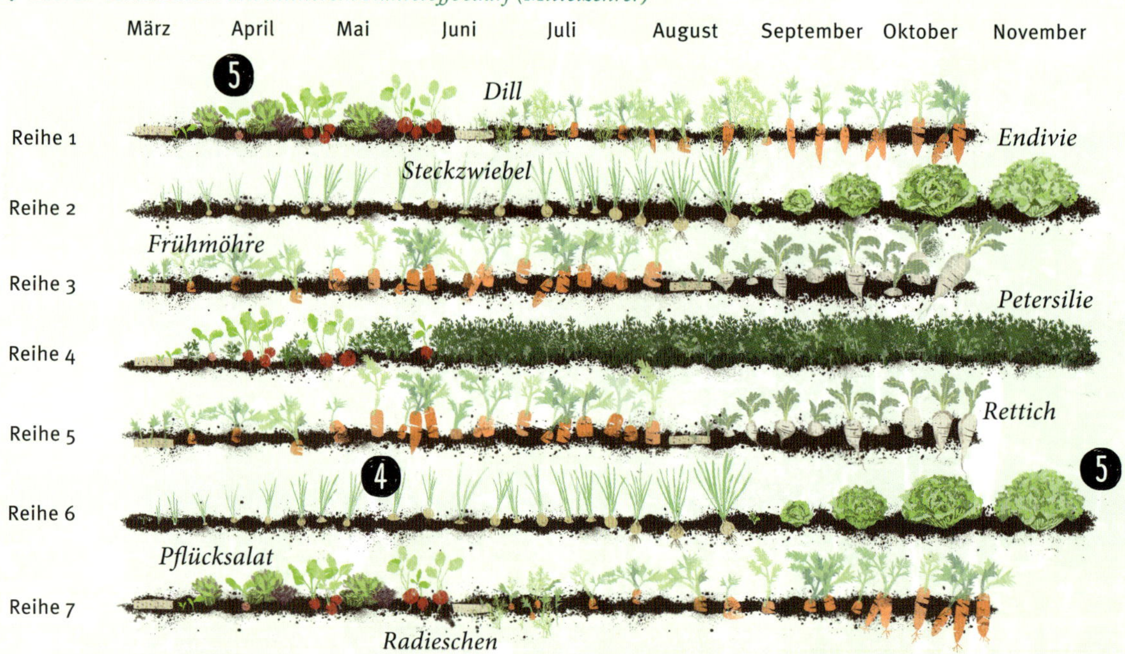

DREI GEMÜSEBEETE FÜR JEDEN GESCHMACK

Suchen Sie sich das oder die Beet(e) aus, worauf Sie am meisten Lust haben. Diese drei Pläne sind nach den Regeln des Gemüseanbaus aufeinander abgestimmt. Werden Sie hier erst einmal mit den Grundbegriffen vertraut!

Beet 1: Ein Plan rund um den Anbau der nährstoffbedürftigen Zucchini

Dieses Beet ist auf die Kultur von Zucchini abgestimmt. Sie ist sehr hungrig und gehört daher zur Gruppe der Starkzehrer. Entsprechend geben Sie dem Boden einen extra großen Düngervorrat mit (Mehr wissen: Nährstoffbedarf → Seite 98/99).
Zucchini kommt erst ab Mai in die Erde. Vorher bleibt genügend Zeit für Spinat. Der wird – je nach Witterung – im März/April gesät. Im Mai setzen Sie die Zucchini-Jungpflanze in die mittlere Reihe. Selbst, wenn der Spinat dann noch stehen sollte: Er ist bald erntereif, sodass die heranwachsene Zucchini sich ausbreiten kann. Auf die beiden äußersten freigewordenen Reihen pflanzen Sie Tagetes und Kohlrabi im Wechsel. Die Sommerblumen locken Insekten an, welche die Zucchiniblüten gleich mitbestäuben. Im Laufe der Wochen wandern die Kohlrabi in die Küche und geben den Tagetes Raum, sich weiter zu entfalten. Oder Sie nehmen sie heraus und säen stattdessen Radieschen-Herbstsorten (Mehr wissen: Sorten → Seite 148/149). Im Hochsommer setzen Sie zwei Reihen Grünkohl. Er hat noch Zeit zum Großwerden und steht die kalte Jahreszeit mit ein bisschen Frostschutz durch. Zwischendurch zweigen Sie immer mal wieder etwas für den Kochtopf ab.

> *Beet 1: Gemüse mit hohem Nährstoffbedarf (Starkzehrer)*

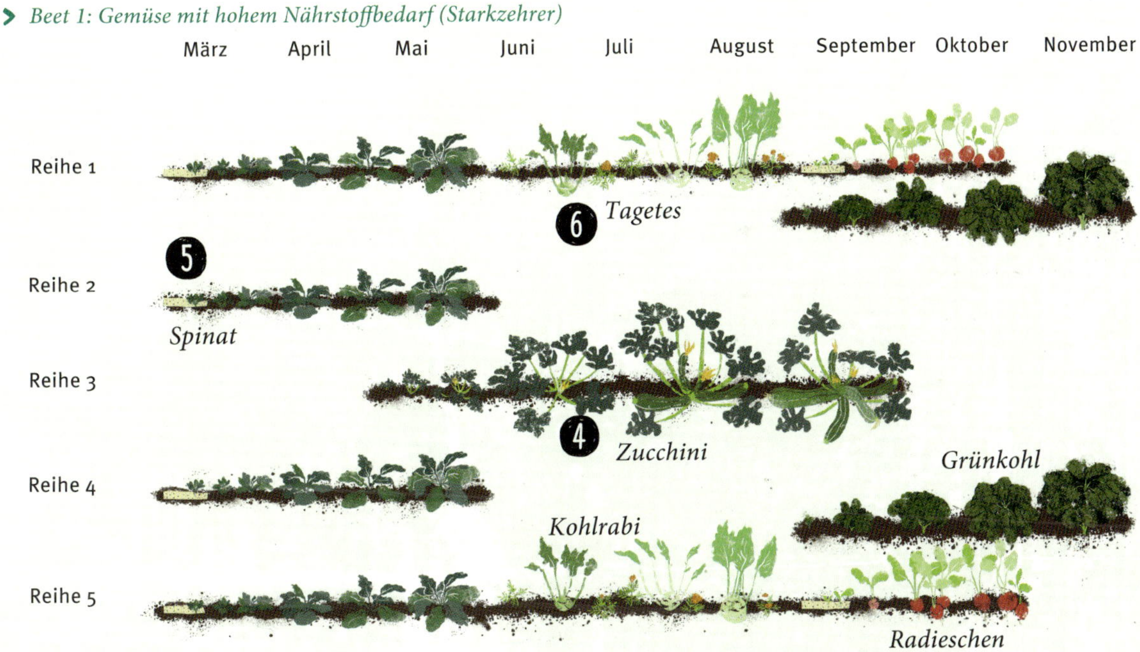

5

Vor-, Nachkultur

Gemüse, die vor bzw. nach der Hauptkultur gedeihen, ergänzen die Planung. Ihre Auswahl wird auf die Hauptkultur abgestimmt. Die Nachkultur bezeichnet man auch als Folgekultur.

6

Mischkultur

Das Gegenteil der Monokultur: Vielfalt auf dem Beet macht Schaderregern das Leben schwer. Dabei gibt es Arten, die sich gegenseitig unterstützen. Andere sind wiederum als Nachbarn ungeeignet (Mehr wissen: Mischkultur → Seite 38/39).

4

Hauptkultur

Grundlage für die Beetplanung ist jeweils die Gemüseart, die am längsten auf dem Beet steht und den meisten Platz benötigt.

EINKAUFSLISTE BEET 3

Saattüten / Jungpflanzen pro Meter

- → 1 x Frühmöhren (Saatband)
- → 1-2 x Gartenkresse (Saatband)
- → 1 x Asia-Salat (Saatband)
- → 3 x Mangold (Jungpflanzen)
- → 1 x Buschbohnen (Samen)
- → 1 x Feldsalat (Samen)

FÜR IHRE ÜBERSICHT!

Diese drei Beetpläne, ebenso wie die zwei Beetpläne für Fortgeschrittene im zweiten Jahr, finden Sie noch einmal im Überblick auf Seite 168/169. Daraus sind zusätzlich die Abstände zwischen den Reihen sowie die Saat-/ Pflanz- und Erntezeiten zu entnehmen.

Beet 3: Rund um die bescheidene Buschbohne

Der Wunsch nach Buschbohnen war hier der Ausgang für die Beetplanung. Sie sind Schwachzehrer und brauchen daher einen nur mit wenig Nährstoffen versehenen Boden. Die wärmeliebenden Hülsenfrüchte kommen erst ab Frühsommer nach draußen. Das bringt Spielraum für eine Asia-Salatmischung aus dem Saatband. Die im März in der Mitte gepflanzte Gartenkresse bringt schon in wenigen Wochen flotte Vitamine. Sie weicht im Mai dem Mangold. Rechts und links der Gartenkresse kommen Frühmöhren in die Saatrillen. Im Frühsommer folgen Buschbohnen auf die Asia-Salate. Bis sie und der Mangold herangewachsen sind und mehr Raum beanspruchen, ernten Sie so nach und nach die Möhren. Über den Sommer pflücken Sie mehrfach die Bohnen durch. Auch von einigen kräftigen Mangoldpflanzen können Sie gelegentlich das eine oder andere äußere Blatt abpflücken. Ob Sie bis in den Dezember weiterhin nur einzelne Blätter ernten oder ab dem Herbst ganze Pflanzen abschneiden, bleibt Ihre Wahl! Auf die Buschbohnen folgen im September noch auf den äußeren 40 cm Einsaaten von Feldsalat, der mit etwas Schutz bis in den Frühling für frisches Grün in der Küche sorgt.

> Beet 3: Gemüse mit niedrigem Nährstoffbedarf (Schwachzehrer)

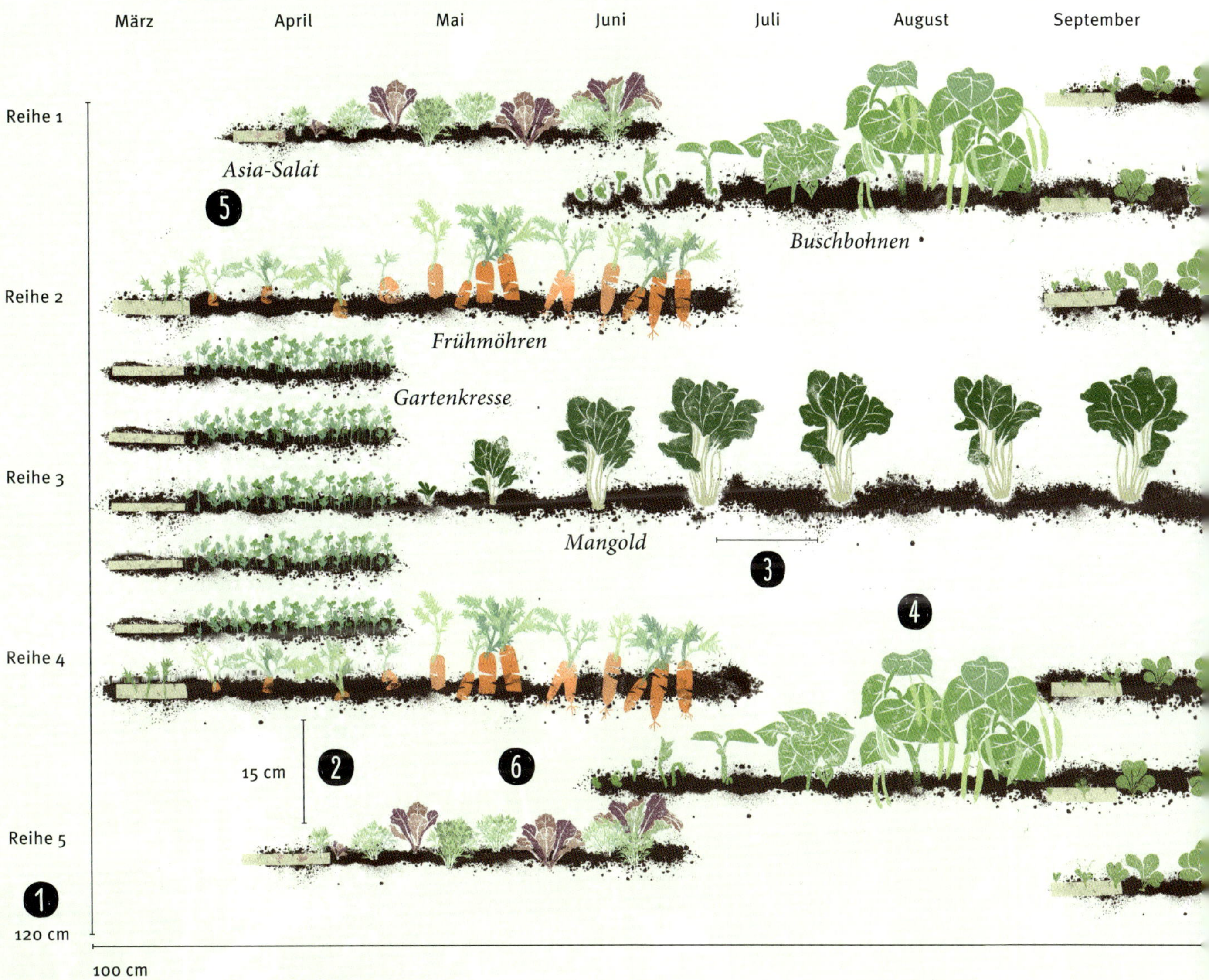

1

Beetgröße

Diese Beete sind 120 cm breit und 100 cm lang. Sollen es 300 cm werden, pflanzen Sie also den Plan dreimal hintereinander.

2

Reihenabstand

Die Zentimeterangaben beziehen sich auf den Abstand zwischen den Beetreihen (→ Porträts, → Beetübersicht Seite 168/169).

3

Pflanzabstand

Jedes Gemüse braucht auch in der Reihe einen bestimmten Abstand zu den Nachbarn, um sich gut entfalten zu können (→ Porträts).

PRAXIS BEET 1 IM FRÜHLING

Nach dem Umgraben ist das Beet (und Sie!) fit für die ersten Saaten.
Warten Sie, bis die Natur Ihnen das Zeichen gibt, dass der Boden warm genug dafür ist.
Dann schnappen Sie sich den Rechen, die Spinat-Saatbänder – und los!

Saatbett vorbereiten
Warten Sie, bis die Erde trocken genug ist, um nicht mehr zu klumpen. Dann das Beet mit dem Rechen glatt ziehen. Größere Brocken dabei zerkleinern sowie Steine u. ä. entfernen.

Pflanzensamen brauchen zum Keimen bestimmte Temperaturen und eine gewisse Feuchtigkeit. Bei Spinat sind 10–15 °C optimal, bei Feldsalat 5–10 °C. Wenn es kühler ist, dauert es halt ein bisschen länger: Beide sind das gewöhnt. Die Samen wärmebedürftigerer Arten dagegen würden jetzt ausgesät so lange zum Auskeimen brauchen, dass sie eher faulen.
Sobald die Forsythie in voller Blüte steht, holen Sie sich den Rechen. Damit bereiten Sie das Saatbett vor, indem Sie das Beet glatt ziehen und eventuell noch vorhandene Klumpen zerkleinern. Ist die Erde dann schön feinkrümelig, betten sich die Samen gut darin ein und erhalten ausreichend Feuchtigkeit. Und schon sind die Saatbänder mit Spinat oder Feldsalat dran! Legen Sie sie in den Reihen 1, 2, 4 + 5 aus, so wie auf der Seite gegenüber beschrieben.

› *Beet 1 im Frühling*

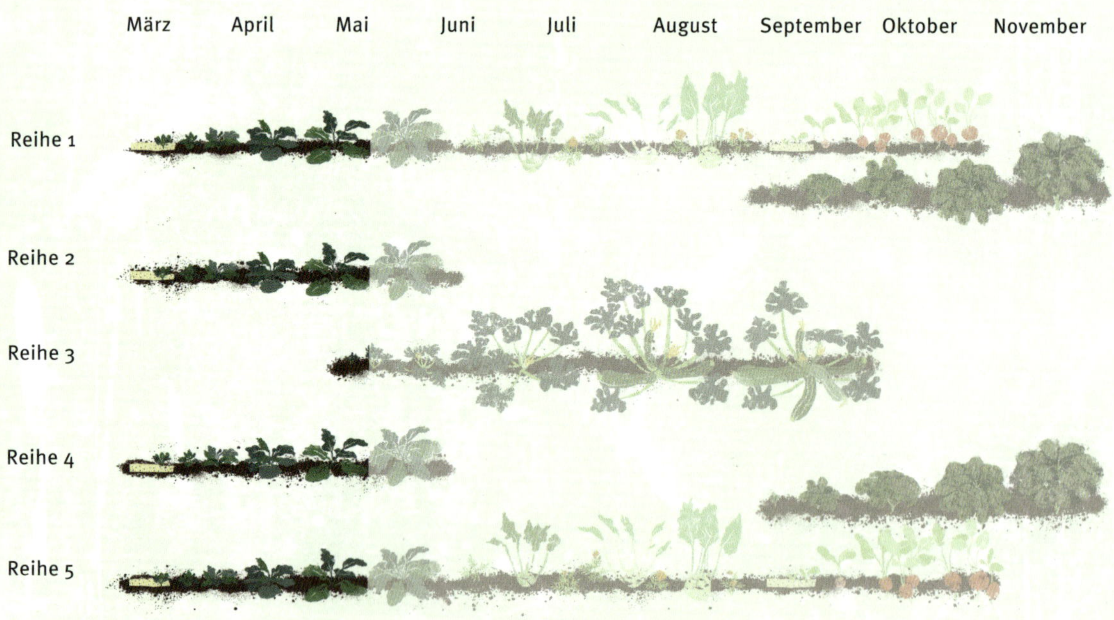

SAATBÄNDER RICHTIG AUSLEGEN

Beim Einkauf haben Sie es bestimmt schon gemerkt: Man muss ein bisschen suchen, bis man Spinat im Saatband findet. Diese langen Streifen haben jedoch gerade für Einsteiger große Vorteile: Die Samen sind darin im richtigen Abstand eingebettet. Bei feinen Samen ist die Versuchung, zu dicht zu säen, groß. Dann gibt es nach der Keimung viel zu verziehen, also das, was zu eng steht, herauszurupfen. Mit einem Saatband erkennen Sie außerdem auf den ersten Blick, wo in der Saatrille noch etwas nachzulegen ist.

1

Gerade Reihen

Spannen Sie eine Schnur zwischen zwei Pflöcken an den Beetenden, um den Verlauf der Reihe zu markieren.

2

Saatrille ziehen

Mit dem Stielende eines Rechens oder Ähnlichem ziehen Sie entlang der Schnur eine Rille in die Erde.

3

Saatband einlegen

Trennen Sie das Saatband in handliche Abschnitte (z. B. 50-100 cm). Legen Sie diese hintereinander in die Saatrille.

4

Erst angießen

Mit der feinen Brause auf der Gießkanne wässern Sie das Saatband schön gleichmäßig. So bekommt es Kontakt zur Erde.

5

Dann abdecken

Mit dem Rechen ziehen Sie nun dünn etwas Erde über das Saatband und drücken sie mit den Zinken gut an.

DAS GEHT AUCH:

Wer keinen Spinat mag, kann Feldsalat säen. Er gilt zwar als typische Nachkultur, kann aber gut ab März ins Beet. Um die Fläche zu nutzen, säen viele Gemüsegärtner Feldsalat nicht in Reihen, sondern breitwürfig aus (→ Seite 126/127). Wenn Sie das erst später üben möchten: Feldsalat gibt es auch im Saatteppich (→ Seite 90/91), eine Art breites Saatband.

PRAXIS BEET 2 IM FRÜHLING

Wie man Saatbänder auslegt, kennen Sie schon aus Beet 1. In Beet 2 stehen dafür jetzt die ersten Pflanzungen an: Sobald der Boden warm und trocken genug geworden ist, kommen Pflücksalat, Petersilie und Steckzwiebeln in die Erde.

Petersilie pflanzen
Dieses Kraut braucht lange zum Keimen. Setzen Sie dieses Jahr also besser Jungpflanzen.

Zwiebeln stecken
Alle 20 cm stecken Sie eine Zwiebel. Die Spitze sollte etwas aus dem Boden herausschauen.

Nach Beetvorbereitung und Markierung der Pflanzreihen **(Memo: → Seite 12/13, 25)** setzen Sie in den Reihen 1 + 7 Pflücksalat im Abstand von je 30 cm. Dazwischen kommen 10-cm-Radieschen-Saatbandstücke. Damit beide Gemüse genug Platz haben, versetzen Sie die Salate 5 cm neben der Reihe ins Beetinnere, die Radieschen-Saatbänder 5 cm zum Beetrand. Bei der Petersilie in Reihe 4 gehen Sie ebenso vor (Pflanzabstand 30–40 cm, Länge der Saatbänder 5 cm). In Reihe 2 + 6 stecken Sie die Steckzwiebeln (→ Bild l.u.). Außerdem legen Sie in den Reihen 3 + 5 noch Saatbänder einer Frühmöhrensorte aus.

› Beet 2 im Frühling

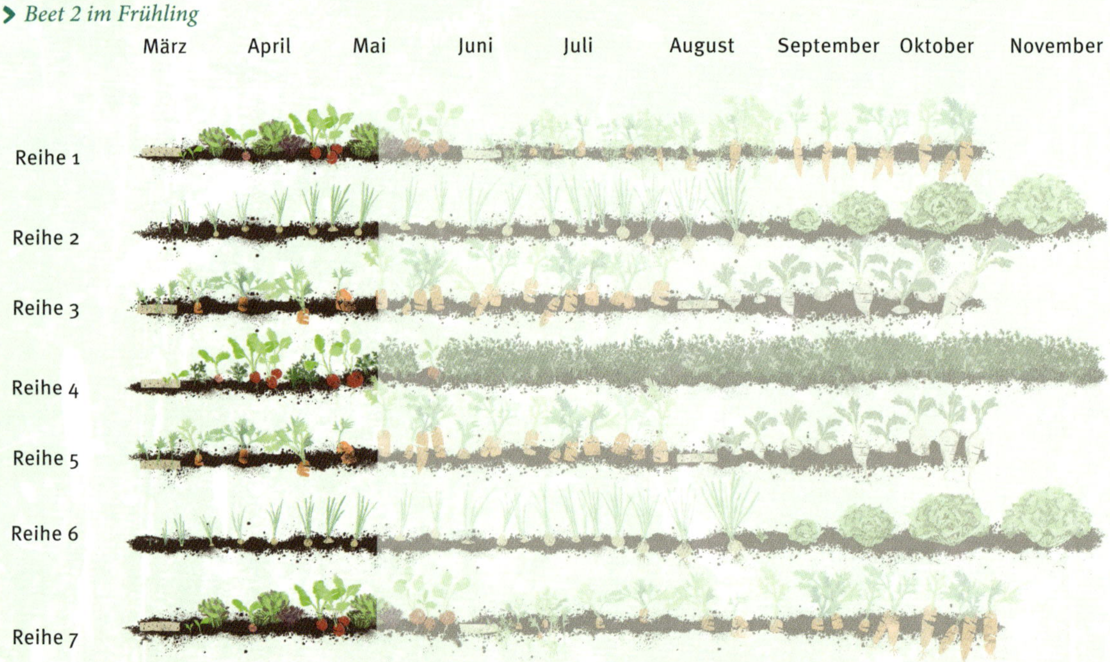

JUNGPFLANZEN EINSETZEN

Meist kommen vorgezogene Jungpflanzen mit topfartig gewachsenem Wurzelballen. Sie lassen sich leicht setzen, da sie vorgeben, wie tief sie im Pflanzloch stehen wollen: genau so, wie bisher. Gießen Sie den Nachwuchs vor der Pflanzung. Der Wasservorrat unterstützt das Anwachsen ohne Stockung. Wurden die Jungpflanzen nicht in Töpfen, sondern in einer Saatschale angezogen ***(Mehr wissen: Anzucht → Seite 124/125)****, stecken die Wurzeln in loser Erde. Dann ist es günstig, die Wurzeln von Hand ca. ein Drittel kürzer zu rupfen. So knicken Sie im Pflanzloch nicht um und verzweigen sich obendrein besser.*

1

Abstand markieren

Innerhalb der Reihe markieren Sie die Pflanzstellen im für die Gemüseart passenden Abstand (→ Porträts). Dabei hilft ein Stab oder Lineal.

2

Pflanzloch ausheben

Mit Schaufel oder Hand graben Sie ein Loch. Es sollte etwas größer ausfallen als der Umfang der Pflanzenwurzel.

3

Jungpflanze einsetzen

Die Wurzeln auflockern und bei Bedarf kürzen: Sie sollten im Pflanzloch nicht umknicken. Einsetzen und andrücken.

4

Die Pflanztiefe

„Salat muss pendeln können", sagen die Profis. Steht er zu tief, faulen die Herzblätter, steht er zu hoch, bildet er nur lockere Köpfe.

5

Vorsichtig angießen

Gießkannentülle nach oben drehen: So fällt das Wasser wie sanfter Regen, ohne die Erde zu verschlämmen.

DAS GEHT AUCH:

In diesem Beet haben Sie ebenfalls die Möglichkeit, Gemüsearten zu tauschen. Anstelle von Pflücksalat und/oder Petersilie würden Kohlrabi zu den Radieschen und Zwiebeln passen. Bedenken Sie jedoch, dass Pflücksalat Erdflöhe fernhält. Die machen sich bei trockenem Boden über Radieschen und Kohlrabi her und fressen runde Löcher in die Blätter.

PRAXIS BEET 3 IM FRÜHLING

Noch ein Beet, das Sie mit Gemüse am laufenden Band belegen. Diese versprechen eine schnelle Ernte: In ein paar Wochen kann es mit ein bisschen Wetterglück schon mit dem Schneiden von Kresse und Asia-Salat losgehen.

Für die Mehrfachernte

Die pikanten Asia-Salate brauchen bei 12-20 °C etwa 10-15 Tage zum Keimen. Schnittreif sind sie – je nach Witterung – bereits nach 2-7 Wochen.

In den meisten Jahren ist der Boden etwa ab Mitte März ausreichend abgetrocknet. Dann können Frühmöhren in Reihe 2 + 4 gesät werden. Außerdem – im Abstand von je 10 cm – fünf Reihen Gartenkresse um die Reihe 3. Kresse liefert schnell Vitamine, und sie soll Möhrenfliegen fernhalten, die ab April auf der Suche nach Eiablageplätzen sind. Wieder ein gutes Beispiel für die Vorteile der Mischkultur! Die Asia-Salate starten etwas später gegen Ende März/Anfang April in den Reihen 1 + 5. Im Saatband handelt es sich meist um eine Mischung aus Kohlverwandten, die milder oder schärfer senf- und kresseartig schmecken (→ Porträts Seite 35). Sie wachsen flott und problemlos und räumen im Frühsommer den Platz für Buschbohnen, die sich mit Kohlarten sehr gut vertragen.

› *Beet 3 im Frühling*

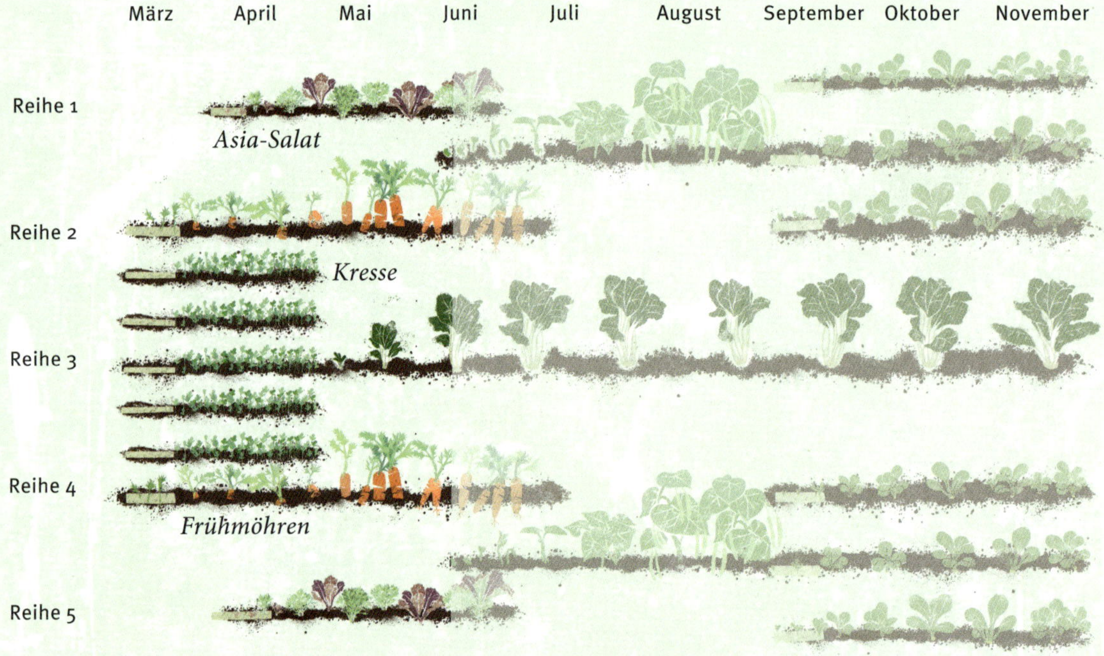

WARUM SAATBÄNDER?

Manchmal ist es gar nicht so einfach, Saatbänder für bestimmte Gemüse zu finden. Für den Einsteiger sind sie aber ideal. Gerade bei feinem Saatgut wie dem von Möhren: Sobald die Samen auf die Erde fallen, sieht man sie schon nicht mehr richtig. Und gerät schnell in Versuchung, viel zu viel auszusäen. Alternativ gibt es Möhrensamen als Pillensaatgut. Hier sind die Samen in Hüllmasse aus organischem Material eingebettet und somit größer und leichter zu dosieren.

1

Kressesamen auslegen

Umgekehrt als beim Säen loser Samen gießen Sie die Saatbänder erst an und bedecken sie dann mit Erde.

2

In Reih und Grün

Unter guten Bedingungen zeigen sich bereits nach wenigen Tagen die ersten Kressekeimlinge. Bei einem Saatband stehen sie dann weder zu dicht noch zu licht.

3

Flotte Vitamine

Drei bis vier Wochen nach der Aussaat sind die Keimlinge lang genug und können bereits abgeschnitten werden.

1

Frühmöhren

Bei noch kaltem, nassem Boden legen Sie die Saatbänder nur 0,5–1 cm tief, im Sommer 2–3 cm.

2

Das grüne Band

Sollte es zwischen den Möhrchen doch eng werden, ziehen Sie einzelne heraus. Danach wässern!

PRAXIS TIPP

SAMEN MIT LANGER KEIMDAUER

Ob Möhren, Petersilie oder Dill: Es können gut und gerne drei bis vier Wochen ins Land gehen, bis ihre Samen keimen. Damit Sie bei der Bodenpflege wissen, wo die Saatrille verläuft, säen Sie locker ein paar Radieschen dazu. Sie markieren die Reihe und werden geerntet, bevor die Möhren den Platz für sich benötigen.

Die Pflege in den ersten Wochen

Die Samen sind in der Erde, und manche darunter zeigen schon bald ihre Spitzen. Zunächst gleichen die Beete einem Kindergarten: Das junge Gemüse braucht ein wenig Betreuung, damit es gut gedeihen und heranreifen kann.

Was klein und zart aus der Erde kommt, ist noch kein „Selbstversorger“

Ist es nicht ein großartiges Gefühl, wenn das, was man gesät hat, in schönen Reihen auf dem Gemüsebeet sichtbar wird? Das hat schon einmal gut geklappt. Schauen Sie sich ihre Schützlinge jetzt genauer an: Sie sind sehr klein. Und sehr zart. Und auch schon ziemlich lecker. Ohne Sie kann das Leben für Ihr junges Gemüse schwierig werden. Die Wurzeln reichen nur wenige Zentimeter in den Boden hinein. Wenn über Tage und Wochen nur die Sonne lacht, wird es schnell eng mit dem Wasservorrat. Eng kann es zudem innerhalb der Reihe werden: Wenn die Pflänzchen heranwachsen, bedrängeln sie sich gegenseitig. Mit der Nutzung eines Saatbands haben Sie bereits für einen gewissen Abstand gesorgt. Dennoch müssen Sie Radieschen & Co. im Auge behalten und bei Bedarf ausdünnen. Und dann gibt es noch zahlreiche Mitesser, die an den zarten Sämlingen ebenfalls sehr interessiert sind. Die gilt es abzuwehren.

> Spezielle Schneckenkragen bewahren Jungpflanzen wie Kohlrabi davor, über Nacht (an)gefressen zu werden.

> Radieschen keimen schneller als Möhren. Als Markiersaat zeigen sie beim Unkrautzupfen an, wo die Saatreihe ist.

Gut verpflegen und Platz schaffen

Manchmal ist der Frühling eine sehr sonnige Angelegenheit. Prima! Dann keimen die Samen schneller und die Sämlinge wachsen zügig. Auf der anderen Seite trocknet die oberste Bodenschicht schnell aus. Zeit für die Gießkanne. Drehen Sie die Siebtülle wie bei der Aussaat nach oben und wässern Sie die Reihe, während Sie zwei-, dreimal daran entlanglaufen (**Mehr wissen: Gießen → Seite 76/77**). Trocknet die Erdoberfläche nach Niederschlägen ab, bildet sich bei den mittleren und schwereren Bodenarten eine Kruste. Sie hält Luft und Wasser davon ab, zu den Wurzeln durchzudringen. Lockern Sie die Erde zügig mit der Hacke wieder auf. Das keimende Unkraut entfernen Sie gleich mit (Memo: Unkraut → Seite 16/17). Außerdem prüfen Sie,

→ Gießen Sie im Frühling morgens. Wird die Erde abends nass, könnten die Pflanzen nachts durch Verdunstungskälte leiden.

ob die heranwachsenden Sämlinge innerhalb der Reihe langsam zu eng stehen. Auch wenn's wehtut: Ziehen Sie die schwächsten heraus. Es lohnt sich. Vor allem bei Wurzel- und Knollengemüse. Bei Spinat, Pflück- und Asia-Salat spielt es keine besondere Rolle, wie groß die einzelnen Blätter ausfallen. Doch wenn Zwiebeln, Möhren und Radieschen zu dicht stehen, bleiben sie klein und wachsen eher in die Länge. Das Gleiche gilt für Kohlrabi: Die Knollen werden schmal und hoch.

Schlagen Sie zwei Fliegen mit einer Decke

Wärme und Feuchtigkeit sind gut fürs Wachstum. Leider auch für Schnecken. Und die lieben junges Gemüse. Es hilft, von Anfang an konsequent zu sein. Harken und rechen Sie die Erde schon im März immer wieder einmal durch. Dann finden die kleinen Nacktschnecken keine Schlupflöcher, in die sie sich vor Kälte und Trockenheit zurückziehen können.
Wahrscheinlicher als frühlingshafte Verhältnisse sind, zumindest im März/April, Kälteeinbrüche und (Spät-) Fröste. Klar: Spinat, Pflücksalat und Radieschen sind mitteleuropäisches Klima gewohnt. Aber was zu kalt ist, ist zu kalt. Beobachten Sie daher die Wettervorhersage. Dann können Sie rechtzeitig reagieren und die Gemüse mit Gärtnervlies schützen (→ Bild r.o.). Damit schlagen Sie sogar zwei Fliegen mit einer Decke: Erstens überstehen Ihre Sämlinge und Jungpflanzen die Fröste besser. Wenn Sie das Vlies rund um die Beetkante etwa 10 cm tief eingraben, halten Sie zweitens so manchen Mitesser fern (Mehr wissen: Pflanzenschutz → Seite 54/55). Möhren- und Rettichfliege gelangen nicht an den Wurzelhals ihrer Wirtspflanzen – also auch Radieschen – und können daher keine Eier ablegen. Schnecken werden davon abgehalten, das Beet zu entern. Auch gegen Starkregen bietet das Fasergewebe einen gewissen Schutz. Fixieren Sie es aber schön locker, damit es mit den Gemüsepflanzen sozusagen „mitwachsen" kann. Gärtnervliese lassen Licht, Luft und Wasser durch, sind UV-beständig und ziemlich reißfest. Wer sie pfleglich behandelt, kann sie über Jahre immer wieder nutzen.

> *Gärtnervlies, flach auf das Beet gelegt oder von Pflöcken gestützt als Tunnel, schützt vor Kälte und Schädlingen.*

WAS TUN, WENN … ?

… die Saaten nicht aufgehen?

URSACHEN FÜR SAMENSCHWUND
Ihre Samen keimen auch nach der auf der Verpackung angegebenen Zeit nicht? Dann war es vielleicht zu kalt, zu nass oder zu trocken. Oder Vögel haben sie sich schmecken lassen, bzw. Schnecken die Keimlinge gefressen. Säen Sie noch einmal nach und schützen Sie die Reihen mit Vlies.

IM PORTRÄT FRISCHE SALATZUTATEN

Der Tag, an dem die ersten knackigen Salatblätter im Frühling gepflückt werden können, wird mit Spannung erwartet. Zusammen mit taufrischen Kräutern und erstem Zwiebelgrün schmecken sie einfach einmalig.

SPINAT

J F M A M J J A S O N D

Saattiefe 3 cm
Pflanzabstand 15(-30) x 10 cm

Mittelzehrer
Familie: Gänsefußgewächse

Wer ein Gemüse für die Vor- oder Nachkultur sucht, ist mit Spinat bestens bedient. Im März/April und August/September ausgesät, ist er nach 6–8 Wochen erntereif. Spezielle Frühlings- und Herbstsorten sind den klimatischen Bedingungen der jeweiligen Jahreszeit am besten angepasst. Günstig ist, wenn diese schossfest sind (keine Blütentriebe bilden) und mehltauresistent.
Die besten Pflegetipps: Für gleichmäßig feuchten und lockeren Boden sorgen (hacken); gut ist ein mittlerer Kalkgehalt. Düngen mit Kompost, aber möglichst wenig Stickstoff, damit der Nitrat- und Oxalgehalt der Blätter niedrig bleibt. Ihr Geschmack bleibt dadurch mild und ist weniger bitter.
Erntetipps: Im Frühling junge Blätter noch vor der Blüte im Juni ernten, sonst werden sie bitter. Wer immer nur einzelne äußere Blätter pflückt, profitiert vom Neuaustrieb der Pflanze und kann mehrmals ernten. Junge Blätter von Frühlingssorten eignen sich roh für Salat, bei später Ernte am besten blanchiert als Kochgemüse.
Gute Partner: Alle Gemüse/Kräuter außer (wegen Selbstunverträglichkeit) andere Gänsefußgewächse wie Mangold oder Rote Bete.
Gute Sorten: Im Frühling und Herbst: 'Matador', 'Monopa', 'Verdil', 'Butterfly'; zum Überwintern: 'Winterriesen Stamm Verdil'.
Mehr wissen: Spinat als Vorkultur → Seite 39.

PFLÜCKSALAT

J F M A M J J A S O N D

Saattiefe 0,5-1 cm
Pflanzabstand 30 x 30 cm

Mittelzehrer
Familie: Korbblütler

Zarte Blätter mit knackigen Rippen sind das besondere Merkmal von Pflücksalaten wie Lollo, Eichblatt oder Batavia, die keine dichten Köpfe, sondern lockere Blattrosetten bilden. Großer Vorteil: Nur so viel äußere Blätter ernten, wie gerade benötigt werden, neue wachsen aus der Mitte nach.
Die besten Pflegetipps: Erde gleichmäßig feucht halten und feinkrümelig durch Hacken; Schneckenzaun empfehlenswert.
Erntetipps: erste Blätter ca. 6 Wochen nach der Pflanzung, über die Sommermonate Neuaussaat möglich.
Gute Partner: Buschbohne, Radieschen.
Gute Sorten: 'Lollo Rosso', 'Lollo Bionda', der Eichblattsalat 'Red Salad Bowl', 'Till'.

= Anzucht = Aussaat = Pflanzung = Ernte

PETERSILIE

J F M A M J J A S O N D

Saattiefe 2 cm
Pflanzabstand 30-40 x 30 cm

Schwachzehrer
Familie: Doldenblütler

Ihr einzigartiger Geschmack macht Petersilienblätter zu einem unverzichtbaren Gewürzkraut in Töpfen und Beeten. Das zweijährige Gewächs bildet im ersten Jahr eine Blattrosette und blüht nach der winterlichen Kälteeinwirkung im zweiten Jahr. Krause Sorten gelten als krankheitsrobuster, glatte als geschmacksintensiver.

Die besten Pflegetipps: Kalkhaltiger, mäßig feuchter Boden, etwas Kompost und regelmäßiges Auflockern durch Hacken bieten beste Voraussetzungen für gutes Gedeihen. Petersilie keimt lange. Daher besser Jungpflanzen setzen oder die Reihe mit Radieschen markieren. Ein luftiger Standort verhindert Blattpilzbefall. Für Neuaussaat den Standort wechseln, da Petersilie wie alle Doldenblütler empfindlich auf eigene Absonderungen im Boden reagiert.

Erntetipps: Im ersten Jahr fortlaufend einzelne Blätter mit Stiel immer frisch nach Bedarf vom Rand der Blattrosette pflücken, im zweiten Jahr nur vor der Blütezeit (Blätter werden danach hart und bitter).

Gute Partner: Erdbeere, Tomate, Schnittlauch, Zwiebel, Winterlauch; andere Doldenblütler wegen der Selbstunverträglichkeit besser nicht in die Nähe pflanzen.

Gute Sorten: Krause: 'Gärtnerstolz', 'Mooskrause', Glatte: 'Gigante d´Italia', 'Laura'.

Mehr wissen: Markiersaat → Seite 29, 30.

STECKZWIEBEL

J F M A M J J A S O N D

Stecktiefe 1-2 cm
Pflanzabstand 30 x 5 cm

Schwach- bis Mittelzehrer
Familie: Zwiebelgewächse

Ein entscheidender Anbauvorteil beim Stecken von Speisezwiebeln ist, dass die Vorkultur entfällt und die Pflanzen gleich im richtigen Pflanzabstand stehen. Aufwendige Betreuung in den ersten Monaten nach der Saat entfällt und besonders in rauem Klima ist dies die leichtere Methode, um Zwiebeln zu ziehen. Der Nachteil ist, dass es Steckzwiebeln nicht in so großer Sortenvielfalt gibt wie beim Saatgut. Aber über den Umweg der Aussaat lassen sie sich aus den Lieblingssorten selber ziehen. Winter-Steckzwiebeln werden schon im Herbst angebaut. Dann sind sie im folgenden Sommer früher erntereif.

Die besten Pflegetipps: Als wärmeliebendes Gemüse sind Küchenzwiebeln dankbar für einen sonnigen Platz und einen durchlässigen Boden ohne Staunässe. Etwas abgereifter Kompost oder ein wenig Kalium genügt ihnen als Dünger vollauf. Konkurrenz durch Unkraut schwächt die Größenentwicklung der Zwiebeln und schränkt die Luftzufuhr ein, was Schadpilze fördert. Also gelegentlich den Boden durchhacken, das lockert auch die Erde.

Erntetipps: Ein gutes Zwiebeljahr ist im Frühling feucht und ab dem Sommer trocken. Wenn die Schlotten (grüne Triebe) ab Spätsommer gelb werden, welken und umknicken, ist es Zeit für die Ernte. Nach dem Herausziehen aus der Erde bleiben die Pflanzen noch auf dem Beet liegen, bis sie gut abgetrocknet sind. Bei Regen erfolgt dies an einem luftigen, überdachten Platz.

Gute Partner: Zwiebeln sind Flachwurzler und als solche ideale Partner für Tiefwurzler wie die Möhre, denn sie machen sich den Platz in der Erde nicht streitig. Aber auch wegen des gegenseitigen Schutzes vor Schadfliegen bilden die beiden ein ideales Team. Geeignet sind auch Salat, Möhre, Rote Bete, Tomate, Petersilie, Dill oder Obstbäume.

Gute Sorten: gelb, lagerfähig: 'Stuttgarter Riesen', 'Sturon'; rot, lagerfähig: 'Piroschka', über Winter: 'Radar', 'Electric'.

Mehr wissen: Steckhöhe → Seite 26.

= Sonne = Halbschatten = frostempfindlich = Topfkultur möglich

IM PORTRÄT FRÜHE GEMÜSE

Kältetolerante Wurzelgemüse und Senfkohlarten eignen sich sehr gut als Starter im Beet. Sie reifen schnell, lassen sich mehrmals nachsäen und sind sehr leicht zu kultivieren.

RADIESCHEN

J	F	M	A	M	J	J	A	S	O	N	D

Saattiefe 0,5-1 cm
Pflanzabstand 10 x 5 cm

Schwach- bis Mittelzehrer
Familie: Kreuzblütler

Radieschenknollen sind kleine Kraftpakete, die auch im Balkonkasten leicht zu kultivieren sind. Sie sind kältetolerant und legen beim Wachsen ein Turbotempo vor. Zwischen Aussaat und Ernte liegen gerade mal vier Wochen. Als Schwach- bis Mittelzehrer sind sie ideal für die Vor-, Zwischen- und Nachkultur. Wer mag, kann die ganze Saison über immer wieder aussäen und dabei verschiedene Sorten testen.

Die besten Pflegetipps: Eine gleichmäßige Wasserversorgung und feinkrümeliger Boden sind das A & O für knackige Knollen. Reifer Kompost liefert schnell verfügbare Nährstoffe. Löchrige Blätter weisen auf Erdflöhe hin. Dann hilft vermehrtes Gießen, vorsichtiges Lockern des Bodens und gleich nach der Aussaat ein Schutzvlies spannen, das auch die Kohlfliege abhält.
Erntetipps: Reife Knollen möglichst innerhalb einer Woche ernten, sonst werden sie hohl und weich (pelzig).
Gute Partner: Prima Lückenfüller zwischen Salat- und Möhrenreihen. Bei Erdflohbefall erweist sich Spinat daneben als günstig. Außerdem Tomaten, Petersilie, Buschbohnen und Gartenkresse.
Gute Sorten: Viele Formen und Farben, die in Schärfe und Temperaturansprüchen variieren; Frühling: ‘Saxa’ oder die weiße, längliche Sorte ‘Eiszapfen’; Sommer: hitzeverträgliche Sorten wie ‘Riesenbutter’; ganzjährig: ‘Rudi’, ‘Rainbow Mixed’ (→ Bild).

RETTICH

J	F	M	A	M	J	J	A	S	O	N	D

Saattiefe 2-3 cm
Pflanzabstand 30 x 15 cm

Mittelzehrer
Familie: Kreuzblütler

Der große Bruder der Radieschen wird ganzjährig in Früh-, Sommer und Wintersorten angebaut. Die milde Schärfe ist auf das enthaltene Senföl zurückzuführen, das eine schleimlösende Wirkung bei Husten aufweist und den Leberstoffwechsel fördert.
Die besten Pflegetipps: Ein lockerer, lehmiger Boden und der Jahreszeit angepasste Sorten verwenden. Regelmäßig wässern, das hilft auch gegen Erdflöhe. Am besten gleich nach der Aussaat ein Schutznetz spannen gegen Kohlfliegen.
Erntetipps: Nach ca. 2-3 Monaten erntefrisch verzehren, Wintersorten kühl im Keller einlagern.

Gute Partner: Salat, Tomaten, Bohnen, Möhren, Gartenkresse.
Gute Sorten: ‘Ostergruß’, ‘Rex’, ‘Münchner Bier’, Lagersorte: ‘Runder Schwarzer Winter’.

= Anzucht = Aussaat = Pflanzung = Ernte

MÖHRE

J F M A M J J A S O N D

Saattiefe 2 cm
Pflanzabstand 30 × 5 cm

Schwach- bis Mittelzehrer
Familie: Doldenblütler

Ob lang oder rund, gelb, orange oder purpurfarben, Möhren gibt es in vielen Farben und Formen. Roh oder sanft gedünstet entfaltet die carotinreiche Wurzel ihre gesunden Wirkstoffe (Vitamin A!) am besten.
Die besten Pflegetipps: Mohren brauchen mehrere Wochen zum Keimen, da ist also Geduld gefragt. Die Sämlinge werden nach dem Vereinzeln mit reifem Kompost gedüngt. Auf tonigen Böden oder im Balkonkasten sind kleine runde Sorten wie 'Parmex' ideal. Wichtig ist eine gleichmäßige Wasserversorgung und ein Gemüseschutznetz gegen Möhrenfliegen gleich nach der Aussaat.
Erntetipps: Nur die benötigte Menge ab Mai ernten, in der Erde bleiben Möhren aromatischer. Vorräte einfrieren oder in feuchtem Sand im kühlen Keller lagern.
Gute Partner: Zwiebeln, Lauch und Möhren bilden ein bewährtes Traumpaar gegen Schädlinge im Beet. Gartenkresse, Dill, Kohl, Tagetes, Radieschen, Rettich, Schnittlauch, Lauch, Tomate, Zwiebel oder Endivie sind ebenfalls geeignete Nachbarn. Andere Doldenblütler dagegen meiden!
Gute Sorten: Zu Saisonbeginn 'Pariser Markt' oder 'Duwicker'. Später Sommersorten wie 'Rodelika' und 'Nantaise'-Sorten; späte Lagersorte: 'Purple Haze'.
Mehr wissen: Keimung fördern → Seite 61.

ASIA-SALATE

J F M A M J J A S O N D

Saattiefe 0,5 cm
Pflanzabstand 25-30 × 3-5 cm

Starkzehrer
Familie: Kreuzblütler

Zur Gruppe der Asia-Salate zählen z. B. verschiedene Unterarten des Senfkohls. Sie wachsen rasch, lassen sich mehrmals nachsäen und sind auch im Balkonkasten gut zu kultivieren. Je nach Senfölgehalt schmecken sie unterschiedlich scharf.
Die besten Pflegetipps: Gleichmäßig feucht halten und ein Schutznetz gegen Erdflöhe spannen. Dagegen hilft auch Spinat in der Nachbarreihe.
Erntetipps: Junge Blätter nach 2–3 Wochen (vor der Blüte) ernten, nach der Blüte gedünstet als Blattgemüse verwenden. Im Spätsommer gesäte Sorten sind nach 7–8 Wochen erntereif. Wer immer nur die äußeren Blätter pflückt, kann mehrmals ernten.
Gute Partner: Andere Salatsorten, Spinat, Rettich, Möhre, Rote Bete, Gartenkresse.
Gute Sorten: 'Agano', 'Green in Snow', 'Red Giant' oder 'Mizuna'; Saatmischungen enthalten eine Auswahl bewährter Sorten.

GARTENKRESSE

J F M A M J J A S O N D

Saattiefe 0,5 cm
Pflanzabstand 10 × 5 cm

Schwachzehrer
Familie: Kreuzblütler

Klein, aber oho – so lässt sich die würzige, senfölhaltige Art beschreiben. Als Zutat geben die kleinen Blätter Salat oder Dips eine intensive Schärfe. Kresse keimt sehr schnell, auch bei Kälte, und lässt sich immer wieder nachsäen.
Die besten Pflegetipps: Erde gleichmäßig feucht halten.
Erntetipps: Gekeimte Samen (Keimsprossen) nach 1 Woche, sonst nach 2–7 Wochen ernten, bevor die Pflanzen in die Blüte gehen. Einige für Neuaustrieb stehen lassen.
Gute Partner: Spinat, Möhre, Rettícharten, Salat.

= Sonne = Halbschatten = frostempfindlich = Topfkultur möglich

IM PORTRÄT
RAN AN DIE KARTOFFELN

Wohl mit kaum einer anderen Kulturpflanze klappt die Selbstversorgung so einfach und ertragreich wie mit der Kartoffel. Dabei ist die tolle Knolle viel mehr als nur ein wichtiges Grundnahrungsmittel.

J | F | M | A | M | J | J | A | S | O | N | D

Pflanztiefe 5-10 cm
Pflanzabstand 50 x 30 cm

Starkzehrer
Familie: Nachtschattengewächse

Mehlig oder festkochend? Auf den ersten Blick scheinen diese beiden Kategorien zu genügen, um Kartoffeln zu unterscheiden. Allenfalls spielt noch eine Rolle, ob es sich um frühe oder spätreifende Sorten handelt. Aber damit ist es nicht getan. Und man täte der Kartoffel

auch unrecht, wenn man sie allein auf diese Eigenschaften reduzieren würde. Es gibt viele gute Gründe, Kartoffeln selber anzubauen, z. B., um zu erleben, wie sich aus einem winzigen Knollenabschnitt mit Keimen eine große, kräftige Pflanze mit wunderschönen Blüten und vielen neuen Wurzelknollen entwickelt. Erst seit dem 16. Jahrhundert werden „Erdäpfel“ in Europa angebaut. Es hat sich gezeigt, dass die Wuchsbedingungen hier ebenso gut sind wie in ihrer südamerikanischen Heimat, den Anden. Wer die alten, etwas in Vergessenheit geratenen Sorten anbaut, kann eine große Vielfalt an Formen, Farben und Geschmacksrichtungen erleben.

Die besten Pflegetipps: Große Ansprüche stellen Kartoffeln nicht an die Erde, nur zu nass und zu kalt sollte sie nicht sein. Bewährt hat sich ein lockerer, sandig-lehmiger Boden mit hohem Nährstoffgehalt durch gut abgereiften Kompost. Es genügt, eine vorgekeimte Knolle oder einen austreibenden Knollenabschnitt mit dem nach oben weisenden Trieb in eine 10 cm tiefe Beetfurche zu legen und etwas Erde darüberzuhäufeln. Sobald der Trieb darüber hinausgewachsen ist, wird noch einmal Erde angehäufelt: Je höher der Wurzelraum wird, desto mehr Knollen können sich bilden. In dieser Zeit den Boden immer feucht halten. Am besten morgens gießen und zwar nur an der Basis, nicht über die Blätter, um Krautfäule zu verhindern. Zur weiteren Vorbeugung gegen diese Pilzkrankheit bietet sich das Besprühen mit Schachtelhalmtee als Stärkungsmittel an. Frühmorgens ist auch die beste Zeit, um Kartoffelkäfer abzusammeln, dann sind sie noch träge. Vergrämen kann man sie durch Algenkalk, der dünn auf die Blätter gestäubt wird. Gepflanzt wird Ende April/Anfang Mai, dann ist der Boden meist ausreichend warm. Zum zweiwöchigen Vorkeimen, z. B. in

= Anzucht = Aussaat = Pflanzung = Ernte

Eierkartons, benötigen die Knollen einen hellen Platz bei ca. 10-15 °C. Die Knollen haben dann einen ca. 4-wöchigen Wachstumsvorsprung.

Erntetipps: Die Knollenbildung an den Wurzeln setzt bei Lagerkartoffeln erst mit der Blüte richtig ein. Vorher lohnt es sich nur bei sehr frühen Sorten, nach jungen Kartoffeln zu graben. Die ersten erntefähigen Knollen sind bei schnell wachsenden Sorten nach ca. zwei Monaten zu erwarten. Sie haben dann noch eine sehr dünne Schale, eine lockere Konsistenz und schmecken wunderbar zart. Wer abwarten kann und mittlere bis späte Sorten pflanzt, wird aber auch belohnt. Sobald das grüne Laub im Spätsommer welkt, ist die Schale der neuen Knollen so fest ausgebildet, dass sie lagerfähig sind. Am besten dann noch zwei Wochen warten bis zum Ausbuddeln mit der Grabegabel, ca. im September/Oktober. Und nur bei trockener Witterung ernten!

Gute Partner: Frühkohl, Buschbohnen, Spinat, Kerbel, Kapuzinerkresse, Dill, Koriander und Tagetes.

Gute Sorten: Frühe Sorten: 'Christa', 'Sieglinde' und 'La Ratte' (alle festkochend), 'Augusta' (mehlig); mittelfrühe Sorten: 'Granola', 'Nicola' und 'Ditta', 'Quarta', 'Spunta' (vorwiegend festkochend), 'Blauer Schwede' (festkochend, lilafarben); mittelspäte Sorten: 'Linda', 'Vitelotte' (festkochend und blaufleischig), 'Agria' (festkochend), 'Cheyenne' (mehlig), 'Highland Burgundy Red' (mehlig und rotfleischig); Spätsorten: 'Rosa Tannenzapfen', 'Bamberger Hörnchen' (festkochend), 'Golden Wonder' (mehlig).

KARTOFFELN IM SACK

Auch Balkongärtner können Kartoffeln anbauen. Die dafür nötigen Pflanzgefäße sollten aber mindestens 30 l Erde fassen. Außerdem benötigen sie Wasserabzugslöcher und sollten ca. 50 cm hoch sein. Praktisch sind Pflanztaschen aus Kunststoff, bei denen sich der Rand umkrempeln lässt. Sie wachsen beim Anhäufeln mit nach oben. Zunächst werden sie nur 10–15 cm hoch mit Gemüse-Pflanzerde befüllt und darauf 2–3 vorgekeimte Kartoffelknollen mit den Triebspitzen nach oben in jeweils 30 cm Abstand gelegt. Darüber etwa 10 cm hoch Erde anhäufeln. Sobald die Pflanze Laub ausbildet, wird der Rand des Pflanzsacks entsprechend erhöht und noch mal neue Erde angehäufelt. Erde gleichmäßig feucht halten!

MISCHKULTUR – FÜR GUTES MITEINANDER!

Vom Netzwerken profitiert selbst das Gemüsebeet: Es gibt Arten, die sich nicht riechen können. Andere wiederum ergänzen oder unterstützen sich, zum Beispiel indem sie ihrem Nachbarn Schaderreger vom Pflanzenleib halten. Bauen Sie darauf!

Manches ist einfach Erfahrungssache. Irgendwann stellte ein Gemüsegärtner fest, dass z. B. Salat neben Möhren besser wächst. Und dass seine Möhren neben Salat weniger von der Möhrenfliege heimgesucht werden. Die Mischkultur war entdeckt. Was sich bewährt, wird beibehalten und weiterentwickelt. So stellte sich im Laufe der Jahrhunderte heraus, wie man verschiedene Gemüsearten gewinnbringend miteinander auf dem Beet vernetzt.

Von Wuchsformen, Lockverfahren, Ablenkung und besonderen Stoffen

Was steckt hinter der wunderbaren Freundschaft zwischen Möhre und Salat? In diesem Fall beeinflussen sie sich durch **Duftstoffe** aus dem Salatlaub und **Gasen** aus der Möhrenwurzel. Die Beziehungen sind jedoch erheblich vielseitiger. Da ist zum einen die **Wuchsform**. Stehen Flachwurzler, wie Salat, neben Tiefwurzlern, wie Möhren, werden die Nährstoffe der oberen

Beet 1

> *Der rotstielige Mangold fühlt sich zwischen Erdbeeren und Buschbohnen wohl und ist zugleich, wie die gelbe Zucchini, ein attraktiver Blickfang.*

> *Die hübschen, gelb blühenden Tagetes vermögen Kohlarten vor der gefürchteten Krankheit Kohlhernie zu beschützen.*

und der tieferen Bodenschicht ausgeschöpft. Außerdem nimmt sich die eine Art zuweilen das, was die andere nicht verwerten kann. Oberirdisch wirken Gemüse wie Spinat mit ihrem Laub als Sonnen- bzw. Regenschirm. Das schützt den Boden vor Verdunstung bzw. Verkrustung und hilft Sämlingen durch diese verbesserten Wachstumsbedingungen auf die Stängel. **Familienbande** dagegen sind meistens hinderlich. Kohlweißlinge freuen sich, wenn Asia-Salate neben deren Verwandten, dem Kohlrabi, stehen: Noch mehr Chancen für ihre Raupen, satt zu werden. Im Boden reichern sich durch derartige „Monokulturen" ebenfalls Schaderreger an wie die durch Einzeller hervorgerufene Wurzelkrankheit Kohlhernie.

Beet 1: Das Prinzip der Mischkultur am konkreten Beispiel

Vier Reihen Spinat (→ Beetplan, ❶) – ein super Start für das Jahr in diesem Beet! Das Blattgemüse scheidet über seine Wurzeln Saponine aus, die bei seinen Nachfolgern – hier Kohlrabi (❷) und Zucchini (❸) – die Nährstoffaufnahme verbessern. Arbeiten Sie die Wurzeln nach der Ernte in die Erde ein – sie fördern das Bodenleben. Spinat ist zwar anfällig für Wurzelälchen. Doch die im Mai gepflanzten Tagetes (❹) töten diese wieder ab. Zugleich blüht diese Sommerblume wunderschön. Das wiederum zieht Bienen und Hummeln an, welche die Bestäubung der Zucchini gleich mit erledigen und somit für Ihre Ernte sorgen: Nicht oder nur unzureichend bestäubte Blüten stößt die Zucchini gerne ab. Sie profitiert, genauso wie Kohlrabi, ebenfalls von den positiven „Hinterlassenschaften" des Spinats. Zwischen Kohlrabi und Zucchini bestehen keine besonderen Beziehungen. Sie stören sich aber auch nicht. Ebenso spricht nichts gegen den Grünkohl (❺), der als Jungpflanze im Herbst neben der Zucchini ins Beet einzieht. Radieschen und Zucchini dagegen sind keine guten Nachbarn. Da die kleinen roten Kugeln durch den Grünkohl „abgeschirmt" und die Zucchini sowieso demnächst abgeräumt wird, kann man sie am Rand des Beets ruhig trotzdem einsäen. Zumal sie mit ihren Vorgängern in der Reihe, Kohlrabi und Tagetes, keine Probleme haben.

DAS KRÄUTERBEET DARF NICHT FEHLEN

Selbst Gartenbesitzer, die kein Interesse an eigenem Gemüseanbau haben, möchten oft auf Petersilie, Schnittlauch und Thymian nicht verzichten. Dafür findet sich immer Platz. Bei Selbstversorgern darf es gerne mehr sein als das.

Nicht über eine Schnur zu scheren

Oft ist es sinnvoll, Kräuter im Gemüsebeet einzuplanen. Einjähriges Bohnenkraut verbessert den Geschmack von Bohnen. Gartenkresse hält die Möhrenfliege fern. Dill lässt Möhren besser keimen. Und doch gibt es gute Gründe dafür, ein separates Beet für Küchenkräuter anzulegen: Manche sind einjährig, andere bleiben viele Jahre treu. Manche brauchen feuchtere Böden, andere trockenere. Das Sortiment ist unüberschaubar, und jedes Kraut hat so seine Vorlieben. Auch hier sei empfohlen, klein anzufangen, und zwar mit dem, was man am meisten braucht. Zum Glück lassen sich manche Arten zu Gruppen zusammenfassen, die ähnlich behandelt werden möchten.

› Fast alle Kräuter, hier Schnittlauch, schmecken vor der essbaren und insektenfreundlichen Blüte am besten.

Flott und flexibel: Ein- und Zweijährige

Gartenkresse, Bohnenkraut und Dill brauchen nur Wochen bis zur Erntereife. Ließe man sie stehen, kämen sie bald zur Blüte und bildeten noch im selben Jahr Samen aus. Sie lassen sich also ohne Weiteres in den Rhythmus der Gemüsebeete einpassen. Für die zweijährige Petersilie gilt im Prinzip das Gleiche. Sie braucht zwar die Winterkälte, um im folgenden Frühling zu blühen, und kann bis dahin geerntet werden. Dann ist jedoch auch ihre Zeit vorbei.

Unkompliziert: mehrjährige Stauden

Zitronenmelisse, Pimpinelle, Sauerampfer, Liebstöckel und Minze haben einen mehrjährigen Zyklus. Sie treiben im Frühling aus, blühen, fruchten und ziehen im Herbst wieder ein. Sie sind demzufolge an einem festen Platz meist besser aufgehoben als im Gemüsebeet. Schnittlauch ist zwar ebenfalls mehrjährig, macht sich aber so schmal, dass manche Gärtner ihn als dauerhafte Beeteinfassung anpflanzen. Alle Arten dieser Gruppe geben sich mit einem sonnigen bis halbschattigen Standort auf nährstoffreichen, durchlässigen und

→ Minzen neigen zum Wuchern. Setzen Sie sie in einen Eimer ohne Boden, den Sie im Beet eingraben. Das bremst ihre Wurzeln aus.

> *Mediterrane Arten wie Thymian geben schmucke Pflanzpartner zu blühenden Gartenschätzen wie Rosen ab.*

leicht feuchten Böden zufrieden. Prima Voraussetzungen, alle miteinander in einem Beet unterzubringen!

Wärmebedürftig: Mittelmeerkräuter

Salbei, Thymian, Bergbohnenkraut und Oregano sind ebenfalls mehrjährig. Die drei ersteren behalten sogar über den Winter ihre Blätter. Wie der bei uns einjährig kultivierte Majoran verholzen die Arten dieser Gruppe im unteren Teil. Um in Form zu bleiben, brauchen sie regelmäßigen Schnitt (→ Porträts Seite 44/45). Außerdem sind sie eher trockene, magerere, kalkhaltige Böden und sonnige, warme Standorte gewöhnt. Wer auf Dauer Freude daran haben möchte, sollte mittlere und schwere Böden mit Sand durchlässiger machen **(Memo: Guter Boden → Seite 13)**.

Samentütchen oder Jungpflanzen?

Grundsätzlich könnten Sie mehrjährige Kräuter selbst aussäen. Dann haben Sie allerdings erstens viele Samen aus dem Tütchen übrig. Schließlich reichen je nach Art ein, zwei Exemplare völlig aus. Zweitens müssen Sie viel zu lange auf Ihre erste Ernte warten. Kaufen Sie also lieber Jungpflanzen beim Gärtner Ihres Vertrauens.
Bei Schnittlauch kommt es darauf an, wie viel Sie haben möchten. Fünf kleine Töpfe ergeben schon mal eine Reihe von 1 m Länge. Topfballen mit 12 oder 20 cm Durchmesser lassen sich mit dem Spaten leicht in zwei bzw. vier Stücke teilen. Auch diese ergeben kurze Reihen. Haben Sie aber meterweise Schnittlauch im Sinn, greifen Sie besser zu einem Saatband. Das erlaubt schon im ersten Jahr eine kleinere Ernte und wächst mit der Zeit zu einer dichten Reihe zusammen.

Grundsätzliches zur Beetanlage

Was die Bodenvorbereitung betrifft, gehen Sie beim Kräuterbeet genauso vor wie beim Gemüsebeet **(Memo: → Seite 12/13)**. Für die mediterranen Arten muss bei Bedarf zusätzlich Sand untergemischt werden.

- Die **Größe des Kräuterbeets** ist davon abhängig, welche und wie viele Kräuter Sie anpflanzen möchten. Nehmen Sie die Pflanzabstände in den Porträts (→ ab Seite 42) als Grundlage. Sie zeigen, wie viel Platz die jeweilige Art rundum benötigt, um gut zu gedeihen und ihre Nachbarn nicht zu bedrängeln. Denken Sie bei der Beetgröße daran, dass Sie spater die Kräuter gut für die Ernte erreichen können.
- Der **richtige Platz auf dem Beet** ergibt sich vor allem durch die Pflanzenhöhe. Höhere Kräuter, wie Liebstöckel sowie viele Minze-Arten und -Sorten, kommen in den Hintergrund, mittlere und niedrige, wie Pimpinelle und Sauerampfer, davor.
- Achten Sie bei der **Ausrichtung des Beets** auf die Sonneneinstrahlung. Die großen Kräuter sollten die kleinen nicht beschatten.

Gut gepflanzt ist halb gewachsen

Kräuter aus dem Topf mit Wurzelballen könnten Sie prinzipiell immer pflanzen, solange die Erde frostfrei ist. Nur die mediterranen Arten setzen Sie besser im Frühling. Dann haben sie sich vor den ersten Frösten im Herbst schon gut im Boden etabliert.
Mischen Sie bei der Pflanzung **(Memo: Pflanzung → Seite 27)** der mehrjährigen Stauden eine gute Handvoll Horngries in die Erde des Pflanzlochs ein. Dieser organische Dünger reicht für den Start nährstoffbedürftigerer Kräuter aus **(Mehr wissen: Kräuter düngen → Seite 71)**. Nach der Pflanzung gut angießen.

IM PORTRÄT MEHRJÄHRIGE KRÄUTER

Einfach toll, wenn die würzige Pracht kein Ende nimmt! Die ersten zarten Blätter der Kräuterstauden schmecken im Frühling unvergleichlich frisch und sie treiben nach dem Schnitt aus der Basis immer wieder nach.

SAUERAMPFER

J F M A M J J A S O N D

Saattiefe 0,5 cm
Pflanzabstand 30 × 20 cm

Mittelzehrer

Familie: Knöterichgewächse

Sauerampfer treibt jedes Jahr kräftig neu aus. Wegen des hohen Oxalsäuregehaltes ist es aber besser, nur geringe Mengen der Blätter zu verzehren.
Die besten Pflegetipps: Boden feucht halten, aber ohne Staunässe. Blüten ausbrechen, das fördert die Blattbildung und das Aroma.
Erntetipps: Frisch ausgetriebene Blätter büschelweise pflücken, das regt ebenso wie ein radikaler Rückschnitt den Neuaustrieb an.
Gute Sorten: Blutampfer (mit hübschen rotadrigen Blättern).

LIEBSTÖCKEL

J F M A M J J A S O N D

Saattiefe 1 cm, Pflanzabstand 60 × 60 cm

Schwachzehrer

Familie: Doldenblütler

Das beliebte Suppengewürz ist auch als „Maggikraut“ bekannt. Die starkwüchsige Staude wird bis zu 2 m hoch und ist sehr aromatisch.
Die besten Pflegetipps: Boden gleichmäßig feucht halten und einmal jährlich mit reifem Kompost düngen.
Erntetipps: Junge Blätter ab dem Austrieb fortlaufend ernten.
Gute Partner: Kartoffeln, Rhabarber, Tomaten, Salbei.

SCHNITTLAUCH

J F M A M J J A S O N D

Saattiefe 1–2 cm
Pflanzabstand 20 × 20 cm

Mittelzehrer

Familie: Zwiebelgewächse

In der frischen Kräuterküche ist und bleibt die unermüdlich nachwachsende Zwiebelpflanze mit ihrer pikanten Schärfe unverzichtbar.
Die besten Pflegetipps: Besonders nach dem Schnitt gut gießen und mit einem organischen Langzeitdünger versorgen – dann treiben die Pflanzen rasch wieder neu aus.
Erntetipps: Die Stängel vor der Blüte ernten, sonst werden sie hart und schmecken bitter. Einzelne Triebe blühen lassen und die Blüten als essbare Zierde verwenden.
Gute Partner: Erdbeeren, Kerbel, Möhre, Salat, Spinat, Dill, Tomate, Sellerie.

Gute Sorten: 'Staro', 'Grolau', 'Elbe' (weißblütig), 'Forescate' (schöne purpurfarbene Blüten), 'Schmitt'.
Mehr wissen: Schnittlauch als Beeteinfassung **→ Seite 40**.

= Anzucht = Aussaat = Pflanzung = Ernte

MINZE

J F M A M J J A S O N D

Saattiefe 0,5 cm
Pflanzabstand 50 x 40 cm

Starkzehrer
Familie: Lippenblütler

Ob für Tee, Cocktails oder die Orientküche: Minzeblätter verleihen jedem Rezept einen Frischekick. Je nach Sorte gibt es verschiedene Geschmacksrichtungen und auch große Unterschiede im Mentholgehalt.
Die besten Pflegetipps: Auf einem lehmigen feuchten Boden wachsen Minzen schnell und haben deshalb viel Hunger. Den stillen Sie z. B. mit Hornspänen, organischem Langzeitdünger oder zwei Kompostgaben pro Jahr: im Frühling und nach dem ersten Rückschnitt im Sommer. Der ziemlich starke Ausbreitungsdrang vieler Minzearten lässt sich mit einer Wurzelsperre im Beet bändigen, z. B. einen eingegrabenen Eimer ohne Boden. Günstig für die Vitalität ist ein Standortwechsel ca. alle 3 Jahre. Das beugt auch dem Befall mit einem Schadpilz, dem Minzerost, vor.
Erntetipps: Während der Wachstumszeit ganze Stängel an der Basis abschneiden und die Blätter abstreifen – dann bleiben die Gewächse buschig und kompakt. Das beste Aroma haben die Blätter vor der Blüte.
Gute Partner: Möhre, Tomate, Kohl, Salate.
Gute Sorten: Mentholhaltig: 'Mitcham', 'Crispa', Marokkanische Minze, Türkische Minze (= Naneminze), Kentucky-Spearmint; mentholarm: Krause Minze, Ananasminze 'Variegata', Apfelminze, Erdbeerminze, Kärntner Minze, Zitronenminze.

PIMPINELLE

J F M A M J J A S O N D

Saattiefe 2 cm
Pflanzabstand 25 x 25 cm

Schwachzehrer
Familie: Rosengewächse

Wegen seiner kleinen Blütenköpfe heißt die Pimpinelle auch Wiesenknopf. Das Wildkraut mit den auffällig gefiederten Blättern eignet sich ausschließlich als frische Würze für Salate, Dips und Suppen. Bekannt ist es vor allem als Zutat der „Frankfurter Grünen Soße".
Die besten Pflegetipps: Die Pimpinelle bevorzugt warme, sonnige Standorte auf leicht feuchten, durchlässigen, kalkhaltigen Böden.
Erntetipps: Besonders fein sind die jungen zarten Blätter des ersten Austriebs im Frühling und die bei regelmäßigem Rückschnitt neu austreibenden Blätter. Ältere Blätter sind hart und bitter.
Gute Partner: Andere mehrjährige Kräuter mit denselben Standortansprüchen wie Zitronenmelisse oder Liebstockel.
Mehr wissen: Behauptet sich besser vorn im Beet → Seite 41.

ZITRONENMELISSE

J F M A M J J A S O N D

Saattiefe 0,5 cm
Pflanzabstand 40 x 35 cm

Mittelzehrer
Familie: Lippenblütler

Ihr fruchtiges Limonenaroma macht die Zitronenmelisse so beliebt in Drinks, Tee oder Marmeladen. Als wüchsige Staude ist sie leicht zu kultivieren.
Die besten Pflegetipps: Ca. 2–3 mal im Jahr bis zur Basis zurückschneiden. Das fördert kräftigen Neuaustrieb. Die tiefreichenden Wurzeln erfordern einen lockeren, krümeligen nährstoffreichen Boden, dafür 2–3 mal pro Jahr eine Gabe Hornspäne verabreichen.
Erntetipps: Ganze Triebe möglichst bodennah abschneiden und die Blätter abstreifen. Immer vor der Blüte ernten, nach der Blüte schmecken die Blätter zunehmend seifig und herb.
Gute Partner: Andere mehrjährige Kräuter mit denselben Standortansprüchen wie Minze, Pimpinelle oder Liebstöckel.
Gute Sorten: 'Binsuga', 'Limoni', im Halbschatten 'Aureovariegata'.

= Sonne = Halbschatten = frostempfindlich = Topfkultur möglich

IM PORTRÄT MEDITERRANE WÜRZE

Kräuter aus dem Mittelmeerraum enthalten ätherische Öle, die sie besonders gut an sonnigen, trockenen Plätzen entwickeln. Ein aromatisches Geschenk, das wir uns auf der Zunge zergehen lassen können.

OREGANO

J F M A M J J A S O N D

Pflanztiefe 0,5 cm
Pflanzabstand 30 × 30 cm

Schwachzehrer
Familie: Lippenblütler

Wer die kleinen Blättchen zwischen den Fingern zerreibt und beim Schnuppern die Augen schließt, fühlt sich ans Mittelmeer versetzt. Typischer kann sich das südliche Lebensgefühl kaum vermitteln als über das herb-würzige Aroma von Oregano, dem Wilden Majoran. Er gehört auf jede Pizza und in jede Tomatensoße für Pasta.

Die besten Pflegetipps: Unerlässlich für einen möglichst hohen Anteil ätherischer Öle – und somit würzigen Geschmack – ist ein sonniger Standort sowie ein warmer, trockener, kalkhaltiger Boden ohne stauende Nässe. Die mehrjährige Pflanze benötigt keinen Dünger, im Gegenteil: Zu viel Nährstoffe würden dem Aroma schaden. Ein jährlicher Rückschnitt bis auf den unten verholzenden Teil der Triebe regt das Wachstum an. Außerdem hält der Schnitt die Gewächse schön buschig und kompakt.

Erntetipps: Den höchsten Anteil an Aromastoffen erreicht Oregano zum Zeitpunkt der Blüte. Dann werden die Stängel im Ganzen geschnitten und die Blättchen abgestreift. Es macht Sinn, sie gleich zu trocknen, dann wird der Gehalt noch intensiver.

Gute Partner: Andere mediterrane Kräuter mit vergleichbaren Ansprüchen wie Thymian oder Salbei.

Gute Sorten: ‘Compactum’, ‘Aureum Crispum’, Griechischer Oregano, Blumen-Oregano ‘Aromaticum’.

BERGBOHNENKRAUT

J F M A M J J A S O N D

Saattiefe 0,5 cm
Pflanzabstand 25 × 25 cm

Schwachzehrer
Familie: Lippenblütler

Der immergrüne kleine Halbstrauch ist das perfekte Pendant für Busch- und Stangenbohnen. Seine Blättchen betonen als Gewürz deren typischen Geschmack und mindern zudem die blähende Wirkung.

Die besten Pflegetipps: Rückschnitt im zeitigen Frühling vor dem Austrieb. Bergbohnenkraut braucht einen warmen, sonnigen, trockenen Standort, wenig Wasser und allenfalls etwas organischen Dünger. Als Beetnachbar von Buschbohnen wehrt Bohnenkraut Blattläuse ab.

Erntetipps: Ausnahmsweise ist das Aroma von Blüten und Blättern zur Zeit der Blüte am stärksten. Am besten sind Stiele mit jungen Blättchen.

Gute Partner: Bohnen, Knoblauch, Petersilie.

Gute Sorten: ‘Aromata’, Zitronen-Bohnenkraut.

= Anzucht = Aussaat = Pflanzung = Ernte

SALBEI

J F M A M J J A S O N D

Saattiefe 1 - 2 cm
Pflanzabstand 40 × 40 cm

Schwachzehrer
Familie: Lippenblütler

An einem kniehohen Salbeistrauch entlangzustreifen reicht schon, um eine betörende Duftwolke freizusetzen. Der hohe Anteil ätherischer Öle versetzt die Pflanze in die komfortable Lage, sich kaum mit Schädlingsbefall plagen zu müssen.
Die besten Pflegetipps: Trocken und warm sollte der Standort sein und einen kalkhaltigen Boden mit geringem Humusanteil bieten. Stark verholzende Exemplare werden nach einigen Jahren besser durch junge Stecklinge der Pflanze aus Triebspitzen ersetzt. Sonst hält regelmäßiger Rückschnitt vor dem Austrieb und einmal im Sommer die Pflanze jung und kompakt.
Erntetipps: Die aromatischen Blätter werden wegen der besseren Aromaausbeute vor der Blüte geerntet. Dazu am besten nur die Triebspitzen kappen, das regt die Verzweigung an. Salbeiblätter lassen sich durch Trocknen gut konservieren.
Gute Partner: Möhren, Erbsen, Kohl, Fenchel und andere hochwüchsige Kräuter wie Oregano und Rosmarin oder Lavendel.
Gute Sorten: Gewürzsalbei: Eine Fülle von Varietäten des Echten Salbei wie 'Icterina', 'Berggarten', 'Purpurea' (→Bild). Fruchtsalbeisorten stammen aus subtropischen Regionen und sind meist nicht winterhart, z. B. Ananassalbei, Limonensalbei oder Pfirsichsalbei (Überwinterung im Haus).

THYMIAN

J F M A M J J A S O N D

Saattiefe 0,5 cm
Pflanzabstand 20 × 20 cm

Schwachzehrer
Familie: Lippenblütler

Der ausdauernde Halbstrauch bildet nur kleine aromatische Blättchen aus und wächst oft polsterförmig. Bekannt ist er für seine entzündungshemmende Wirkung bei Erkältungen und das markante Aroma der Blätter in der Mittelmeerküche.
Die besten Pflegetipps: Rückschnitt um ca. die Hälfte vor dem Austrieb und nach der Blüte. Düngung ist nicht erforderlich. Wichtig ist ein warmer, trockener Platz und ausreichender Schutz vor Winternässe.
Erntetipps: Neben den jungen Blättern und Triebspitzen sind auch die Thymianblüten essbar. Aromatischer sind die Blätter aber kurz vor der Blüte.
Gute Partner: Möhre, Bohne, Salat, Kohl und niedrige Kräuter mit vergleichbaren Ansprüchen wie Kriechender Oregano.
Gute Sorten: Zitronenthymian, Orangenthymian, 'Compactus' und die sehr winterharte Sorte 'Deutscher Winter'.

MAJORAN

J F M A M J J A S O N D

Saattiefe 0,5 cm
Pflanzabstand 25 × 20 cm

Schwachzehrer
Familie: Lippenblütler

Die eng mit dem Oregano verwandte Art ist im Gegensatz zu ihrem ausdauernden Bruder nicht winterhart und wird deshalb hierzulande nur einjährig kultiviert.
Die besten Pflegetipps: Majoran bevorzugt einen warmen und sonnigen Standort, aber auch einen nährstoffreichen, mäßig feuchten Boden. Nach Rückschnitt zweite Ernte nach Neuaustrieb möglich.
Erntetipps: Das beste Aroma enthalten die Triebspitzen im Knospenstadium kurz vor der Blüte. Auch getrocknet gut zu verwenden.
Gute Partner: Kopf- und Feldsalat, Endivie.

= Sonne = Halbschatten = frostempfindlich = Topfkultur möglich

IM PORTRÄT KÖSTLICHE HIMBEEREN

Mit Himbeeren wird der eigene Garten zum Schlaraffenland.
Gibt es denn etwas Schöneres, als süße Beeren direkt vom Strauch zu ernten?
Mit zweimal tragenden Sorten ist das sogar bis in den Herbst hinein möglich.

J	F	M	A	M	J	J	A	S	O	N	D

Pflanztiefe 15 cm,
Pflanzabstand 50–60 × 40 cm

Mittelzehrer

Familie: Rosengewächse

Himbeeren wachsen natürlicherweise auf Waldlichtungen an einem sonnigen windstillen Platz. Sie stehen deshalb mit ihren Wurzeln gern in einem Boden, wie er in Wäldern typisch ist: humusreich mit einer luftigen Mulchschicht aus Laub. Das gilt auch für die zahlreichen Kultursorten im Garten.

Die besten Pflegetipps: Damit Himbeeren reich tragen, sind ein sonniger Standort, humusreiches Substrat, ein gleichmäßig feuchter Boden und eine 1–2-malige Düngung mit reifem Kompost pro Jahr unerlässlich. Am einfachsten kommen Sie mit **Herbst-Himbeeren** über die Runden. Sie werden nur 1,20–1,80 m hoch und müssen nicht an ein Spalier gebunden werden. Ein in 0,8–1 m Höhe angebrachtes, waagerechtes Maschengitter genügt als Standhilfe. Es besteht aus einem Rahmen in Beetgröße, auf dem Sie z. B. eine Baustahlmatte befestigen. Den Rahmen montieren Sie auf Pfosten, die in den vier

Beetecken stehen. Die durch das Gitter wachsenden Ruten haben genügend Halt. Bereiten Sie für Herbst-Himbeeren ein 0,8–1 m breites Beet vor. Mischen Sie einen Teil Erde mit je einem Teil Rindenhumus und reifem Kompost. Daraus errichten Sie einen ca. 30 cm hohen Damm. Im Frühling oder von August bis Oktober pflanzen Sie darauf eine Reihe Herbst-Himbeeren. Sie fruchten ab Hochsommer an diesjährigen Trieben. Abgeerntete Ruten schneiden Sie komplett zurück (→ Bild Seite 47, l., → Seite 102/103). Einfacher geht's nicht! Und noch etwas: Der Himbeerkäfer, dessen Larven („Maden") sich in den Früchten entwickeln, legt seine Eier im Mai/Juni an Blüten und jungen Früchten ab. Die Herbst-Sorten blühen später und bleiben folglich davon verschont.

= Anzucht = Aussaat = Pflanzung = Ernte

Sommer-Himbeeren werden 1,5–2,5 m hoch und brauchen eine Beetbreite von 1–1,2 m. Ihre Ruten müssen an ein heckenartiges Spalier angebunden werden (→ Bild Seite 46 r.). Es besteht aus zwei 3 m voneinander entfernten, 180 cm hohen Pfosten. Daran spannen Sie je einen Haltedraht in 80, 100 sowie 170 cm Höhe. Bei Pflege und Schnitt müssen Sie zwischen diesjährigen Trieben, die im Folgejahr fruchten, und vorjährigen Trieben, die dieses Jahr fruchten, unterscheiden (Mehr wissen: Himbeeren schneiden → Seite 102/103). Himbeerwurzeln sehr flach und dürfen nicht durch Bodenarbeiten gestört werden. Eine Schicht Mulch aus Laub und Rasenschnitt hält den Boden feucht und luftig. Himbeerpflanzen bleiben etwa 10–20 Jahre vital und fruchtbar. Als Rosengewächs sind sie mit sich selbst unverträglich. Das bedeutet, dass bei einer Neupflanzung der Anbauplatz gewechselt werden sollte.
Erntetipps: Die Ernte beginnt, sobald sich die Beeren leicht vom Zapfen lösen. Frühmorgens bei trockenem Wetter ist die beste Zeit zum Pflücken. Die Früchte werden am besten gleich verzehrt oder so frisch wie möglich zu Marmelade, Sirup, Likören oder Süßspeisen verarbeitet. Im Kühlschrank bleiben sie wenige Tage haltbar, können aber eingefroren werden. Dazu die Früchte einzeln auf ein Backblech legen und nach dem Gefrieren in Beutel füllen. Aus Himbeerblättern lässt sich ein entzündungshemmender Tee zubereiten.
Gute Partner: Als selbstfruchtende Art sind Himbeeren in der Regel nicht auf Bestäubersorten in der Nähe angewiesen (Mehr wissen: Sorten → Seite 148/149). Eine zweite Sorte steigert jedoch die Befruchtung und damit den Ertrag. Förderlich ist auch die Mischkultur mit niedrigen Erbsen und Buschbohnen, Ringelblumen, Zwiebeln, Knoblauch oder Melisse. Himbeerblüten ziehen Schmetterlinge und Bienen an. Die Blätter sind eine beliebte Nahrungsquelle für Schmetterlingsraupen.
Gute Sorten: Herbst-Himbeeren: 'Polka' (→ Bild Seite 46 l.), 'Autumn Bliss', 'Himbo Top', 'Himbo Queen', 'Aroma Queen', 'ZEFA 3' (rote Frucht); 'Golden Bliss', 'Fallgold', 'Golden Everest' (gelbe Frucht), 'Alpengold' (fast stachellos); 'Twotimer Sugana' (säulenförmiger Wuchs, auch für Topfkultur, zweimal tragend). Sommer-Himbeeren: 'Willamette', 'Malling Promise', (beide reif im Juni); 'Schönemann', 'Meeker' (beide reif Juli/August); 'Golden Queen' (gelbe Frucht); 'Black Jewel' (schwarze Frucht); 'Romy' (zweimal tragend).

SOMMER- ODER HERBSTSORTE?

Sommer-Himbeeren fruchten an Trieben aus dem Vorjahr, Herbst-Himbeeren an diesjährigen. Letztere sind daher weniger anfällig gegen Rutenkrankheiten. Außerdem sind ihre Früchte madenfrei. Dafür sind Sommer-Himbeeren ertragreicher und haben eine bessere Fruchtqualität.

SELBSTVERSORGUNG VON DER TERRASSE

Der Platz im Topfgarten ist knapp. Lohnt es sich überhaupt, dort Essbares zu kultivieren? Na klar! Es gibt einige Arten, die hier sogar besser gedeihen als im Beet – und obendrein noch einen gewissen Schmuckwert mitbringen.

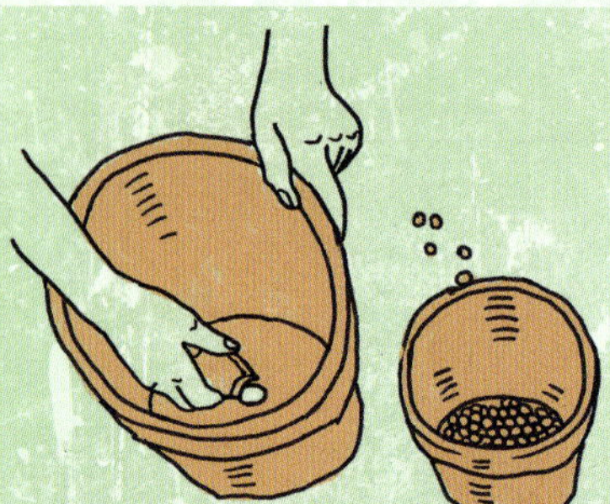

1

Die Pflanzung im Topf

Geben Sie 5 cm Blähton oder Kies als Drainage in den Topf. Locker mit nährstoffreicher Kübelpflanzenerde auffüllen.

2

Tomate pflanzen

Lösen Sie den Wurzelballen, indem Sie die Topfseiten rundum etwas drücken oder den Topfrand auf eine Kante stoßen.

3

Wurzelballen vorbereiten

Lockern Sie den vor der Pflanzung gut gewässerten Wurzelballen im unteren Bereich von Hand ein wenig auf.

4

Sonderfall Tomate

Setzen Sie Tomaten so tief, dass etwa zwei Drittel des Stängels unterhalb des ersten Blatts in der Erde stecken.

5

Pflanzgefäß auffüllen

Stoßen Sie den Topf beim Einfüllen 1-2-mal auf, damit die Erde nach unten rutscht. Dann die Oberfläche andrücken.

6

Gießrand formen

Die Erde sollte 2 cm unterhalb des Topfrands sein. Dann läuft das Wasser nicht über und kann einziehen.

Sie haben in den Gemüsebeet-Plänen Tomaten vermisst? Für Einsteiger stehen die Erfolgsaussichten auf Terrasse oder Balkon mit dieser Art einfach besser. Dort herrscht ein geschützteres Kleinklima. Das Gleiche gilt für einige andere mediterrane Vertreter.

Attraktives für den Gemüse-Topfgarten

Tomate, Aubergine und Paprika brauchen warme, sonnige Sommer. Oder einen warmen, sonnigen, am besten noch vor Niederschlägen und Wind geschützten Platz auf Terrasse bzw. Balkon. Hierbei ist die Sortenwahl besonders wichtig.

- Spezielle **Balkon- oder Ampeltomaten** sind eher eine Spielerei: Die Zwerge bringen viel zu wenig Früchte hervor. Fragen Sie beim Jungpflanzenkauf lieber nach Stabtomaten. Mit 150 cm Höhe lassen sie sich im Pflanzgefäß noch gut kultivieren. Kleinfrüchtige Kirsch-, Cocktail- oder Datteltomaten setzen Hunderte von Blüten an langen Rispen an, die nacheinander abreifen. Davon haben Sie lange etwas!
- Auch kleinfrüchtige **Auberginensorten** sind das geborene Topfgemüse: Sie punkten mit reizenden, lilafarbenen Blüten und zierenden Früchten.
- Früh reifende und kompakte, 50–60 cm hoch werdende **Paprikapflanzen** machen auf Balkon und Terrasse ebenfalls Vergnügen. Besonders Snack- und Spitzpaprika empfehlen sich für diesen Zweck.
- Wenn ein Gemüse die Topfkultur wirklich lohnt, dann ist das **Chili**. Mit ihren scharfen Schoten sehen sie prima aus. Schon ein Exemplar reicht aus, um eine Familie mindestens ein Jahr zu versorgen.
- Unbedingt empfehlenswert: **Basilikum** gehört nicht nur auf dem Teller zu Tomaten. Im geschützten Topfgarten ist es nämlich leichter zu ziehen.

Große Töpfe und gute Erde

Die mediterranen Gemüse dürfen erst nach draußen, wenn es warm genug geworden ist, also ab Anfang/Mitte Mai. Wollten Sie sie erst dann säen, kämen Sie vor dem Spätsommer kaum zum Ernten. Kaufen Sie also lieber vorgezogene Jungpflanzen beim Gärtner. Gönnen Sie Tomate & Co. Pflanzgefäße in ausreichender Größe. Sonst kann es bei warmem Wetter nämlich schnell eng werden mit dem Wasser- und Nährstoffvorrat. Für Tomaten verwenden Sie Kübel mit einem Durchmesser von 30–40 cm (20–30 l Volumen). Paprika und Chili kommen mit 22–26 cm (5–7,5 l) aus, Auberginen mit 20–22 cm (3–5 l). Füllen Sie die Gefäße mit hochwertiger Kübelpflanzen- bzw. Tomatenerde. Die Investition lohnt sich: Diese Qualitätsprodukte zeichnen sich durch eine gute Wasser- und Nährstoffspeicherfähigkeit aus und enthalten genug Dünger für einen zügigen Start. Vor der Pflanzung (→ Bild ❶–❻) wässern Sie den Topfballen noch einmal gründlich.

> *Selbst aussäen oder Jungpflanzen kaufen? Es kommt darauf an! Was flott keimt und bald beerntet werden kann, wie Basilikum, lohnt die eigene Anzucht. Arten, die eine lange Anlaufzeit bis zum Fruchten haben, wie Tomate, Paprika und Aubergine, kaufen Sie im ersten Jahr besser als Jungpflanze.*

Basilikum aus der Saatscheibe

Basilikum lässt sich im Frühsommer leicht selbst aussäen. Verwenden Sie in diesem Jahr Saatscheiben. Wie bei Saatbändern **(Memo: Saatband → Seite 24/25)** liegen die Samen darin im richtigen Pflanzabstand. Füllen Sie einen Topf (10 cm Durchmesser) bis einen Fingerbreit unter den Rand mit Anzuchterde. Darauf legen Sie eine Saatscheibe. Angießen und den Topf mit einer Glasscheibe oder Folienhaube bedecken: Basilikum braucht zum Keimen Licht. Stellen Sie den Topf bei Zimmertemperatur auf. Sobald die Sämlinge sich zeigen, gewöhnen Sie sie an die Bedingungen im Freien **(Mehr wissen: Abhärten → Seite 125)**: Stellen Sie die Töpfe einige Tage hintereinander an eine schattige Stelle. Danach dürfen sie an ihren Sonnenplatz rücken.

IM PORTRÄT

GESCHMACK DES SÜDENS

Für wärmeliebende Gemüse und Kräuter ist es bei uns im Beet meist etwas zu kalt. Aber deshalb darauf verzichten? Nicht nötig! Im Topfgarten reicht ihnen eine Hauswand zum Aufwärmen und im Beet ein Folientunnel.

PAPRIKA

J F M A M J J A S O N D

Saattiefe 1 cm
Pflanzabstand 50 x 40 cm

Starkzehrer

Familie: Nachtschattengewächse

Kaum auszudenken was uns kulinarisch entgangen wäre, hätte Kolumbus nicht vor 500 Jahren die ersten Früchte des beliebten Fruchtgemüses aus Mittelamerika mitgebracht. Einige Sorten aus der formenreichen Gruppe der milden Gemüsepaprika sind auch in kühleren Lagen freilandtauglich.

Die besten Pflegetipps: Paprikapflanzen mögen es warm, sonnig und wettergeschützt. Am besten im Haus vorziehen und erst Ende Mai auspflanzen in lockeres humusreiches und gut gedüngtes Substrat. Gleichmäßige Feuchtigkeit und Temperatur verhindern Blüten- und Knospenfall.

Erntetipps: Gemüsepaprika reifen von Grün nach Gelb (und viele Sorten weiter nach Rot) ab. Der Zeitraum hängt von Standort und Wetter ab. Auch grüne Früchte sind essbar. Sie schmecken weniger süß, aber schon genauso knackig. Grüne Früchte zu ernten hat den Vorteil, dass die Pflanze dann schneller neue Blüten bildet und die Kraft nicht für die längere Fruchtreife braucht.

Gute Partner: Tomate, Basilikum, Kohlrabi, Salat, Lauch.

Gute Sorten: Topfkultur: Snack-Paprika 'Lubega Mini', 'Gypsy F_1', 'Agio F_1', 'Multi'. Freiland: spitze Caci- oder Cece-Typen wie 'Roter Augsburger', 'Ferenc Tender', 'Ardei Lung', 'Ochsenhorn' und rundliche Formen wie 'Milde Wieser' oder 'Apfelpaprika'.

Mehr wissen: Königsblüte ausbrechen → Seite 74.

CHILI

J F M A M J J A S O N D

Saattiefe 1 cm
Pflanzabstand 40 x 30 cm

Starkzehrer

Familie: Nachtschattengewächse

Zahlreiche Sorten in allen Schärfegraden auf der zehnstufig potenzierten Scoville-Skala unterteilen die Früchte z. B. in Peperoncini, Cayenne, Habanero, Jalapeno. Maßgeblich ist der Capsaicin-Gehalt.

Die besten Pflegetipps: Ein warmer, wettergeschützer Platz und ein tiefgründiger humoser Boden. Anzucht auf der Fensterbank, nicht vor Mai ins Freiland pflanzen.

Erntetipps: Früchte werden unreif (grün) und reif (rot) geerntet, wobei der Schärfegrad sortenabhängig zunehmen kann. Beim Pflücken Handschuhe tragen!

Gute Partner: Tomate, Kohlrabi.

Gute Sorten: 'Bangalore Torpedo' (→ Bild), 'Da Cayenne', 'Apache', 'Habanero', Mini-Chili.

■ = Anzucht ■ = Aussaat ■ = Pflanzung ■ = Ernte

AUBERGINE

J	F	M	A	M	J	J	A	S	O	N	D

Saattiefe 1 cm
Pflanzabstand 60 × 50 cm

Starkzehrer
Familie: Nachtschattengewächse

Nach ihrer typischen runden Fruchtform wird das wärmeliebende Gewächs auch Eierfrucht genannt. Es gibt aber auch längliche und birnenförmige Sorten in verschiedenen Farbvariationen zwischen Weiß, Violett und Gelb. Kleinfrüchtige Sorten sind unempfindlicher gegen Kälte.

Die besten Pflegetipps: Die im tropischen Indien und China heimische Pflanze benötigt schon beim Keimen viel Wärme und in kühlen Nächten ein Vlies. Sie gedeiht hierzulande deshalb am besten im Topf oder im Weinbauklima. Vor Anfang Juni sollten junge Auberginen nicht ins Freie gepflanzt werden. Ideal sind ein lockerer, nährstoffreicher Boden und regelmäßige Wassergaben. Hohe Luftfeuchtigkeit fördert die Fruchtbildung. Dazu auch die Seitentriebe in den Blattachseln entfernen und den Haupttrieb nach dem ersten Fruchtansatz einkürzen, damit sich die Pflanze mehr verzweigt Fruchttragende Triebe sollten abgestützt werden. Gegen Weiße Fliege oder Spinnmilben helfen Nützlinge.

Erntetipps: Sobald die Früchte glänzen und auf Druck leicht nachgeben, sind sie reif. Unreife Früchte können ab September im Haus nachreifen.

Gute Partner: Basilikum, Kohlrabi, Spinat.

Gute Sorten: 'Picolo' (→ Bild), 'Ophelia', 'Bambino', 'Benarys Blaukönigin', 'Striped Toga'.

FRÜHLING

BASILIKUM

J	F	M	A	M	J	J	A	S	O	N	D

Saattiefe 0,5 cm
Pflanzabstand 25 × 25 cm

Mittelzehrer
Familie: Lippenblütler

Das Königskraut, wie Basilikum auch genannt wird, ist mit einem hohen Anteil ätherischer Öle und einem unnachahmlich aromatischen Geschmack gesegnet. Spätestens seit die italienische Vorspeise Caprese ihren Siegeszug angetreten hat, ist das ursprünglich in Indien beheimatete Kraut unverzichtbarer Bestandteil der Mittelmeerküche. Inzwischen ist die Sortenvielfalt nahezu unüberschaubar mit einer Vielzahl an verschiedenen Geschmacksnuancen, Blattformen und -farben. Seit ein paar Jahren sind mehrjährig kultivierbare Sorten mit verholzenden Stängeln auf dem Markt, die sich an einem frostfreien Platz gut überwintern lassen.

Die besten Pflegetipps: Basilikum ist frostempfindlich und wird daher meist einjährig kultiviert. Die Aussaat gelingt leicht, wenn der Lichtkeimer ausreichend hell steht und gleichmäßig feucht gehalten wird. Auf einem durchlässigen, lockeren Boden und an einem warmen, sonnigen Platz mit guter Wasserversorgung (keine Staunässe!) bilden die einzelnen Triebe schnell dichte Büschel. Wichtig ist ein ausreichender Schutz vor Schnecken! Einfacher ist die Topfkultur.

Erntetipps: Das beste Aroma entfalten Basilikumblätter vor der Blüte. Ernten Sie die zarten Triebspitzen im Ganzen, nicht nur einzelne Blätter. Dann treiben die Pflanzen aus den Blattachseln der darunter stehenden Blätter wieder aus. Lassen Sie ruhig einige Triebe blühen, denn auch die Blüten sind delikat und eine Zierde auf jeder Vorspeise.

Gute Partner: Paprika, Salat, Bohne, Fenchel, Tomate, Minze, Bohnenkraut.

Gute Sorten: Einjährig: *Ocimum basilicum* 'Genovese', 'Compactum', 'Aton', 'Purple Ruffles', 'Crispum', 'Fino Verde', 'Dark Opal', 'Horapha Nanum'; *Ocimum basilicum* var. *cinnamonum* (mit Zimtaroma), Zitronengeschmack: 'Lime', Thai-Basilikum. Mehrjähriges Strauch-Basilikum: 'African Blue'.

= Sonne = Halbschatten = frostempfindlich = Topfkultur möglich

IM PORTRÄT ALLES TOMATE

An einem warmen, geschützten Platz wird das Lieblingsgemüse Nummer eins der Deutschen besonders aromatisch. Aber mit robusten Sorten und in einem guten Sommer klappt der Anbau auch im Beet.

Saattiefe 1 cm
Pflanzabstand 60 x 60 cm

Starkzehrer

Familie: Nachtschattengewächse

Bevor die Tomate über den Umweg von Mexiko 1523 ihren Weg nach Europa antrat, wurde sie in den Anden schon seit Jahrhunderten kultiviert und zwar in einer Formenvielfalt, von der wir hier lange nur träumen konnten. Schon von jeher treten Tomaten dort in verschiedenen Farben, Formen und Größen auf. Die Wildformen z. B. haben nur etwa kirschengroße Früchte. Ihre wertvollen Inhaltsstoffe, wie das krebshemmende Lycopin und gesunde Beta-Carotine, erkannten die Europäer erst im 19. Jahrhundert. Bis dahin galten Tomaten als Giftpflanzen – und wurden als Ziergewächse, wegen der Ähnlichkeit ihrer fleischigen Früchte mit dem biblischen Paradiesapfel, angebaut. Deswegen heißen sie in Österreich noch heute Paradeiser. Nach der Erkenntnis, dass das giftige Solanin nur in unreifen grünen Tomaten enthalten ist, entdeckten die Italiener ihre Liebe zu Pomo d´oro, dem „Goldapfel". Auch jetzt erlebt die Tomatenvielfalt wieder einen richtigen Boom. Robuste Sorten trotzen in Beeten und Töpfen dem Regen und zeigen Pflanzenkrankheiten die Rote Karte. Ob Wild-, Stab-, Fleisch-, Cocktail- oder Buschtomaten: Jede Gruppe hat ihre besonderen Vorzüge – und es macht Spaß, sie in allen Facetten zu entdecken. **Wildtomaten** z. B. sind anspruchslos und tragen unzählige kleine Naschfrüchte. **Stabtomaten** werden sehr hoch und benötigen eine Stütze, damit sie unter der Last der

= Anzucht = Aussaat = Pflanzung = Ernte

PRAXIS TIPP

Im Fachhandel gibt es Hauben aus transparenten Folien, unter denen Tomaten vor Regen geschützt sind.

NÜTZEN DIE WIRKLICH?

Leider nein! Unter der Haube ist die Luftfeuchtigkeit so hoch, dass sich Pilzkrankheiten trotzdem ausbreiten können. Besser ist es, Tomaten unter einem Dach vor Regen zu schützen.

großen Früchte nicht umknicken. Ihre Seitentriebe werden entgeizt, damit die Pflanze ihre Kraft in die Fruchtbildung investiert. Manche produzieren fleischige Früchte, die über ein Kilogramm wiegen, andere wie **Cocktail-, Kirsch- oder Cherrytomaten** bleiben klein, schmecken aber besonders aromatisch. Die Früchte von **Flaschen- oder Eiertomaten** enthalten besonders viel Fruchtfleisch und eignen sich gut für Pizza und Pastasaucen. **Buschtomaten** werden nicht entgeizt, bleiben von Natur aus kleiner und verzweigen sich mehr.

Die besten Pflegetipps: Vorkultivierte Pflanzen haben einen Entwicklungsvorsprung zum Beginn der Tomatensaison ab Ende Mai, wenn die letzten Spätfröste sicher vorüber sind. Auf Balkon und Terrasse ist die Kultur etwas sicherer (→ Seite 48/49, 74/75). Freilandtomaten brauchen einen warmen, sonnigen und regengeschützten Platz. Ihr großer Nährstoffbedarf hält einen ganz schön auf Trab. Aber mit einer nährstoffreichen Spezialerde und einem organischen Langzeitdünger sind die Pflanzen ca. sechs Wochen gut versorgt. Nur gießen, wenn die Blätter am Morgen schlaff herunterhängen. Eine Mulchdecke hält die Feuchtigkeit im Boden und mindert Krankheitsbefall. Den Wurzelballen tief setzen, um die Wurzelbildung am Stängel anzuregen und damit die Wasserversorgung zu verbessern. Der tiefe Schwerpunkt bietet auch besseren Halt.

Erntetipps: Sorten mit kleinen Früchten sind früher reif als großfruchtige; nur vollreife Früchte mit Stiel ernten, diese enthalten die meisten Vitamine. Ab Ende August Triebe mit grünen Früchten kappen und diese im Haus kopfüber an einem halbdunklen Platz bei ca. 15 °C nachreifen lassen (Tipp: Apfel dazulegen).

Gute Partner: Sellerie, Petersilie, Tagetes, Bohnen, Salat, Spinat, Lauch, Kohlrabi, Möhre, Basilikum.

Gute Sorten: Stabtomate: 'Vitella', 'Vanessa', 'Tigerella', 'Green Zebra'; Kirschtomate: 'Philovita', 'Dasher'; Cocktailtomate: 'Picolino', 'Sweet Million'; Flaschentomate: 'San Marzano'; Fleischtomate: 'Ochsenherz'.

EIN HOCH AUF DIE EDLEN!

Veredelte Tomatenpflanzen sind weniger anfällig für die gefürchtete Braunfäule. Die Blatt- und Fruchtkrankheit breitet sich oft an dem Regen ausgesetzten Tomaten aus. Dafür werden bewährte, alte Sorten, die von Natur aus wenig anfällig sind, auf eine Wurzelunterlage veredelt, welche die Unempfindlichkeit noch verstärkt.

Junges Gemüse braucht Schutz

Ob Einsteiger oder Profi: Unerwünschte Mitesser lassen im Gemüsebeet nicht lange auf sich warten. Doch auch gegen diese Plagen ist das eine oder andere Kraut gewachsen. So lässt sich der Schaden in Grenzen halten.

> *Graben Sie das Gemüseschutznetz bzw. Vlies am Beetrand 15 cm tief in den Boden. Es macht zwar beim Ernten und Pflegen Mühe, hält aber Schädlinge fern. Sogar Schnecken!*

Die könnten Ihnen jetzt begegnen!

Es ist keine böse Absicht. Schnecken, Blattläuse und Erdflöhe wollen auch einfach nur leben. Und junges Gemüse schmeckt ihnen, wie uns, am besten. Dennoch: Wer sät, möchte ernten. Die beste Vorbeugung gegen einen Befall mit Schaderregern ist, den Pflanzennachwuchs so stark wie möglich zu machen. Mit viel Sonne, gutem Boden und ausreichender Feuchtigkeit um die Wurzeln ist schon viel dafür getan.

An ihren Spuren sollt ihr sie erkennen

Halten Sie Ihr Gemüse stets im Blick, damit Sie reagieren können, bevor die Schädlinge sich allzu breitmachen. Hier ein Überblick über die wichtigsten Arten:

- **Schnecken:** Vor allem Nacktschnecken-Arten haben es auf junges Gemüse abgesehen. Eigentlich stehen sie eher auf vermodernde Pflanzenreste. Wo sie das nicht in ausreichender Menge finden, müssen es eben Salate und Kohlrabi sein. Zumal diesen im Lauf der Jahrhunderte abwehrende (Bitter-)Stoffe durch

Zaubertrank macht stark

Jauchen und Brühen aus Brennnesseln, Schachtelhalm, Beinwell und anderen Pflanzen enthalten Extrakte, die unsere Gemüse weniger anfällig gegen Schaderreger machen. Das funktioniert im Prinzip wie ein Vitamin-Cocktail bei uns: Er kurbelt das Immunsystem an und schützt folglich vor Erkältungsviren. Je nach Pflanzenart und Zubereitung wirken diese selbst gemixten Zaubertränke aber auch als Abschreckung oder zur direkten Bekämpfung von Blattlaus & Co. und obendrein als ausgezeichneter organischer Flüssigdünger. Grundrezepte und Anwendungsmöglichkeiten für Jauchen und Brühen: *→ Seite 82/83.*

Igitt! Hier haben sich die Maden der Möhrenfliege durch die Rüben gefressen und ihre rostroten Gänge hinterlassen.

Züchtung abhandenkamen. Ob es Schnecken waren, die Ihre Jungpflanzen an- oder sogar ratzeputz weggefressen haben, erkennen Sie an den Schleimspuren, worauf die Kriecher sich fortbewegen.

→ Kompostplatz und Gemüsebeete sollten möglichst weit voneinander entfernt sein: Schnecken lieben halb Verrottetes.

- **Blattläuse:** Gegen die sagenhafte Vermehrungstaktik der Blattläuse kommt man nur mit Schnelligkeit an: Jedes Tier bringt täglich bis zu fünf fertig ausgebildete Junge zur Welt, die bald darauf selber wieder Nachwuchs gebären. Die ganze Sippe macht sich bevorzugt über junge Pflanzenteile wie Triebspitzen her, bevölkert aber auch Blattunterseiten.
- **Erdflöhe:** Die schwarzen Käferwinzlinge sind die Lochmusterfabrikanten unter den Schaderregern. Sie hinterlassen ihre Fraßspuren an Kohlgewächsen (→ Bild r.), also auch Radieschen und einigen Asia-Salaten. Werden sie gestört, hopsen sie davon – daher ihr Name. Aussaaten haben es ihnen besonders angetan.
- **Kohlweißlinge:** Wenn weiße Schmetterlinge über Ihren Gemüsebeeten gaukeln, ist Kontrolle angesagt. Die Weibchen legen an den Blattunterseiten von Kohlarten in Gruppen angeordnete gelbe Eier ab. Daraus schlüpfen winzige Raupen, die sich groß und stark fressen möchten. Zurück bleiben Blattskelette.
- **Gemüsefliegen:** Ob Kohl, Möhre, Radieschen oder Zwiebel – eine Fliegenart ist immer daran interessiert. Die Eiablage erfolgt an der Pflanzenbasis. Daraus schlüpfende Maden fressen sich durch Knollen und Wurzeln und hinterlassen darin bräunliche Gänge (→ Bild l.). Bei starkem Befall welken bzw. vergilben die Gemüsepflanzen.

Erste Hilfe – oder Zutritt versperren

Bei allen diesen Mitessern gilt das gleiche Prinzip: Je schneller Sie eingreifen, desto weniger müssen Sie von Ihren Gemüsen abgeben. Schnecken werden also regelmäßig abgesammelt, von Blattläusen befallene Triebspitzen sowie Eigelege der Kohlweißlinge entfernt. Was Sie außerdem tun können, entnehmen Sie dem Pflanzenschutzplaner (→ Seite 166/167).

Ein Mittel hilft tatsächlich gegen alle hier genannten Gemüseschädlinge: das Gemüseschutznetz bzw. Gärtnervlies. Letzteres kennen Sie bereits als warme Decke gegen späte Fröste. Die Netze unterscheiden sich vom Vlies eben durch ihre netzartige Struktur, die etwas mehr Licht und Luft durchlässt, Schädlinge aber aussperrt – ebenso wie Hagel und Vögel. Die Maschenweite beträgt üblicherweise 1,35 mm. Es hat sich jedoch herausgestellt, dass manche Blattflöhe oder Fliegen da noch hindurchpassen. Daher sind nun neue Spezialnetze mit Maschenweiten von 0,8 mm im Handel. Graben Sie das Vlies bzw. Gemüseschutznetz am Beetrand in den Boden ein (→ Bild l.). So ist Ihr Gemüse vor allem zufliegenden Unbill sicher.

Wer war das? Vor allem im April und Mai bei trockenem Wetter machen sich Erdflöhe über Kohlgewächse her.

SOMMER

Jetzt geht es im Gemüsegarten richtig rund! Frühe Kulturen, wie Kresse und Spinat, machen die Beete wieder frei für neue Saaten und Pflanzungen.

FRÜHSOMER: MAI/JUNI

Der Übergang vom Frühling in den Sommer lässt sich – der jeweils herrschenden Witterungsverhältnisse wegen – auf dem Kalender nur ungefähr festlegen. Die Apfelblüte (Vollfrühling) und der Beginn der Holunderblüte gehen im Mai ineinander über. Die Pflanzung von Zucchini- (Beet 1) und Mangold-Jungpflanzen (Beet 3) fallen in diese Wochen. Ihre Kultur wird in diesem Buch im Sommerkapitel behandelt. Weiterhin steht im Vollfrühling/ Frühsommer die Ernte der frühen Kulturen an wie Spinat, Pflücksalat und Radieschen. An ihre Stelle treten neue Gemüse, nämlich Möhren, Kohlrabi und Buschbohnen.

HOCHSOMMER: JULI/AUGUST

Wenn die Lindenblüten ihren betörenden Duft verströmen, sind Kohlrabi, Zucchini, Dill und Buschbohnen schon wieder so weit, dass sie in die Küche wandern. Auf Beet 1 wird Grünkohl gepflanzt. Wie, steht im Herbstkapitel.

SPÄTSOMMER: AUGUST

Wieder eine Übergangszeit: Der August kann schon herbstlich daherkommen. Je nachdem, wie der Sommer läuft, entwickeln sich die Frühmöhren (Beet 2). Erst nach ihrer Ernte kann Rettich folgen. Auch die Beschreibung seiner Kultur finden Sie im Herbstkapitel.

FRÜHSOMMER

Holunderblüte

HOCHSOMMER

Lindenblüte

SPÄT-SOMMER

Reife der Frühäpfel

PRAXIS BEET 1 IM SOMMER

Spinat ernten, Kohlrabi pflanzen – jetzt können Sie sich längst als richtiger Gemüsegärtner fühlen. Zeit, sich mit weiteren Handgriffen vertraut zu machen: Der Zucchini-Nachwuchs braucht eine besondere Bodenvorbereitung.

Am besten frisch

Während Spinat heranwächst, erntet man einzelne Blätter von außen für Salat. Jetzt bildet er kräftige Pflanzen, die Sie im Ganzen am Boden abschneiden. Wurzeln im Boden lassen!

Die Spinaternte (Reihe 1, 2, 4 + 5) geht zu Ende. Graben Sie die Wurzeln unter: Das kommt den Nachfolgern zugute. Vor allem Zucchini (Reihe 3), aber auch Kohlrabi und Tagetes (Reihe 1 + 5) brauchen viele Nährstoffe. Letztere pflanzen Sie im Wechsel mit Tagetes im Abstand von je 30 cm. Während der Frucht- und Knollenentwicklung brauchen die Gemüse es gleichmäßig feucht um die Wurzeln: Bei Trockenheit ist Gießen angesagt **(Mehr wissen: Gießen → Seite 76/77)**. Nach 6 und 10 Wochen düngen Sie die Zucchini noch einmal jeweils mit der halben Dosis. Die Früchte ernten Sie mit 10–15 cm Länge, Kohlrabi mit 10 cm Durchmesser: Dann schmecken sie am besten. Ab Anfang Juli säen Sie Radieschen (Reihe 1 + 5) und pflanzen Grünkohl **(Mehr wissen: Grünkohl pflanzen → Seite 86/87**.

> *Beet 1 im Sommer*

PRAXIS TIPP

„GEBURTENKONTROLLE" BEI ZUCCHINI

Werden weibliche Zucchiniblüten nicht bestäubt, wirft die Pflanze sie ab. Was seine guten Seiten hat: Kommen Sie mit der Ernte nicht hinterher, pflücken Sie einfach die Blüten ab und verwenden Sie in der Küche.

1

Extraportion Dünger

Der Pflanzabstand für Zucchini beträgt 1 m. Mischen Sie die Erde für Zucchini rund um die Pflanzstellen mit je 5 l Kompost.

2

Frau und Herr Zucchini

Bei weiblichen Blüten ist der Fruchtansatz bereits am unteren Ende zu erkennen. Die männliche Blüte hat nur einen Stiel.

1

Vor der Pflanzung

Die Kohlrabi-Jungpflanzen gründlich wässern. Mischen Sie die Erde um die Pflanzstellen mit je 1/3 l Kompost.

2

Kohlrabi pflanzen

Die Knolle braucht oberirdisch Platz, um sich zu entfalten. Setzen Sie den Wurzelballen daher bündig mit der Erdoberfläche ein.

3

Unkraut stoppen

Regen lässt das Gemüse schön wachsen. Das Unkraut leider auch. Gehen Sie regelmäßig mit der Hacke darüber.

WAS TUN, WENN ... ?

...sich auf der Blattoberseite der Zucchini runde weiße Flecken bilden?

DAS IST ECHTER MEHLTAU.

Wählen Sie eine mehltauresistente Sorte (→ Porträt Seite 64). Sollte die Pilzkrankheit (→ Seite 166/167) auftreten, entfernen Sie zügig befallene Teile und spritzen mit Schachtelhalm-Brühe (→ Seite 82/83).

PRAXIS BEET 2 IM SOMMER

Vitamine satt: Bei dieser Parzelle füllen sich die Schüsseln!
Gleichzeitig übernehmen späte Möhren, Rettich und Endivie die frei werdenden Reihen.
Wenn das nicht stolz macht!

Pflücksalat ernten
Zupfen Sie nur äußere Blätter von der Pflanze weg. Dann treibt sie von der Mitte aus immer wieder neu nach.

Radieschen ernten
Ziehen Sie die dicksten Knollen heraus und achten Sie darauf, dass die verbleibenden Platz zum Wachsen bekommen.

Die Radieschen beim Pflücksalat (Reihe 1 + 7) sowie bei der Petersilie (Reihe 4) ernten Sie bis Frühsommer. Der Pflücksalat macht dann Platz für Möhren mit Dill. Von den Frühmöhren (Reihe 3 + 5) haben Sie noch bis Mitte/Ende Juli etwas. Dann übernehmen Rettiche das Staffelholz (→ Bild ❸). Wählen Sie eine Sommer- oder Herbstsorte (→ Porträt Seite 34). Pro Meter Saatreihe 3 l reifen Kompost einarbeiten. Zwiebeln können Sie für den Direktverzehr jederzeit ziehen (→ Bild ❷, Reihe 2 + 6). Möchten Sie die Zwiebeln einlagern, müssen Sie jedoch warten, bis das Laub ganz abgestorben ist. Die Lücke füllen Endivien-Jungpflanzen.

› *Beet 2 im Sommer*

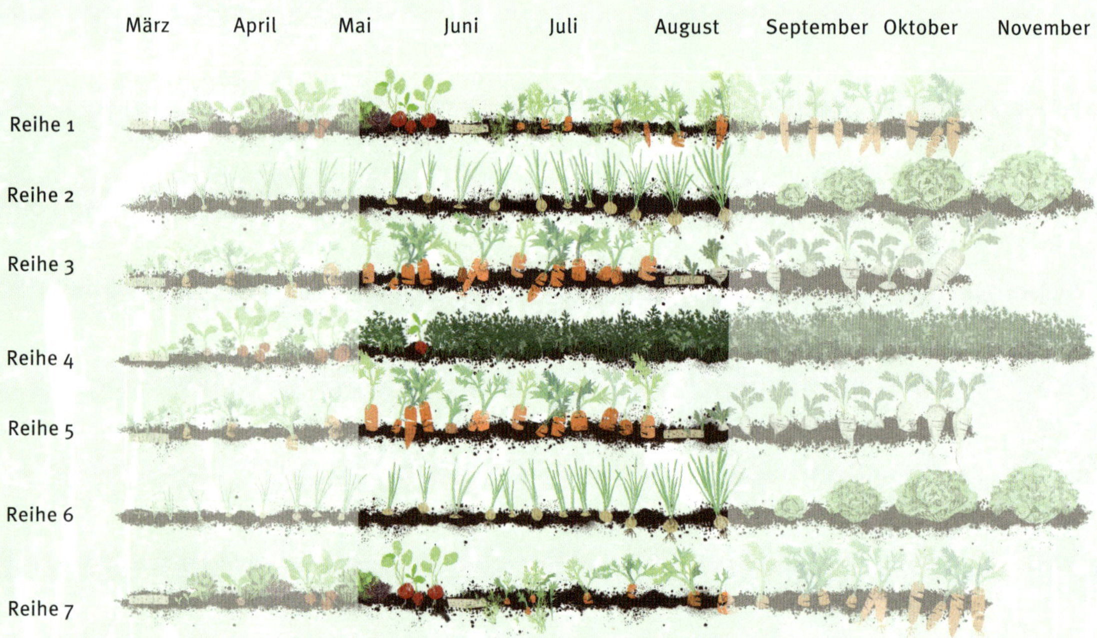

PRAXIS TIPP

Ein kleiner Trost, wenn Ihnen das Herausrupfen von Sämlingen zugunsten der im Beet verbleibenden schwerfällt: Sie sind nicht verloren! Verwenden Sie den Nachwuchs mit Blatt und Wurzeln für Salat, Kräuterquark oder gehackt auf dem Brot.

1

Boden lockern

Beim Hacken tun Sie sich leichter, wenn Sie ein Gerät mit gebogenem Hals verwenden: Es erlaubt ergonomischeres Arbeiten.

2

Gießen

Gute Wasserversorgung brauchen Möhren ab Bleistiftdicke, Zwiebeln während der Zwiebelbildung.

1

Möhren vereinzeln

Knollen und Rüben werden hoch statt breit, wenn sie zu eng stehen. Ziehen Sie daher die schwächsten heraus.

2

Zwiebeln ernten

Steckzwiebeln können Sie schon ab Juli ziehen, wenn Sie Appetit darauf haben. So lange das Laub grün ist, legen sie gewichtsmäßig aber noch zu.

3

Rettich säen

Mitte/Ende Juli legen Sie das Saatband für Rettich aus. Bei losen Samen ca. alle 15 cm 2-3 Körnchen ausbringen. Später nur den kräftigsten Sämling stehen lassen.

GUTER GESELLSCHAFTER: DILL

Dill hilft Möhrensamen auf die Sprünge, hält schwarze Bohnenläuse von Dicken Bohnen fern und fördert Gurken, Rote Bete und Zwiebeln. Säen Sie entlang der Möhrensaatbänder alle 4–5 cm eine Prise Dill aus. Sobald der Dill über die Möhren hinausragt, ziehen Sie ihn ganz heraus und verwenden ihn in der Küche. Ein, zwei Pflanzen können Sie für die Samenernte stehen lassen.

PRAXIS BEET 3 IM SOMMER

Bislang haben Ihnen Saatbänder das Ausbringen feiner Samen im richtigen Abstand erleichtert. Die der Bohnen sind so handlich, dass Sie sie einfach aus der Tüte nehmen und auslegen können.

Frühmöhren ernten
Ziehen Sie die Rüben nach und nach heraus, wo sie dicht an dicht stehen. Das ergibt schon einmal feine Fingermöhrchen, die Sie mit Dip genießen können.

Auch in Beet 3 ernten Sie, was Sie im Frühling gesät haben. Blätter der Asia-Salate (Reihe 1 + 5) pflücken Sie von außen weg. 10 cm davon ins Beetinnere versetzt bereiten Sie Mitte/Ende Mai eine Saatreihe für Buschbohnen vor und bringen diese aus (→ Bild ❶). Sobald sie ca. 15 cm Höhe messen, häufeln Sie Erde um die Stängelbasis für mehr Standfestigkeit. Nach 8–10 Wochen können Sie mit den ersten Hülsen rechnen. Ihre Reife erkennen Sie daran, dass sie glatt durchbrechen und 5–8 mm lange Kerne haben. Frühmöhren (Reihe 2 + 4) und Gartenkresse (Beetmitte) ernten Sie nach Bedarf. In Reihe 3 pflanzen Sie Mangold (→ Bild). Dabei eine gute Handvoll Kompost in das Pflanzloch mischen und alle vier Wochen organisch düngen **(Mehr wissen: Nährstoffbedarf → Seite 78/79)**.

> *Beet 3 im Sommer*

PRAXIS TIPP

Einjähriges Bohnenkraut gibt Pepp! Säen Sie es 10 cm neben der Bohnenreihe aus. Als Partner im Beet und im Kochtopf verbessert es den Geschmack der Hülsenfrüchte. Außerdem schreckt es die Schwarze Bohnenlaus ab. Alle 14 Tage nachsäen!

2

Blüte fördern

Bald reifen die ersten Hülsen! Regelmäßig durchzupflücken fördert die Blüte und erhöht den Ertrag um 25-50%.

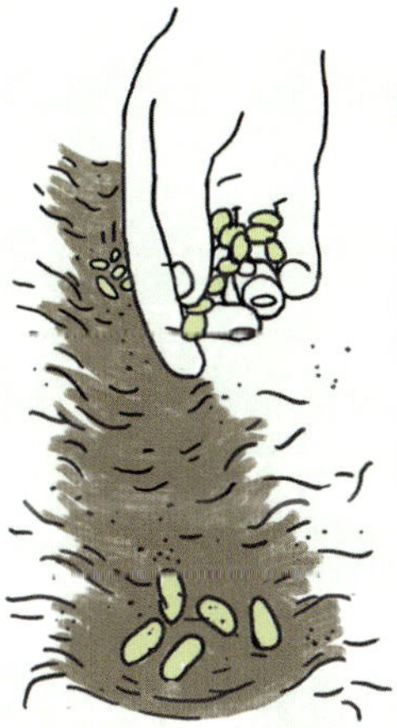

1

Gemeinsamer Start

In Horsten ausgesät gehen Bohnen besser auf. Dazu alle 40 cm in der Reihe fünf Körner zusammenlegen.

3

Bohnen ernten

Achten Sie beim Pflücken der Bohnen darauf, unreife Hülsen zu schonen und die Pflanzenwurzeln im Boden nicht zu lockern!

Mangold pflanzen

Setzen Sie die Jungpflanzen im Abstand von 40 cm genauso tief wie sie im Topf auch standen.

DAS GEHT AUCH

Lieber kein Mangold? Rote Bete geht auch. Sie stammt aus der gleichen Familie (Gänsefußgewächse). Wie Möhren oder Radieschen können Sie Rote Bete für den Frischverzehr bereits ernten, wenn sie noch klein sind, in diesem Fall mit Golfballgröße. Bis in den Oktober reifen sie so aus, dass man sie lagern kann. Ein Tipp: Probieren Sie das Laub im Salat oder gedünstet als Gemüse!

IM PORTRÄT SO SCHMECKT SOMMER

Sobald die Eisheiligen sich verkrümelt haben stehen die Sommergemüse in den Startlöchern. Manche bilden im Turbotempo knackige Früchte und Knollen, andere lassen sich ein bisschen Zeit.

KOHLRABI

J F M A M J J A S O N D

Saattiefe 1 cm
Pflanzabstand 40 x 30 cm

Mittelzehrer
Familie: Kreuzblütler

Schnell wachsender Lückenfüller in Mischkulturen; weiße reifen früher als blaue.
Die besten Pflegetipps: Jungpflanzen nur bis zur Wurzelbasis einsetzen; gleichmäßig feucht halten und organisch düngen; Schutznetz gegen Befall mit Weißer Fliege oder Kohlweißling spannen.
Erntetipps: Knollen nicht zu groß werden lassen; mit ca. 10 cm sind sie besonders zart; auch die jungen Blätter sind essbar.
Gute Sorten: 'Superschmelz', 'Lanro' (früh reif), 'Azur' (blau).

ROTE BETE

J F M A M J J A S O N D

Saattiefe 2-3 cm
Pflanzabstand 25 x 10-20 cm

Mittelzehrer
Familie: Gänsefußgewächse

Leicht anzubauen: neben (tief-)roten gibt es auch weiße ('Blankona'), gelbe ('Goldgelbe') und gestreifte Sorten.
Die besten Pflegetipps: Boden regelmäßig lockern, evtl. mulchen; Sämlinge vereinzeln oder Saatband verwenden.
Erntetipps: Die Knollen sind reif, wenn die Blätter braun werden.
Gute Partner: Bohne, Dill, Zwiebel, Pastinake, Salat, Bohnenkraut.

ZUCCHINI

J F M A M J J A S O N D

Saattiefe 2 cm
Pflanzabstand 100 x 70-100 cm

Starkzehrer
Familie: Kürbisgewächse

Die kleine Schwester des Kürbis braucht weniger Platz und ist schneller reif. Außerdem schmeckt sie auch roh im Salat.
Die besten Pflegetipps: Jungpflanzen gut mit Kompost rund um das Pflanzloch versorgen (ca. 5 l unter die Erde mischen); vor Schnecken schützen; nach ca. 6 und 10 Wochen nachdüngen; großzügig wässern, sonst werden die Früchte bitter.
Erntetipps: Längliche Sorten nicht größer als ca. 10-15 cm werden lassen, sonst werden die Schalen hart und es wachsen weniger Früchte nach; runde Sorten sind am besten golfballgroß; Blüten sind essbar.

Gute Partner: Bohne, Tomate, Mangold, Zwiebel.
Gute Sorten: Mehltauresistent sind z. B. 'Mastil', -'Radiant', 'Excalibur', 'Rondini' (rund). Gelbe Sorte: 'Sebring' (→ Bild).

= Anzucht = Aussaat = Pflanzung = Ernte

KÜRBIS

J F M A M J J A S O N D

Saattiefe 2 cm
Pflanzabstand 150 x 150 cm

Starkzehrer

Familie: Kürbisgewächse

Beim Kürbis geht's oft ums Ganze, und zwar ums große Ganze. Wie viel ein 'Atlantic Giant' auf die Waage bringt, ist aber eigentlich völlig nebensächlich. Genauso schmackhaft oder sogar aromatischer sind nämlich auch die kleinen Feinen aus der vielfältigen Gruppe verschiedener Kürbisse.
Die besten Pflegetipps: Kürbisse sind wärmebedürftig, deshalb Jungpflanzen erst nach den letzten Spätfrösten an einen sonnigen warmen Platz ins Freiland setzen. Achtung: gut vor Schnecken schützen!; am besten in humus- und nährstoffreiche Erde (mit Kompost aufmischen) oder gleich am Fuß des Komposts (nicht darauf!) pflanzen; gleichmäßig feucht halten, Boden durch Hacken regelmäßig lockern; das Mulchen übernehmen die großen Blätter selbst.
Erntetipps: Unbedingt vor dem ersten Frost ernten und zwar mit dem Stiel; reife Früchte klingen hohl, haben eine feste Schale und einen verholzten Stiel; vollreife Kürbisse lassen sich bei ca. 15-20 °C monatelang lagern; auch die Blüten sind essbar.
Gute Partner: Bohne, Zwiebel, Tagetes.
Gute Sorten: Dünnschalige Sommerkürbisse: die ufoförmigen 'Patisson' und 'Flying saucer'; dickschalige Winterkürbisse: Spaghettikürbis, Butternut, Hokkaido 'Ushiki Kuri' und 'Blue Kuri', 'Blauer Ungarischer', 'Buttercup', 'Muscat de Provence'.

BUSCHBOHNEN

J F M A M J J A S O N D

Saattiefe 2 cm
Pflanzabstand 40 x 10 cm

Schwachzehrer

Familie: Schmetterlingsblütler

Bohnen sind frostempfindlich und werden erst nach den Eisheiligen gepflanzt bzw. ausgesät.
Die besten Pflegetipps: Bei der Saat 5 Körner zusammen auslegen (Horstsaat), dann gehen sie besser auf; Reihen vorher gut wässern; Erde sollte humos und locker sein, gleichmäßig feucht; 15 cm hohe Pflanzen anhäufeln, sind dann standfester;
Erntetipps: Ganze Schoten zu Beginn der Samenbildung nach ca. 8 Wochen pflücken, wenn die Hülsen glatt durchbrechen und die Samen ca. 5-8 mm lang sind; nie roh verzehren!
Gute Partner: Einjähriges Bohnenkraut (schreckt Läuse ab und verbessert den Geschmack), Kartoffel, Kohl, Mangold, Erdbeere.
Gute Sorten: 'Saxa', 'Marona', 'Purple Queen', 'Maxi', 'Helios'.
Memo: Blütenbildung anregen **→ Seite 63.**

MANGOLD

J F M A M J J A S O N D

Saattiefe 3 cm
Pflanzabstand 40 x 30-40 cm

Mittelzehrer

Familie: Gänsefußgewächse

Es gibt Blattmangold-Sorten mit schmalen Blattrippen und breiten Blättern, und Stielmangold-Sorten mit breitem, oft auffällig ausgefärbtem Stiel. Blattmangold eignet sich für Winterkultur, Stielmangold ist kälteempfindlich.
Die besten Pflegetipps: Etwas Kompost ins Pflanzloch geben und alle 4 Wochen organisch düngen; Boden regelmäßig lockern, das regt das Wurzelwachstum an; nur kräftige Sämlinge stehen lassen.
Erntetipps: Blattweise nach Bedarf von außen nach innen ernten, dann bilden sich aus der Basis laufend neue Blätter; Blattmangold wie Spinat pflücken, wenn die Blätter ca. 10-15 cm lang sind.
Gute Partner: Buschbohne, Rettich, Kohl, Möhre, Radieschen.
Gute Sorten: Blattmangold: 'Lukullus', 'Grüner Schnitt', 'Charlie', Stielmangold: 'Glatter Silber', 'Bright Lights', 'Feurio'.

= Sonne = Halbschatten = frostempfindlich = Topfkultur möglich

FRUCHTFOLGE – FÜR GUTES NACHEINANDER!

Was die Verwandtschaft betrifft, sollten Sie bei der Beetplanung umdenken. Die Grundregel lautet nämlich, dass die Mitglieder einer Familie räumlich und zeitlich voneinander getrennt werden sollten.

Erinnern Sie sich an das „gute Miteinander“ (**Memo: Mischkultur → Seite 38/39**)? Ein Argument dafür lautet: Angehörige ein und derselben Familie sind sich so ähnlich, dass Schaderreger es umso leichter haben, je dichter sie beieinanderstehen. Krankheiten und Schädlinge reichern sich außerdem um die Wurzeln im Boden an. Also brauchen Gemüsearten der gleichen Familie auch zeitlichen Abstand voneinander. In der Beetplanung spricht man von „Fruchtfolge“: Wo Sie die „Frucht“ Spinat anbauen, darf in frühestens vier Jahren wieder ein Gemüse aus der Familie der Gänsefußgewächse angepflanzt werden. In Beet 1, Reihe 1, 2, 4 + 5, sind somit neben Spinat auch Rote Bete und Mangold erst einmal tabu.

Was macht der Grünkohl beim Kohlrabi?

Sollten Sie jetzt Beet 1 auf die Verwandtschaftsverhältnisse hin geprüft haben, wundern Sie sich vielleicht, warum zwei Mitglieder der Kreuzblütler darin vorkommen. Schauen Sie genau hin: Kohlrabi steht von ca. Ende Mai bis Anfang/Mitte August in Reihe 1 und 5. Der Grünkohl kommt somit erst ins Beet, wenn der Kohlrabi bereits abgeerntet ist. Selbst wenn die beiden Kulturen ein, zwei Wochen überlappen, retten Sie Ihre Ernte vor Kohlweißlingen und Kohlfliege mit einem Gemüseschutznetz (→ Seite 54/55). Gravierender wäre es, wenn der Grünkohl in denselben Reihen wie der Kohlrabi angepflanzt werden würde. Tatsächlich

WHO‘S WHO: DIE GEMÜSE-FAMILIEN DER BEETE 1–3	
Gänsefußgewächse	Spinat, Rote Bete, Mangold
Kreuzblütler	Kohlrabi, Asia-Salate, Grünkohl, Radieschen, Rettich, Gartenkresse
Kürbisgewächse	Zucchini, Kürbis
Korbblütler	Pflücksalat, Endivie
Doldenblütler	Möhre, Petersilie, Dill
Zwiebelgewächse	Zwiebeln
Schmetterlingsblütler	Bohnenkraut
Baldriangewächse	Feldsalat

Eine Momentaufnahme aus dem Sommer: Rotstieliger Mangold wird noch bis in den Spätherbst stehen, vor den Bohnen entwickelt sich frisch gepflanzte Endivie.

Zwiebel und Möhre – das klassische Traumpaar. Sie ergänzen sich gegenseitig im Wuchs sowie im Schutz vor den jeweiligen Gemüsefliegen.

aber kommen die Jungpflanzen 10 cm von den Kohlrabi-Reihen entfernt zur Beetmitte hin in die Erde. Da der Kohlrabi nur wenige Wochen steht und zudem noch von bodenverbessernden Tagetes begleitet wird, ist das gut zu verantworten.
Ein ähnliches Bild ergibt sich in Beet 2: Die Frühmöhren wachsen von März bis Juli auf der Beetinnenseite neben den Steckzwiebeln in Reihe 3 + 5. Die Sommermöhren kommen ab Juni auf die Beetaußenseite der Steckzwiebeln in Reihe 1 + 7. So profitieren sowohl die frühen als auch die Sommermöhren von der Schutzwirkung der Zwiebeln gegen die Möhrenfliege. Die Möhren stehen im Beet jeweils 30 cm voneinander entfernt. Geschickt getrennt!

Begrifflichkeiten: Von Fruchtfolgen und Folgekulturen

Die Begriffe Fruchtfolge und Folgekultur (auch Nachkultur genannt) klingen ähnlich. Das sind sie tatsächlich, allerdings mit einem feinen Unterschied: Die **Fruchtfolge** meint, wie oben beschrieben, die Aufeinanderfolge verschiedener Gemüsefamilien in einer Reihe über die Saison und über die Jahre hinweg. Also ganz allgemein das Beetplanungsprinzip. Die **Folgekultur** dagegen bezeichnet genau, welches Gemüse in einer Reihe während einer Saison auf das bereits vorhandene folgt. So folgen in Beet 2 auf Pflücksalat und Radieschen in Reihe 1 + 7 Möhren mit Dill. In Beet 1, Reihe 1, 2, 4 + 5 , ist Spinat die Vorkultur (auch als Frühkultur bezeichnet), die Folgekulturen sind erst Tagetes und Kohlrabi, dann Radieschen. Die Begriffe **Vorkultur** und **Nachkultur** sind Ihnen schon bei der Vorstellung der drei Beete begegnet (→ Seite 22). Einen Beetplan bauen Sie stets auf Basis der gewünschten **Hauptkultur** aus. Bei Beet 1 übernimmt Zucchini (Reihe 3) diese Rolle, weil sie am längsten steht und gleichzeitig am meisten Platz beansprucht. Spinat gilt hier als Vorkultur (Reihe 1, 2, 4 + 5), Radieschen und Grünkohl als Folge- bzw. Nachkultur (Reihe 1 + 5). Die Begleiter der Hauptkultur, Tagetes und Kohlrabi (Reihe 1 + 5), bezeichnet man als **Nebenkultur**.

IM PORTRÄT ERDBEEREN SATT

Es gibt einen Zeitpunkt im Gartenjahr, den weder klein noch groß verpassen möchten: den, wenn die ersten Erdbeeren reif sind. Denn das ist für alle der Inbegriff vom süßen Leben schlechthin.

J F M A M J J A S O N D

Pflanztiefe 0,3 cm
Pflanzabstand 50 x 25 cm

Mittelzehrer
Familie: Rosengewächse

Wer Kinder fürs Gärtnern begeistern möchte, muss eigentlich nicht viel mehr tun, als eine Handvoll Erdbeerpflanzen kaufen. Die süße Naschfrucht wächst im Beet ebenso wie im Balkonkasten – Hauptsache der Standort ist sonnig und die Pflanze wurzelt in nahrhafter Erde. Schwieriger wird es schon, wenn es um die Auswahl der Sorten geht. Denn es gibt so viele, dass die Wahl nicht leichtfällt und es meistens nicht bei einer Handvoll Pflanzen bleibt. Beliebt und am meisten verbreitet sind einmal tragende Gartenerdbeeren, die um 1750 aus einer Zufalls-Kreuzung zweier amerikanischer Arten entstanden sind. Bekannte Sorten dieser bis zu 5 cm große, sehr aromatische Früchte bildenden Gruppe sind z. B. 'Polka' oder 'Senga Sengana', aber auch die alte, unvergleichlich aromatische Sorte 'Mieze Schindler'. Letztere benötigt im Gegensatz zu den sonst selbstbefruchtenden Erdbeeren eine Bestäubersorte in der Nähe. Außerdem ist sie nicht transport- oder lagerfähig. Keine gute Voraussetzung für eine Sorte, wenn die Züchter für den Profianbau arbeiten. Für Selbstversorger jedoch ein Riesengenuss! Noch mehr Freunde finden allenfalls mehrmals tragende Sorten wie 'Mara des Bois' oder 'Evita'. Auch die kleinfrüchtigen Monatserdbeeren, Kulturformen der Walderdbeere, sind beliebt, denn sie tragen den ganzen Sommer über Früchte bis in den späten Herbst und können jahrelang am selben Standort bleiben. Nicht unerwähnt bleiben sollen die langsam heranreifenden Moschuserdbeeren mit besonders feinem Aroma und die Wiesenerdbeeren (z. B. 'Florika'), bei denen es sich um eine Kreuzung aus Wald- und Gartenerdbeeren handelt.

= Anzucht = Aussaat = Pflanzung = Ernte

Die besten Pflegetipps: Sonne und großzügige Nährstoffversorgung sind das Erfolgsgeheimnis jeder guten Ernte. Etwas reifer Kompost im Boden wirkt Wunder. Strohmulch unter den Pflanzen hält die Früchte trocken (→ Bild r.). Nicht zu tief bzw. zu hoch pflanzen: Die Stelle des Blattaustriebes (Herzknospe) darf nicht von Erde bedeckt sein, aber auch nicht zu weit hinausragen, sondern sollte knapp über der Bodenoberfläche liegen (→ Bild Seite 68 r.). Ausläufer werden regelmäßig gekappt, dann steckt die Pflanze ihre Kraft in die Fruchtbildung und nicht in das Wachstum neuer Triebe. Nach der Ernte Blätter und Ausläufer abschneiden bis auf die Herzknospe (diese bleibt bis zum nächsten Jahr stehen), gründlich wässern und mit Komposterde mulchen; aus kräftigen und gesunden Exemplaren der abgeschnittenen Ausläufer lassen sich sehr gut Jungpflanzen ziehen (→ Bild l.). Nach 2–3 Jahren den Standort wechseln, um die Fruchtbildung neu anzuregen. Die Pflanzzeit endet im August, dann wurzeln die Pflanzen vor dem Winter noch gut ein und tragen im Folgejahr Früchte. Mehrmals tragende Sorten können noch bis Mitte September gepflanzt werden.
Erntetipps: Wenn die Erdbeeren tiefrot sind und verlockend duften, ist es Zeit, die Sammelfrüchte mit Kelch zu pflücken, am besten frühmorgens. In der Regel geschieht das in einem Zeitraum von ca. 6 Wochen im Hochsommer, bei mehrmals tragenden Sorten und Monatserdbeeren reifen die Früchte bis in den Herbst.
Gute Nachbarn: Salat, Möhre, Gartenkresse, Feldsalat, Knoblauch, Lauch, Zwiebeln, Petersilie, Spinat.
Gute Sorten: früh reif: 'Honeoye', 'Elvira'; mittelfrüh: 'Polka', 'Korona', 'Thulana'; mittelspät: 'Thuriga', 'Tenira'; mehrmals tragend: 'Mara des Bois', 'Ostara', 'Rapella', 'Evita', 'Selva'; extravagant sind neue weiße Sorten wie 'Snow White', die mit ihrem ananasartigen Geschmack an die Kulturerdbeere *Fragaria × ananassa* erinnern, einer Kreuzung aus *Fragaria chiloensis* und *Fragaria virginiana*.

PRAXIS TIPP

ERLAUCHTE GESELLSCHAFT
Eigentlich komisch, zwei so unterschiedliche Gewächse nebeneinander anzubauen, aber effektiv: Knoblauch und Zwiebeln schützen Erdbeerpflanzen mit ihren Wurzelausscheidungen und Düften vor Pilzkrankheiten.

DAS KRÄUTERBEET IM SOMMER

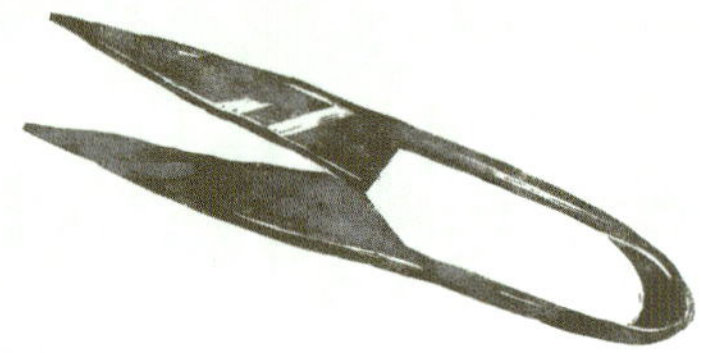

Hochsaison im Kräuterbeet – da kommt Würze auf!
Bei vielen Arten dient die Ernte gleichzeitig als Verjüngungsmaßnahme bzw. als Formschnitt. Ansonsten läuft die übliche Pflege weiter.

1

Neuaustrieb fördern

Zitronenmelisse und Minze schneiden Sie bei der Ernte immer eine Handbreit über dem Boden ab.

2

Ganze Pflanze ernten

Dill ziehen Sie aus der Erde, wenn er als Keimförderer für Möhren dient. Sonst schneiden Sie ihn direkt am Boden ab.

3

Blüte entfernen

Sauerampfer treibt ab Frühsommer Blüten. Brechen Sie sie aus, damit er seine Kraft in das Blattwachstum steckt.

4

Triebspitzen ernten

Thymian und Salbei wachsen kompakter und bilden mehr Seitentriebe, wenn Sie bevorzugt die Spitzen ernten.

5

Verwelktes ausputzen

Nach der Blüte schneiden Sie bei Thymian, Bergbohnenkraut und anderen verholzenden Kräutern das Verwelkte ab.

6

In Form halten

Verholzende Kräuter (hier Rosmarin) schneiden Sie alljährlich im Hochsommer um ein Drittel zurück.

Gerade mehrjährige Kräuter sind wunderbar anspruchslos und genügsam. Es genügt, sie ein bisschen im Auge zu behalten, bei Trockenheit zu gießen und sie ab und zu beherzt mit der Schere wieder in Form zu schneiden (→ Bild ❻). Petersilie, wenn sie einmal in Gang gekommen ist, sowie Bergbohnenkraut geben sich genauso unkompliziert. Schnell wachsende Einjährige, wie Dill und Gartenkresse, können einem dagegen flott durch die Lappen gehen: Sobald sie groß genug für die Küche sind, müssen sie verbraucht werden, sonst blühen sie. Was bei Dill durchaus gewollt sein kann, wenn man es weniger auf das Kraut, sondern auf die Samen abgesehen hat.

Ernten ist oft gleich Rückschnitt

Die Bilder ❶–❻ zeigen, wie Sie welche Art am besten ernten. Bei den mediterranen, verholzenden Kräutern sowie bei Melisse und Minze dienen diese Techniken auch der Verjüngung der Pflanzen. Sie treiben dann über die Saison immer wieder frische Blätter nach. Bei Sauerampfer (→ Bild ❸) klappt das auch, wenn Sie die gesamte Pflanze bis zum Boden abschneiden.

Mehr oder weniger Feuchtigkeit

Rosmarin, Thymian, Salbei und Bergbohnenkraut sind es gewöhnt, auf kargen, eher trockenen Platzen zurechtzukommen **(Memo: Kräuterbeet → Seite 40/41)**. Folglich mögen sie es nicht so nass um die Wurzeln. Alle anderen Arten ziehen es vor, wenn der Boden gleichmäßig feucht ist. Sollte es also längere Zeit nicht regnen, gönnen Sie Ihren Kräutern einen Schluck aus der Gießkanne **(Mehr wissen: Gießen → Seite 76/77)**. Verkrustet die Oberfläche nach Niederschlägen, ist auch im Kräuterbeet Bodenlockerung durch Hacken mit Unkrautrupfen angesagt. Sobald der Bestand schön dicht zusammengewachsen und der Boden durch das Laub schattiert ist, sind diese Arbeiten meist nicht mehr nötig.

Manche brauchen frisches Futter

Etwas hungrigere Kräuterarten benötigen Mitte Juli sowie Mitte August noch einmal Nährstoffe. Verteilen Sie rechts und links der Schnittlauch- und Petersilienreihen pro 15–20 cm je einen Esslöffel reifen Kompost oder Horngries. Liebstöckel und Minze bekommen im ersten Jahr je zwei, ab dem zweiten Jahr drei Esslöffel dieser Düngerformen **(Mehr wissen: Düngen → Seite 78/79)**. Sie geben die Nährstoffe langsam ab, so, wie die salzempfindlichen Kräuter es am liebsten haben.

› Sie möchten Kräuter für den Vorrat sammeln? Dann empfiehlt es sich, einen sonnigen, trockenen Tag abzuwarten. Sobald der Morgentau völlig abgetrocknet ist, legen Sie los: Die Pflanzen haben sich über Nacht vollgesaugt, stehen entsprechend gut im Saft und schmecken am aromatischsten.

PRAXIS TIPP

Die Blüte zeigt bei den meisten Arten an, wann ihr Gehalt an aromatischen Inhaltsstoffen am höchsten ist.

DER BESTE ERNTETERMIN FÜR KRÄUTER

Wenn Sie an der Ernte von Blättern interessiert sind, ernten Sie die Kräuter meist vor der Blüte. Sie stecken ihre Energie sonst in die Samenbildung. Zitronenmelisse schmeckt dann sogar seifig. Auch Minze bekommt einen unangenehmen Beigeschmack. Bohnenkraut dagegen ist am aromatischsten kurz vor und während der Blütezeit.

KÜCHENKRÄUTER FÜR DEN VORRAT

Zaubern Sie den Geist von Schnittlauch, Zitronenmelisse, Minze und Thymian in Flaschen, Gläser und Dosen. Sobald Sie diese im Winter wieder öffnen, steigt das Aroma des Sommers in die Nase. Magisch!

Ganz nach Ihrem Geschmack!

Kaum sind die Küchenkräuter so richtig schön herangewachsen, befinden sie sich aromamäßig auf dem Höhepunkt. Das möchten Sie sich sicher nicht entgehen lassen! Also heißt es jetzt ernten und haltbar machen. Dafür gibt es mehrere Methoden.

Der Klassiker: Trocknen

Schlicht und einfach: Trocknen Sie Kräuter an der Luft. Am besten klappt das bei trockenem Wetter mit Temperaturen um die 30 °C. Dafür schneiden Sie einzelne Triebe ab. Die Stängel binden Sie zu Sträußchen (→ Bild o.) und hängen diese kopfüber an einen luftigen und schattigen Ort, z. B. den Dachboden. Wenn Sie größere Vorräte anlegen möchten, lohnt sich die Anschaffung oder der Eigenbau von stapelbaren Kräutertrocknern. Das sind mit grobmaschigen Sieben bespannte Holzrahmen. Darauf breiten Sie die Pflanzenteile so aus, dass sie sich gegenseitig nicht berühren. Sobald die Kräuter zwischen den Fingerspitzen rascheln und zerbröseln, sind sie trocken genug zum Abfüllen. Nun streifen Sie die Blättchen von den Stängeln und füllen sie in verschließbare, lichtundurchlässige Dosen. Auch wenn die Versuchung groß ist: Stecken Sie die Kräuter lieber nicht in den Ofen. Das beschleunigt die Sache zwar. Doch selbst bei der niedrigsten Einstellung wird er so heiß, dass das Aroma buchstäblich verduftet.

› *Kräuter zum Trocknen sollte man möglichst nicht waschen und zerkleinern. Beides kostet Aroma.*

WAS WIE HALTBAR MACHEN?

Trocknen: *Liebstöckel, Minze; mediterrane, verholzende Arten wie Bergbohnenkraut, Majoran, Oregano, Salbei, Thymian*
Einfrieren: *Dill, Schnittlauch, Petersilie*
Kräuteröl: *Basilikum, mediterrane Arten*
Kräuteressig: *Basilikum, Dill, Gartenkresse*
Pesto/Kräuterbutter: *alle, auch in Mischungen*
Einsalzen: *Dill, Schnittlauch, mediterrane Arten*

Konservieren in Öl und Essig

Einige Kräuter, wie Basilikum, Dill, Pimpinelle, Schnittlauch und Petersilie, vertragen Trocknen gar nicht. Dafür lassen sich alle gut in Öl als „Pesto“ bzw. in Butter haltbar machen. Einzeln oder kombiniert schneiden Sie die Pflanzenteile klein und mischen gerade so

viel Öl darunter, dass es sie bedeckt. Für Kräuterbutter verwenden Sie etwas weniger Kräuter. Beide Varianten können Sie natürlich auch schon mit Salz, Pfeffer und anderen Gewürzen fertig machen. Ob mit Öl oder Butter: In kleinen Portionen eingefroren halten Liebstöckel, Pimpinelle etc. gut drei Monate.
Für Kräuteröle empfehlen sich hochwertige, aber geschmacksneutrale Produkte. Sie lassen den Inhaltsstoffen der Pflanzen den Vortritt. Bei Essig eignen sich milde Sorten mit wenig Säure wie Apfelessig.
Achten Sie hierfür auf makellose, trockene und saubere Pflanzenteile. Klein schneiden und ein Drittel einer sauberen, dunklen Flasche damit füllen. Öl aufgießen, fest verschließen und mindestens zwei Wochen an einem kühlen, dunklen Ort ziehen lassen. Gelegentlich schütteln. Ob Sie die Kräuter dann abseien oder drin

→ In einer aufgeblasenen Plastiktüte bleiben Kräuter im Kühlschrank vier Tage frisch.

lassen, hängt davon ab, wie intensiv der Geschmack sein soll. Für Essig gilt im Prinzip das Gleiche. Nur, dass er erwärmt zu den Kräuter gegossen wird und auf der sonnigen Fensterbank reifen sollte. Sowohl Öle als auch Essig halten sich ungefähr ein Dreivierteljahr.

> *Verschiedene Kräuter aus dem Eiswürfelbereiter sortieren Sie nach dem Gefrieren in separate Tiefkühlbehälter.*

> *Gundermann gilt im Garten als Unkraut, verleiht dem „wilden" Kräutersalz aber einen minzig-herben Geschmack.*

Unkompliziert: auf Eis gelegt

Manche Menschen frieren Kräuter einfach klein geschnitten in Dosen ein. Dann verflüchtigt bzw. verändert sich das Aroma jedoch leichter, als wenn man sie mit ein bisschen Öl, flüssiger Butter oder Wasser mischt und in Eiswürfelbehälter füllt. Dann kommt das Ganze in den Froster, bis Sie die Kräuterwürfel gut aus der Form herauslösen und in Gefrierbeutel abfüllen können. Bei Bedarf lassen Sie die gewünschte Menge direkt in Soßen, Eintöpfen oder Suppen auftauen. Wenn Kräuter mit dieser Methode eingefroren werden, halten sie sich bis zur nächsten Ernte.

Wiederentdeckt: Kräuter einsalzen

Salz konserviert frische Kräuter ebenfalls sehr gut. Es hemmt das Wachstum von Lebensmittel verderbenden Mikroorganismen. Für eine solche Mischung rechnen Sie drei Esslöffel zerkleinerte Kräuter auf 100 g grobes Salz. Bei getrockneten Kräutern reicht ein Mischungsverhältnis von 1:1. Einfach klein mörsern oder -mixen, mit Salz mischen und in kleine, dicht schließende Gläser abfüllen. Prima für Kräuterquark, Kräuterbutter, zum Würzen von Eintöpfen, Suppen und Soßen.

BALKON & TERRASSE IM SOMMER

Nur drei Schritte bis Italien: So fühlen Sie sich bestimmt, wenn auf Balkon oder Terrasse mediterrane Gemüse und Kräuter wie Tomaten und Basilikum gedeihen.

Der begrenzte Wurzelraum im Topf ist eine Herausforderung für Pflanzen

Auch wenn Sie sich an die Empfehlungen für die Pflanzgefäßgröße **(Memo: Terrasse → Seite 49)** gehalten haben: Der Wasser- und Nährstoffvorrat kann im begrenzten Wurzelraum ruck, zuck zur Neige gehen. Ihre Terrassengemüse müssen Sie daher noch ein bisschen gewissenhafter beobachten und pflegen.

Die Königsblüte mitten auf der ersten Verzweigung einer Gemüsepaprika schneiden Sie weg (→ Praxistipp).

Reiche Ernte durch gute Betreuung

Im Beet ausgepflanzte Gemüse haben wenigstens über ein paar Tage die Chance, sich Wasser und Düngestoffe durch weiteres Wurzelwachstum zu erschließen. Im Topf ist zumindest für ersteres bei Hitze schnell Schluss. Vor allem an heißen, windigen Tagen muss die Gießkanne gleich mehrmals für Nachschub sorgen.

In den Blattachseln von Tomaten entstehen Seitentriebe (Geiztriebe), die so früh wie möglich ausgebrochen werden.

Bei angenehmer Wärme geben sich die Pflanzen sehr wuchsfreudig. Gerade Tomaten, Auberginen, Paprika und Chili brauchen Mitte Juni und Juli organischen Dünger (nach Herstellerangaben). Alternativ geben Sie ihnen wöchentlich Flüssigdünger ins Gießwasser.
Ob Garten, Gewächshaus oder Topf: Fruchtgemüse haben spezielle Vorlieben in Sachen Behandlung.

- **Tomaten** bilden in den Blattachseln Seitentriebe, die wiederum Seitentriebe hervorbringen. Lassen Sie sie einfach wachsen, gibt das viel Laub und wenig Früchte. Brechen Sie die Seitentriebe also regelmäßig aus, solange sie noch klein sind (→ Bild oben). Dann konzentriert sich die Tomate auf die Blüten- und Fruchtentwicklung. Ist die Pflanze 30 cm hoch, binden Sie den Haupttrieb an einen Stützstab. Wenn dieser um 20–30 cm weitergewachsen ist, binden Sie ihn erneut an. Sonst knickt die Pflanze leicht an der untersten Befestigung ab, und das war es dann meistens mit der Ernte.

- **Auberginen** dagegen sind unkomplizierter, wenn ihnen ausreichend Wärme (über 18 °C), Wasser und Dünger zur Verfügung steht. Die Mini-Aubergine 'Ophelia' braucht nur dann eine Stütze, wenn ihre Früchte die Triebe abzuknicken drohen.
- **Paprikasorten**, die für die Topfkultur empfohlen werden, brauchen keine besondere Pflege. Nur die Königsblüte sollten Sie ausbrechen (→ Praxistipp).
- Bei **Chilis** können Sie sich sogar das sparen.

Eine Geduldsprobe: Erst bei Reife pflücken!

Ein Riesenvorteil der Selbstversorgung ist, dass Sie Tomate & Co. zum idealen Zeitpunkt ernten können.

- **Tomaten** lassen Sie so lange am Strauch, bis die Früchte ganz ausgefärbt sind und der Fruchtstiel sich leicht von der Pflanze lösen lässt. Dafür gibt es eine „Sollbruchstelle", eine leichte Verdickung des Stiels.
- **Auberginen** sind erntereif, wenn die Fruchthaut völlig glatt und glänzend geworden ist. Am besten schneiden Sie sie mit einer Gartenschere ab.
- **Paprika** überlässt Ihnen die Entscheidung: Sie schmecken sowohl grün als auch ausgereift, wenn sie sich gelb, rot, orange oder violett gefärbt haben. Je reifer, desto süßer. Wenn Sie einige grün ernten, setzt die Pflanze mehr Blüten an – Ihre Ernte wird etwas reicher. Auch hier ist es besser, die Früchte abzuschneiden, um die Triebe nicht zu verletzen.
- **Chili** verhält sich ähnlich. Hier hängt der Erntetermin von Schärfe und Aroma ab. Soll es richtig feuern, ernten Sie die Schoten, wenn sie sich noch prall anfühlen. Bleiben sie länger hängen, verliert sich die Schärfe wieder etwas. Dafür werden die Früchte aromatischer. Ernten Sie nach Geschmack!

Basilikum ernten und nachsäen

Solange das himmlisch duftende Kraut in seinem vollsonnigen, geschützten Wohlfühlklima steht, keimt und wächst es, dass man fast zusehen kann. Nach sechs, acht Wochen beginnt die Ernte. Rupfen Sie dabei keine einzelnen Blätter ab, sondern schneiden Sie ganze Triebe oberhalb eines Blattknotens ab. Dann verzweigt sich die Pflanze besser. Wenn der Topfballen sich gut durchwurzelt hat, setzen Sie das Basilikum in einen größeren Topf. Nun kann es sich richtig entfalten, und Sie ernten derart viel, dass Sie mehrmals reichlich Pesto zubereiten können. Mit der Blüte werden die Blätter weniger schmackhaft. Daher säen Sie über den Sommer zwei- bis dreimal nach. Sie werden sehen: Blattläuse, die Basilikum im Frühling sehr schätzen, machen im zweiten Anlauf schon keinen Ärger mehr!

PRAXIS TIPP

KÖNIGSBLÜTE WEG! ODER NICHT?

Bei Gemüsepaprika hat sich bewährt, die Blüte in der ersten Verzweigung (→ Bild Seite 74 l.) auszubrechen. Die Pflanze bildet dann mehr Seitentriebe und trägt reicher. Bei Chili hat das Ausbrechen jedoch keinen Effekt.

> *Tomaten reifen an der Dolde nacheinander ab. Nur ganz ausgefärbte pflücken, zusammen mit dem Kelch.*

GIESSEN FÜR INTELLIGENTE

„Nur wer richtig gießen kann, ist ein guter Gärtner“, heißt es in Profikreisen. Was nicht meint, dass Einsteiger erst üben müssen. Mit etwas Fingerspitzengefühl und ein paar Kniffen im Hinterkopf entpuppt sich mancher als spontanes Naturtalent!

> *Den Effekt des Mulchens hat man sich von der Natur abgeschaut. Wo der Boden bedeckt bzw. beschattet ist, verdunstet weniger Wasser und Unkraut hat es schwer.*

Jetzt gießen? Oder reicht es noch?

„Der unerfahrene Anfänger tut gut, durch Aufscharren des Bodens sich über die noch vorhandene Feuchtigkeit zu unterrichten“, schreibt Gartenmeister Fritz Saftenberg in seinem 1916 erschienenen Ratgeber „Der praktische Gemüsegärtner“. Das gilt bis heute, selbst für Erfahrenere. Es sei denn, sie nutzen einen Regenmesser. Man kann sich sonst nämlich locker vertun. Tau oder ein wenig Niederschlag feuchten die Erdoberfläche an. Das Wasser dringt in diesen Fällen jedoch nicht bis zu den Wurzeln der Gemüse vor. Beginnen die Pflanzen zu schlappen, ist es fast zu spät: Das Wachstum stockt, und manche Arten reagieren darauf recht beleidigt. Lassen Sie es nicht so weit kommen!

Viele Einflüsse, einfache Regeln

Ob gießen nötig ist, entscheiden Jahreszeit, Art und Größe der Pflanzen, Boden sowie die aktuelle Witterung. Generelle Aussagen darüber, wie oft und wie viel gegossen werden muss, sind daher kaum möglich. Macht nichts: Das haben Sie schnell raus, wenn Sie sich ein paar Faustzahlen und Fakten merken:

- Sämlinge und Jungpflanzen wurzeln in der obersten Bodenschicht bis 10 cm Tiefe.
- Eingewachsene Gemüse wurzeln in 20–30 cm Tiefe.
- Um 1 m² Boden 10 cm tief zu durchfeuchten, sind 10 l Wasser nötig, bei 20 cm Tiefe 20 l.
- 1 mm Wasser im Regenmesser entspricht 1 l/m².
- Leichte Böden trocknen schneller aus als schwere.

So sparen Sie Wasser. Und Gießarbeit!

Im Frühling und Herbst ist der Boden meist gut mit Wasser versorgt. Dann brauchen Sie weniger zu gießen als in schönen Sommern. Richten Sie das Wasser direkt auf den Wurzelbereich. Mit der Gießkanne ist gezieltes Wässern einzelner Pflanzen eher möglich als mit der

EMPFEHLENSWERTE MULCHMATERIALIEN
Ernte- und Gartenreste, schaderregerfrei
Kompostmaterial, angerottet
Brennnesseln und Beinwell, samenfrei
Rasenschnitt, angetrocknet und samenfrei
Stroh und Heckenschnitt, gehäckselt

> *Wer nicht mulcht, muss hacken: Verkrustete Erde „saugt" Wasser nach oben, Unkraut „säuft" es dem Gemüse weg.*

Schlauchbrause. Damit wird es auch zwischen den Reihen feucht. Die Schnecken freuen sich! Obendrein sollten die Blätter möglichst trocken bleiben, um gegen Pilzkrankheiten vorzubeugen.
Gießen Sie lieber alle paar Tage durchdringend als täglich ein bisschen. So erziehen Sie die Pflanzen dazu, ihre Wurzeln auf der Suche nach Wasser in tiefere Bodenschichten zu schicken. Dort hält die Reserve um einiges länger vor als in der obersten Schicht. Eine gute Bodenpflege, also Hacken und/oder Mulchen, wirkt in dieser Hinsicht fast Wunder:

- An heißen, windigen Tagen verdunsten bis zu 6 l/m².
- Eine feine Krümelstruktur an der Erdoberfläche wirkt wie eine Barriere gegen Verdunstung des Bodenwassers. Bildet sich nach Regen eine Kruste, sollten Sie diese bald durch Hacken wieder lockern.

→ Gießen Sie frühmorgens! Nässe am Abend fördert Schnecken und Pilzkrankheiten.

- Beschatteter Boden verdunstet weniger. Solange die Gemüse zu klein dafür sind, wirkt sich eine dünne Mulchdecke (→ Tabelle) diesbezüglich positiv aus. Obendrein fördert sie ein aktives Bodenleben, liefert laufend Nährstoffe nach – und erspart das Hacken!

Der Finger als Feuchtefühler: Topfgemüse

Pflanzen auf Balkon und Terrasse wünschen sich ebenfalls eine gleichmäßig feuchte Erde. Was gar nicht so einfach ist. Bei kühlem Wetter fühlen Sie am besten mit dem Finger vor, ob Wasser gebraucht wird. Ist es heiß, geben Sie so viel, bis es aus dem Abzugsloch im Topfboden läuft. Eine halbe Stunde warten, dann das, was noch im Untersetzer ist, weggießen: Staunässe lässt Wurzeln faulen. Töpfe mit Wasserreservoir oder Bewässerungshilfen mit Tonkegeln sind empfehlenswerte Helfer zum Abpuffern von Engpässen.

WARUM PLATZT DER KOHLRABI?

Während einer Durststrecke lagern Pflanzen Holzstoffe in ihre Zellwände ein, um die Verdunstung herabzusetzen. Gibt es plötzlich wieder viel Wasser, dehnen sich die Zellen stark aus. Da ihre Wände aber nicht mehr so flexibel sind, zerreißen sie. Kohlrabi, Möhren, Radieschen und Tomaten brauchen daher gleichmäßig feuchte Böden.

NICHT HUNGERN LASSEN! RICHTIG DÜNGEN

Wo Mangel herrscht, fällt die Ernte entsprechend aus. Neben Wasser betrifft das auch die Nährstoffe, also die Düngung. Manche Gemüse brauchen davon mehr als andere. Das haben Sie bald raus!

Was man dem Beet wegnimmt, muss man ihm wieder zurückgeben

Eigentlich ist es ganz logisch: In der Natur entziehen die Pflanzen dem Boden Nährstoffe. Wenn Sie nach Beendigung ihres Lebenszyklus verrotten, geben sie diese der Erde wieder zurück. Mit der Ernte entnehmen Sie dem Kreislauf jedoch etwas. Also müssen Sie das in entsprechender Menge ausgleichen.

Von nimmersatt bis genügsam

Bei der Vorstellung der drei Beete (→ Ausklappseite) sind Sie schon einmal auf die Begriffe Starkzehrer, Mittelzehrer und Schwachzehrer gestoßen. Jede Gemüseart ist einer der drei Gruppen zugeordnet (→ Porträts). Sehr praktisch, bei der großen Vielfalt! Starkzehrern, wie Zucchini, gibt man eine gute Portion Dünger mit ins Pflanzloch (**Grunddüngung**). Nach vier bis sechs Wochen hat sie den Vorrat aufgebraucht und erhält regelmäßig Nachschub (**Nachdüngung**). Bei Mittelzehrern, wie Spinat und Mangold, fällt die Dosis geringer aus, Schwachzehrer, wie Bohnen und die meisten Kräuter, benötigen selten eine Extradüngung.

PRAXIS TIPP

VEGANE DÜNGER – REICHT DAS AUS?

Veganer Dünger darf nur pflanzliche Stoffe enthalten, auch keinen Mist oder Horn. Im bio-veganen Landbau zeigt sich, dass Gründüngung, Mulchen, Kompostgaben und Fruchtfolge für ein gutes Pflanzenwachstum sorgen. Wie bei veganer Ernährung: Wenn man das Richtige isst, ist man mit allem ausreichend versorgt.

> *Die Düngerformen: Hornmehl und Hornspäne (o.r.), mineralisch (weiß), flüssig (u.l.), Granulate und Pellets.*

Übersicht über die Dünger-Kategorien

Die Vielzahl an Düngern ist schier unüberschaubar. Das relativiert sich, wenn man sie verschiedenen Kategorien zuordnet. Grundsätzlich gibt es organische, mineralische sowie organisch-mineralische Dünger.

- **Organische Dünger** enthalten ausschließlich Stoffe pflanzlicher oder tierischer Herkunft. Um von den

Pflanzenwurzeln aufgenommen werden zu können, müssen sie zunächst von Bodenorganismen in die einzelnen Nährstoffe umgebaut werden. Das heißt, sie wirken verzögert, liefern aber über einen längeren Zeitraum pflanzengerecht Nährstoffe nach.

→ Mulchen als Multitalent: Die wassersparende Decke aus Garten- und Ernteabfällen auf dem Beet gibt obendrein Nährstoffe ab!

- **Mineralische Dünger** enthalten Nährstoffe, z. B. Stickstoff, Phosphat und Kalium, in reiner Form. Sie lösen sich schnell auf und wirken sofort. Da ist exakte Dosierung gefragt: Was an Stickstoff zu viel im Boden ist, kann ins Grundwasser gelangen! Andere Produkte sind so hergestellt, dass ihre Langzeitwirkung der von den organischen Düngern gleicht.
- **Organisch-Mineralische Produkte** haben meist einen Anteil, der die Pflanzen gleich versorgt, sowie einen, der nach und nach verfügbar wird.

Wie viel Kompost auf einer Schaufelladung ist, haben Sie bald im Gefühl (Mehr wissen: Kompost → Seite 80/81).

Welcher Dünger für meinen Küchengarten?

Der Pflanze ist es egal, ob das, was sie für ein gutes Wachstum braucht, von einem organischen oder einem mineralischen Dünger stammt. Hauptsache, sie leidet weder Mangel noch an einer Überdosis.

Die Wahl liegt also bei Ihnen. Wer heute entscheidet, sich zumindest in Teilen selbst mit Obst und Gemüse zu versorgen, hat meist das Bedürfnis zu wissen, was er isst. Natürlicher soll es sein, ob Pflanzenschutz oder Düngung. Daher liegt in diesem Buch der Schwerpunkt auf der biologischen Seite und entsprechend der organischen Düngemöglichkeiten. Hier eine Übersicht:

- **Kompost** ist bekannt als das schwarze Gold des Gärtners (Mehr wissen: → Seite 80/81). Nicht nur für Selbstversorger ist er schier unentbehrlicher Dünger und Bodenverbesserer in einem!
- **Jauchen** entstehen durch die Vergärung von Pflanzenteilen (Mehr wissen: → Seite 82/83) und wirken gleichermaßen nahrhaft als auch stärkend.
- **Gründüngung** (Mehr wissen: → Seite 150/151) ist eine traditionelle Methode, die wieder an Bedeutung gewinnt. Dafür sät man nach der Ernte oder zwischendurch Pflanzen aus, die den Boden verbessern und mit Nährstoffen versorgen.
- **Hornspäne, -gries oder -mehl, Blut- und Knochenmehl** sind im biologischen Anbau zulässig. Sie dienen als bewährte Stickstoff-, Phosphat-, Kalium- und Kalziumquellen. Sie unterliegen seit der BSE-Krise strenger Überwachung.
- **Organische Handelsdünger** enthalten in der Regel sowohl tierisches als auch pflanzliches Material. Einige reine **Veggie-Dünger**, also vegane Produkte, sind mittlerweile auch im Angebot (→ Praxis-Tipp).
- **Kalk** ist kein Dünger im eigentlichen Sinne. Er dient unter anderem dazu, Bedingungen zu schaffen, dass Nährstoffe für die Pflanzen erschlossen, die Krümelstruktur des Bodens verbessert oder Gemüseanbau überhaupt erst möglich werden (Mehr wissen: Beetvorbereitung → Seite 96/97).
- **Flüssigdünger** organischen Ursprungs kommen am ehesten bei Topfkulturen zum Einsatz.
- **Düngestäbchen, Düngedrops** und Ähnliches eignen sich zum portionsgerechten Düngen im Topfgarten. Auch sie gibt es aus rein organischem Material.

Kompostieren – abgeschaut von der Natur

Kompostwirtschaft zu betreiben ist die nachhaltigste Art, Ihren Selbstversorgergarten zu düngen: Sie recyclen organische Reste, um daraus eine wertvolle Nährstoffquelle und bodenverbesserndes Material zu gewinnen.

Ein Gemüsegärtner-Leben ohne Kompost ist möglich. Aber sinnlos. Erst recht, wenn es um naturnahen Anbau gehen soll. Statt Nährstoffe durch die Ernte wegzunehmen und mit gekauftem Dünger zu ersetzen, verwenden Sie lieber die übrig gebliebenen Reste, um sie dem Garten zurückzugeben. Davon abgesehen haben Sie kein Entsorgungsproblem mit Pflanzenresten und Schnittgut, sei es vom Rasen oder von Gehölzen. Wie günstig, nicht wahr?

So läuft das Recycling im Küchengarten rund

Ob klassischer Komposter aus Brettern oder Thermokomposter aus Kunststoff – die Regeln bleiben die gleichen. Stellen Sie ihn an einen halbschattigen Platz, z. B. unter einem Strauch. Lagern Sie die krankheitsfreien (!) Garten-, Obst- und Gemüsereste erst einmal zwischen, bis Sie genug für eine Komposterfüllung haben. Dann mischen Sie Trockenes und Feuchtes sowie Gröberes mit Feinerem gut durch. Das Ganze schichten Sie nun locker in den Behälter und streuen jeweils ein wenig Kompost oder Gartenerde, gerne auch etwas Steinmehl (Bentonit) dazwischen. Zum Schluss mit Jutesäcken, Rasenschnitt oder Vlies abdecken. Die zersetzenden Organismen brauchen Luft und Feuchtigkeit (keine Nässe!), um ihre Arbeit zu tun. Kontrollieren Sie also je nach Witterung, ob Wasser fehlt oder ob das Material zu nass geworden ist. In dem Fall müssen Sie alles einmal wenden und gegebenenfalls trockenes

Unbehandelte Garten- und Küchenreste sind gut; Fleisch, Fisch, Milchprodukte, gekochtes Essen, kranke Pflanzenteile und samentragende Unkräuter nicht.

> Damit Kompost als Dünger richtig wirken kann, darf er auf dem Beet gerade nur so mit dem Rechen etwas unter die Erde gemischt werden.

KOMPOSTVERWENDUNG FÜR ...

Mulchdecken: 1–2 cm/m² Rohkompost
Starkzehrerbeet: 5–7 l/m² Reifkompost
Mittelzehrerbeet: 3–5 l/m² Reifkompost
Schwachzehrerbeet: 1–3 l/m² Reifkompost
Pflanzerde: Gartenerde: Kompost:Sand = 2:1:1
Obstgehölze: 1 l/m² Reifkompost im Jahr
Erdbeeren: 3 l/m² Reifkompost nach der Ernte
Neue Beete, nährstoffarme Böden: bis 30 l/m²
Obstgehölzpflanzung: Aushub:Kompost = 1:3
Küchenkräuter: 1–3 l/m² Reifkompost
Kräuter, mediterrane: 0–1 l/m²: Reifkompost

Material untermischen. Abhängig von Wetter, Jahreszeit und Kompostermodell dauert der Rotteprozess 6–12 Wochen. Ob der Kompost reif ist, erkennen Sie daran, dass die Ausgangsstoffe nicht mehr erkennbar sind, dass er gut duftet und eine dunkle Farbe sowie eine feine, krümelige Struktur hat. Wenn Kresse darauf problemlos keimt, wissen Sie es ganz sicher!

Was das schwarze Gold des Gärtners alles kann – und was nicht

Die Lobeshymnen über den umweltfreundlichen Kompost im Garten sind lang. Im halbverrotteten Zustand (Rohkompost) dient er als Mulchmaterial. Reifkompost ernährt die Pflanzen. Verbessert den Wasser-, Luft- und Nährstoffhaushalt des Bodens. Aktiviert das Bodenleben. Fördert die Humusbildung. Fazit: Er steigert die Bodenfruchtbarkeit.

Kompost enthält alles, was Pflanzen an Nährstoffen benötigen. Von manchem sogar leider etwas zu viel. Untersuchungen zeigten eine Überversorgung der meisten Hausgarten-Böden mit Phosphat und Kalium. Diese sind an Bodenbestandteile gebunden. Ihr Gehalt bleibt weitgehend gleich, bis auf die Mengen, die von den Pflanzenwurzeln aufgenommen werden. Stickstoff verhält sich genau entgegengesetzt: Er ist wasserlöslich und wird deshalb leicht in tiefere Bodenschichten oder ins Grundwasser ausgewaschen. Daraus folgt: Reifen Kompost möglichst bald verbrauchen, sonst geht Stickstoff verloren. Außerdem wenden Sie Kompost nicht im Herbst oder Winter an, weil die Pflanzen ihn dann kaum aufnehmen.

Experten raten heute dazu, aufgrund der großen Phosphatvorräte weniger Kompost zu verwenden und die Düngung durch stickstoffhaltige Materialien wie Hornspäne zu ergänzen. Wie also den Recycling-Stoff dosieren? Lassen Sie Ihren Boden alle vier Jahre untersuchen. Das kostet nicht die Welt und bringt Gewissheit. Von den Analyselabors erhalten Sie eine Anleitung zur Probenentnahme. Das Resultat kommt mit Angabe der Bodenart, dem aktuellen Gehalt der verschiedenen Nährstoffe und mit einer individuellen Düngeempfehlung.

JAUCHEN & BRÜHEN MACHEN STARK

Es hat etwas von Zaubertrankköcheln, wenn Kräutergebräue vor sich hinschäumen. Tatsächlich scheinen sie magische Kräfte zu haben: Sie können Pflanzen vor Schaderregern schützen. Nutzen Sie das alte Wissen!

1

Brennnesseljauche

Für die vielseitigste Jauche zerkleinern Sie 1 kg frische Brennnesseln. 150 g getrocknetes Kraut tut es auch.

2

Der geeignete Behälter

Füllen Sie eine Tonne, ein Fass oder einen großen Bottich (nicht aus Metall!) zu 3/4 mit dem Pflanzenmaterial.

3

Mit Wasser aufgießen

Bedecken Sie die Brennnesseln mit 10 l Wasser. Falls möglich verwenden Sie dafür sauberes Regenwasser.

4

Beim Gären schäumt's

Decken Sie den Behälter mit einem Tuch oder feinem Gitter ab. Schaum zeigt, dass der Gärungsprozess im Gang ist.

5

Regelmäßig durchmischen

Rühren Sie die Jauche täglich um. Ist sie dunkel und gärt nicht mehr, decken Sie sie zum Lagern luftdurchlässig ab.

6

Stärkung und Düngung

Wöchentlich 1:50 verdünnt über die Pflanzen sprühen (Stärkung). 1:20 verdünnt gießen (Düngung).

Bekanntlich war die Mistel eine unentbehrliche Zutat für den Zaubertrank des Comicdruiden Miraculix. Tatsächlich findet sie heute noch Anwendung als Stärkungsmittel für Zimmerpflanzen. Für Selbstversorger sind Brennnesseln und Schachtelhalm interessanter. Ihre Inhaltsstoffe wirken vorbeugend oder heilend gegen allerhand Pflanzenkrankheiten und Schädlinge. Dafür bereitet man die zerkleinerten Kräuter meist als Jauche, Brühe oder Tee zu.

- **Jauchen** werden mit kaltem Wasser aufgesetzt und über ca. zwei Wochen vergoren (→ Bild ❶–❻). Sie haben sich nicht nur zur Pflanzenstärkung, sondern auch als organische Dünger gut bewährt.
- **Brühen** entstehen durch Aufkochen der Pflanzen-Wasser-Mischung, meist für eine halbe Stunde. Mit aufgelegtem Deckel abkühlen lassen und anwenden.
- **Tees** bereiten Sie zu, indem Sie die Kräuter mit kochendem Wasser aufgießen, ziehen lassen, abseien und verdünnt oder unverdünnt spritzen.

Von Schachtelhalm bis Zwiebelschale gibt es Rezepte für Zubereitungen, die sowohl gegen Ameisen als auch Kraut- und Knollenfäule sowie Monilia-Fruchtfäule bis hin zur Zwiebelfliege wirksam sind.

> *Nicht ärgern, sondern nutzen! Von Brennnesseljauche und -brühe brauchen Sie über die Saison eine Menge, sowohl für den Pflanzenschutz als auch zur Nachdüngung. Die Ameisensäure in den Brennhaaren soll gegen Rheuma helfen. Tragen Sie beim Sammeln trotzdem lieber Handschuhe!*

Die Feuerwehr: Pflanzenschutzmittel

Vorbeugung ist das beste Mittel für gesundes Obst und Gemüse. Wählen Sie also widerstandsfähige Sorten **(Mehr wissen: Sorten → Seite 148/149)** und den jeweils bestmöglichen Standort. Ein guter Boden mit ausgewogenem Feuchtigkeits- und Nährstoffangebot unterstützt das Gedeihen. Viele Einflüsse, allen voran das Wetter, hat jedoch auch der erfahrenste Selbstversorger nicht im Griff. Es kann zuweilen zu einem starken Befall kommen, bei dem die Mixturen aus der Gartenapotheke nicht mehr helfen. Greifen Sie dann zu einem nützlings- und umweltschonenden Pflanzenschutzmittel. Lassen Sie sich bei der Wahl beraten und wenden Sie es nur nach den Herstellerangaben an.

MITTEL	REZEPT UND ANWENDUNG
SCHACHTEL-HALMBRÜHE	1 kg frisches oder 150 g getrocknetes Kraut in 1 l Wasser 24 Std. ziehen lassen. 1 Std. kochen. Abgekühlt und 1:10 verdünnt ab Anfang April alle zwei Wochen vorbeugend gegen Pilzkrankheiten spritzen.
BEISSENDE BRENNNESSEL-BRÜHE	Wie Brennnesseljauche ansetzen, aber nicht vergären. Unverdünnt gegen Blattläuse und Spinnmilben spritzen.
WERMUTBRÜHE	300 g frisches bzw. 30 g getrocknetes Kraut in 10 l Wasser aufkochen. Abseien, 1:2 verdünnt gegen Blattläuse, Apfelwickler, Brombeermilbe und Rostkrankheiten an Johannisbeeren spritzen.
KNOBLAUCHTEE	70 g fein gehackten Knoblauch mit 1 l kochendem Wasser aufgießen. Abgekühlt 1:7 verdünnt gegen Milben und Pilzkrankheiten spritzen.

HERBST

Der Gemüsegarten läuft inzwischen fast von alleine. Vielleicht kommt es Ihnen da gerade recht, dass ab Oktober/November die beste Pflanzzeit für Obstgehölze ist!

FRÜHHERBST: AUGUST/SEPTEMBER

Von der Witterung hängt es ab, ob die Zucchini-Ernte in Beet 1 bereits im Frühherbst zu Ende geht oder ob die Pflanzen bis in den Vollherbst durchhalten. In Beet 2 beginnt die Ernte der späten Möhren sowie der Rettiche. Und in Beet 3 pflücken Sie regelmäßig Buschbohnen.

VOLLHERBST: SEPTEMBER/OKTOBER

Wieder liefert die Eichel- und Bucheckernreife nur einen Anhaltspunkt für das, was in den Gemüsebeeten anfällt. Es kommt eher auf den Verlauf des Sommers und der aktuellen Wetterlage an! Spätestens ab Oktober ist die Zucchini (Beet 1) endgültig erschöpft. Die Pflanzen machen Platz für den heranwachsenden Grünkohl. In Beet 2 ernten Sie bis Mitte Oktober die Möhren und Rettiche. Auf die Buschbohnen in Beet 3 folgt Feldsalat.

SPÄTHERBST: NOVEMBER

Im Spätherbst sind bei früh gepflanztem Grünkohl bereits die ersten Blätter erntebereit. Auch mit Petersilie, Endivie, Mangold und Feldsalat können Sie sich weiter versorgen. Im Spätherbst beginnt die beste Zeit für die Pflanzung von Obstgehölzen. Wenn Sie mögen, suchen Sie schon einmal einen sonnigen Platz bzw. Plätze für Ihre(n) Favoriten aus!

FRÜHHERBST

Holunder- und Kastanienreife

VOLLHERBST

Eicheln- und Bucheckernreife

SPÄTHERBST

Laubfärbung der Stiel-Eiche

PRAXIS BEET 1 IM HERBST

Im August sind die ersten Vorbereitungen für die Halbernte bereits getroffen. Bis Ende September können Sie jedoch sogar noch Radieschen aussäen. Und bis Anfang Oktober gibt es, mit etwas Glück, Sommergemüse in Form von Zucchini.

Zucchini ernten
Junge Früchte ernten Sie zügig ab, solange die Pflanze welche hervorbringt. Ab Ende September ist sie meist erschöpft.

Noch Saatband übrig?
Wollten Sie die Tagetes im Juli lieber stehen lassen? Gut so! Radieschen können Sie bis Ende September immer noch säen.

Im August ist die Zucchiniernte (Reihe 3) immer noch im vollen Gange. Verständlich, wenn Sie die Tagetes nicht mit dem Kohlrabi abräumen möchten (Reihe 1 + 5). Mit der Radieschensaat, die hier eigentlich für Anfang/Mitte Juli vorgesehen war, können Sie locker bis Ende September warten. 10 cm von Reihe 1 + 5 ins Beetinnere versetzt, steht Anfang Juli die Pflanzung von Grünkohl auf dem Plan. Das lässt sich ebenso aufschieben, in diesem Fall bis Ende Juli. Bis die Jungpflanzen richtig Platz brauchen, ist die Zucchiniernte abgeschlossen. Räumen Sie die Pflanze dann vom Beet ab. So kann sich der Grünkohl weiter gut entfalten.

> *Beet 1 im Herbst*

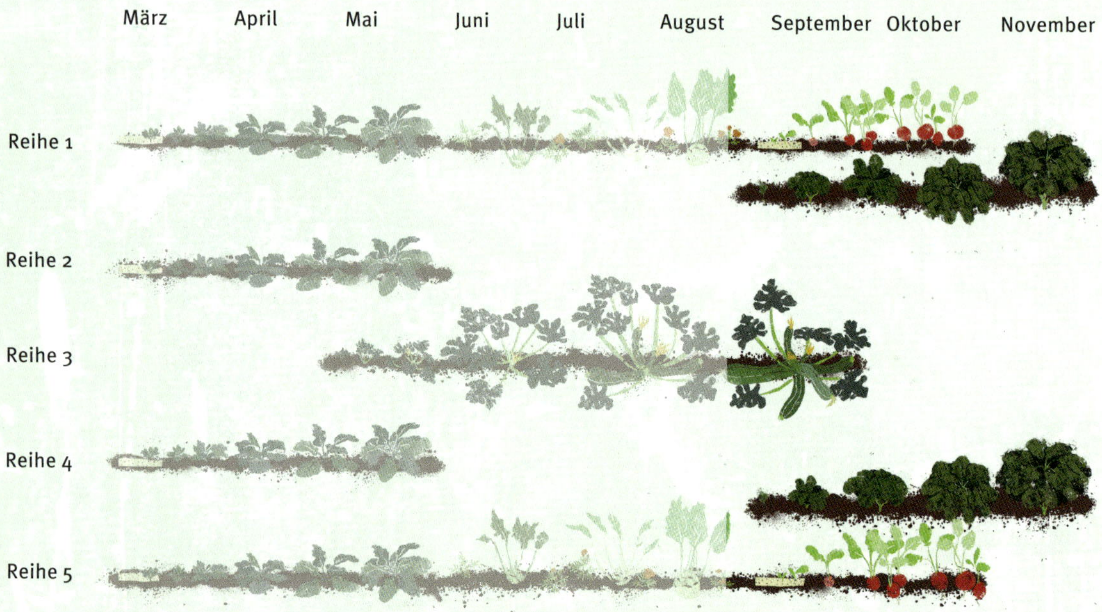

GRÜNKOHL PFLANZEN

Im Winter ernten? Na klar! Sorten für die späte Ernte schaffen es zuweilen sogar bis in den nächsten Frühling. Natürlich wachsen sie in der Zeit nicht viel. Aber während frostfreier Perioden kann man sich davon einiges für die Küche abzweigen. Grünkohl zählt zu den Starkzehrern. Versorgen Sie die Erde entsprechend an den Pflanzstellen mit organischem Dünger (→ Bild 3). Setzen Sie die erste Jungpflanze innerhalb der Reihe 25 cm vom Beetanfang entfernt, die nächste im Abstand von 50 cm dazu. Ende August und Ende September noch einmal mit Jauche nachdüngen!

1

Pflanzstelle markieren
Entlang der Pflanzschnur alle 50 cm eine Markierung anbringen, z. B. eine bunte Schleife oder Klammer.

2

Dünger dosieren
Messen Sie die vom Hersteller für Starkzehrer angegebene Menge eines organischen Düngers ab.

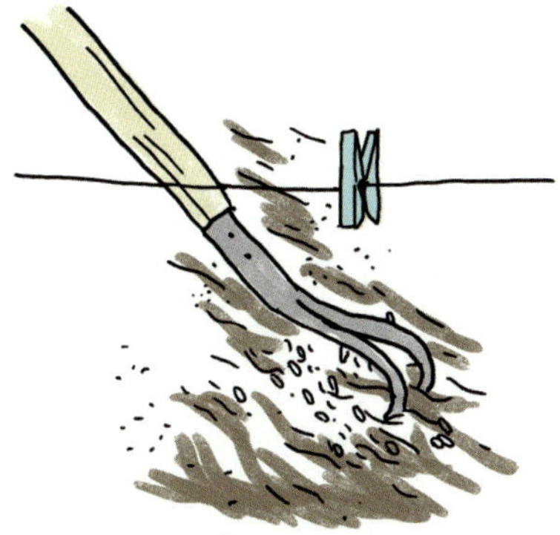

3

Dünger einarbeiten
Mit Rechen oder Kultivator arbeiten Sie den Dünger auf 1 m² um die Pflanzstelle leicht in den Boden ein.

4

Jungpflanzen setzen
Direkt unterhalb der Markierungen pflanzen Sie den Grünkohlnachwuchs ein. Angießen nicht vergessen!

DAS GEHT AUCH

Grünkohl ist nicht Ihr Fall? Dann schmeckt Ihnen vielleicht Rosenkohl. Das etwas anspruchsvollere Gemüse verlangt allerdings einen sehr gut vorbereiteten, kalkhaltigen Boden. Fragen Sie beim Kauf der Jungpflanze nach einer späten Sorte für die Halbwinterernte wie 'Roodnerf' oder 'Hilds Ideal'. Bei sehr starken Frösten schützen Sie die Rosen mit Gärtnervlies. Nur ungefrorene Rosen ernten!

PRAXIS BEET 2 IM HERBST

Von Ende August bis in den Spätherbst gibt es hier immer etwas zu holen: Zwiebeln, Möhren, Rettiche und Petersilie. Endivien-Jungpflanzen versprechen bis November Nachschub für die Salatschüssel.

Rüben raus!
Je länger späte Möhren im Beet bleiben, desto mehr gesunde Inhaltsstoffe lagern sie ein. Vor den ersten Frösten sollten sie jedoch geerntet sein.

Sicher haben Sie inzwischen etwas Routine: Zwischen den Reihen wird gehackt und Unkraut entfernt – es sei denn, Sie mulchen. Den Boden halten Sie weiter bei Trockenheit möglichst gleichmäßig feucht. Möhren (Reihe 1 + 7) geben Sie Ende Juli noch etwas Brennnesseljauche. Diese, ebenso wie Rettiche (Reihe 3 + 5) immer wieder einmal für die Küche herausziehen, wo sie enger stehen. Zu ihren Nachbarn sollten sie 3–5 cm Abstand haben, Rettiche sogar, je nach Sorte, 10–25 cm. Wenn die Zwiebeln (Reihe 2 + 6) geerntet sind, pflanzen Sie dort Endivie (→ Bild), alternativ den mit ihr verwandten Zuckerhut (→ Porträt Seite 92/93). Endivie düngen Sie nach vier Wochen einmal mit Jauche nach. Späte Sorten stehen bis Ende November, solange die Temperatur über –5 °C bleibt.

Beet 2 im Herbst

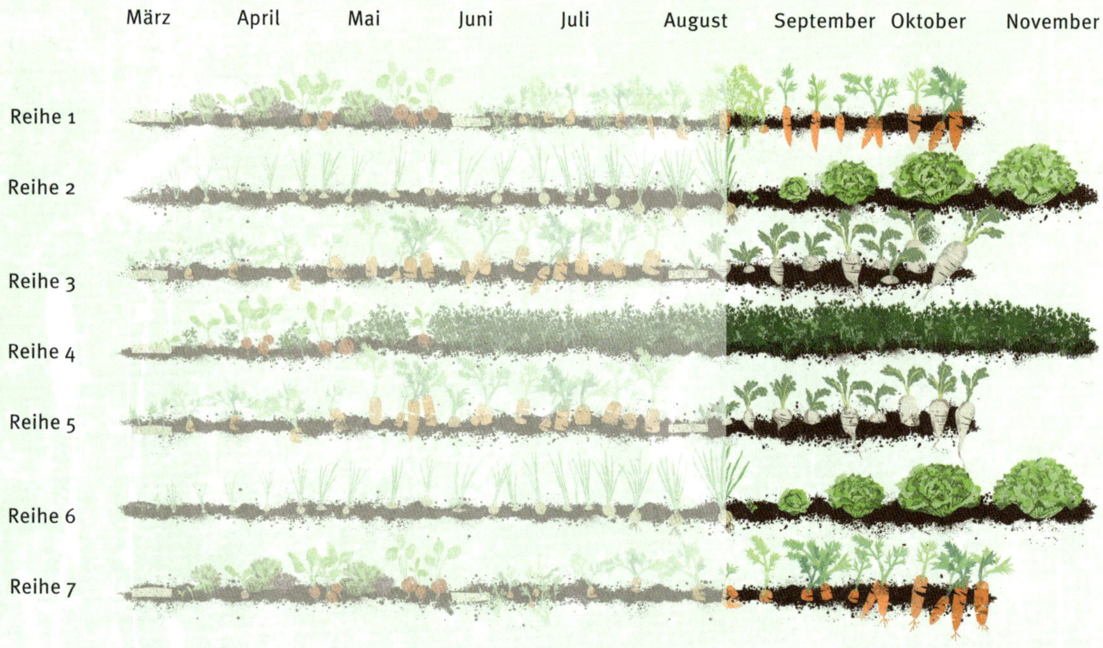

DILLSAMEN AUS EIGENEM ANBAU

Es lohnt sich, ein, zwei Dillpflanzen in Blüte gehen zu lassen: Wildbienchen finden hier Nahrung. Als Gegenleistung bestäuben sie die Blüten. Praktisch, denn so haben Sie das Dillsaatgut für das kommende Jahr schon parat! Was Sie nicht fürs Beet brauchen, sorgt in der Küche für Pfiff (→ Info). Den richtigen Zeitpunkt für die Ernte der Samen abzupassen erfordert etwas Wachsamkeit: Sie fallen leicht ab. Entweder, Sie schneiden die Fruchtstände zeitig (→ Bild 1), oder Sie legen ein leichtes Tuch darüber und binden es am Stängel fest, um die Saat zu fangen.

1

Erntereife der Dillsamen

Sobald die Samen beginnen, sich bräunlich zu verfärben, schneiden Sie den Fruchtstand komplett ab.

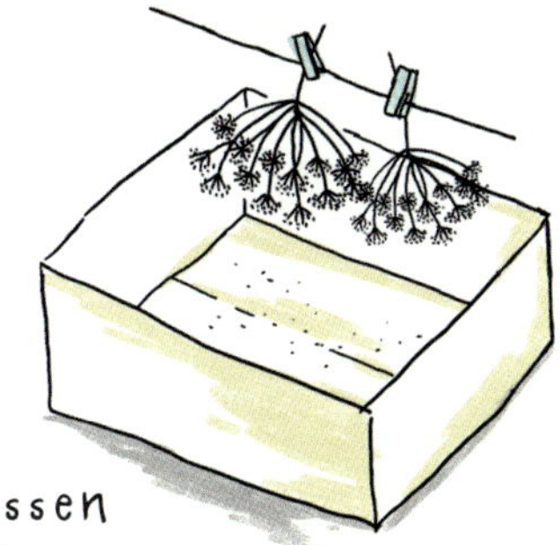

2

Nachreifen lassen

Hängen Sie die Samenstände kopfüber trocken und luftig auf. Eine Kiste darunter fängt Herabfallendes auf!

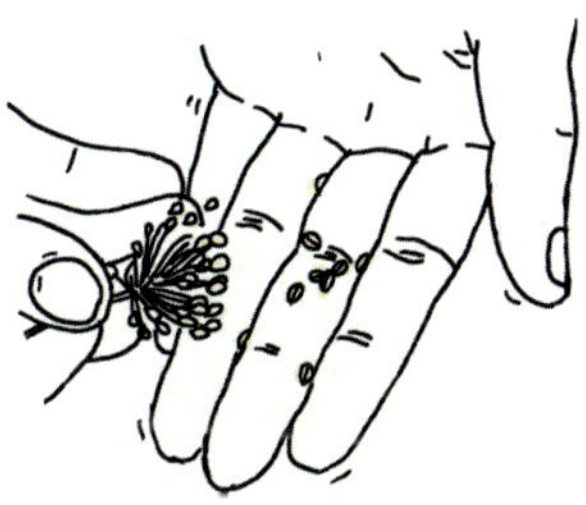

3

Samen abnehmen

Reife Samen lösen sich leicht von der Dolde oder fallen gar von selber ab. Auf Papier einige Tage trocknen lassen.

4

Eintüten & lagern

Füllen Sie die Samen in ein Schraubglas. Mit Sortennamen und Erntedatum beschriften. Kühl, dunkel und trocken lagern.

Endivie pflanzen

Setzen Sie diese Wintersalate im Abstand von 30 cm in der Reihe. Dabei eine Handvoll Dünger oder Kompost ins Pflanzloch geben.

DILLSAMEN ALS GEWÜRZ

Für eingelegte Gurken und Kräuteressig sind Dillsamen das klassische Gewürz. Ganz oder gemörsert (ausprobieren!) verfeinern sie Gurken- und Kartoffelsalat, Hackfleischgerichte, Spinat, Fisch, Kürbis- und Möhrensuppen, Borschtsch sowie Kohleintöpfe. Mit Koriandersaat und Zitrone würzen sie Möhrengemüse sowie Brote und Brötchen.

PRAXIS BEET 3 IM HERBST

Für die letzten Saaten der Saison können Sie entscheiden, ob Sie auf die bewährte Bandtechnik zurückgreifen. Oder ob Sie mit der Direktsaat ins Beet den Weg zum Selbstversorger-Profi ein Stück weitergehen.

Stiel für Stiel

Einmal pflanzen, monatelang nach Bedarf äußere Stiele ernten: Mangold ist ein dankbares Selbstversorgergemüse.

Direktsaat in Reihen

Säen Sie Feldsalat dünn aus der Tüte in Saatrillen (10-cm-Abstände) aus. Sämlinge bei Bedarf auf 8 x 8 cm vereinzeln.

Der Mangold (Reihe 3) bleibt Ihnen über den Herbst für die Ernte (→ Bild l. o.) erhalten. Die Buschbohnen (Reihe 1 + 5) können ihrerseits bis Mitte/Ende Oktober durchhalten. Schneiden Sie die Pflanzen dann knapp über der Erde ab. Als Hülsenfrüchtler sammeln Bohnen Stickstoff (**Mehr wissen: Gründüngung → Seite 150/151**), der mit der Wurzel im Boden bleibt. Lockern Sie die Erde für den Feldsalat oberflächlich etwas auf. Säen Sie diesen entweder direkt in Reihen (→ Bild l.u.), legen selbst gemachte (→ Bild ❶–❺) oder gekaufte Saatteppiche aus so wie Saatbänder (**Memo: Saatband auslegen → Seite 24/25**), oder Sie probieren es mit dem Saatstanzbrett (→ Feldsalat aussäen).

› Beet 3 im Herbst

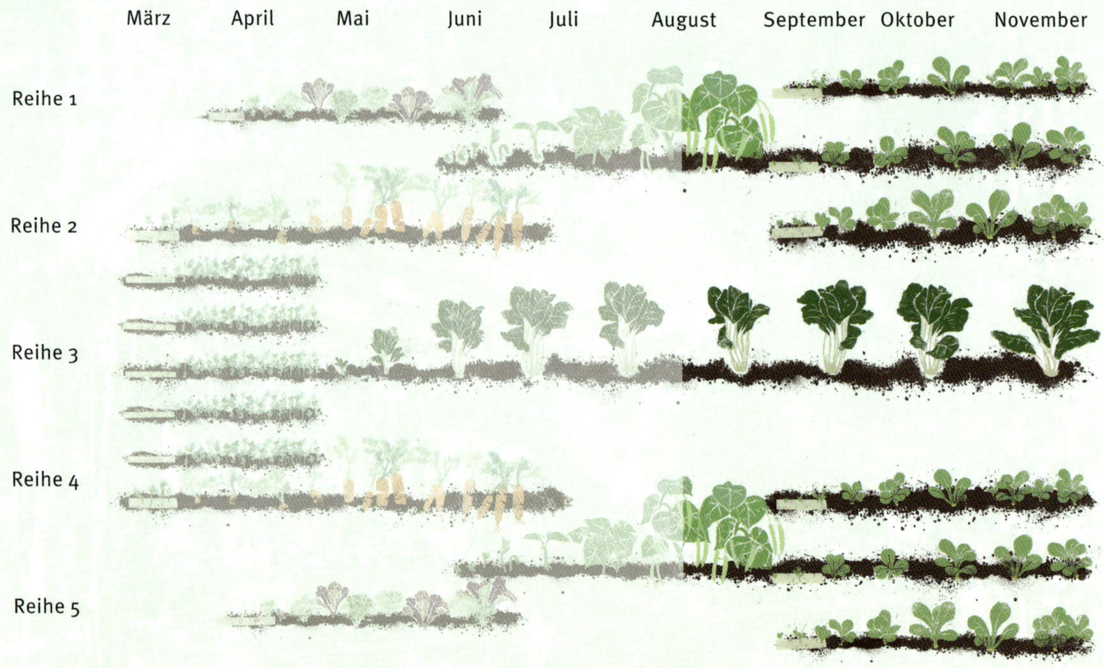

FELDSALAT AUSSÄEN

Auf abgeernteten Ackern säten die Bauern früher breitwürfig (→ Direktsaat Seite 127) Feldsalat für den Winter aus. Diese Technik erfordert etwas Übung. Sie können ihn in Reihen säen, doch flächendeckend fällt die Ernte größer aus. Für eine gleichmäßige Saat gibt es zwei Tricks: 1. Versehen Sie ein 30 cm breites Brett mit Schrauben oder Holzdübeln im Abstand von 8 x 8 cm. Auf dem glatt abgerechten Beet stanzen Sie damit 2 cm tiefe Löcher für je einen Samen vor. Oder Sie fertigen Ihren eigenen Saatteppich an!

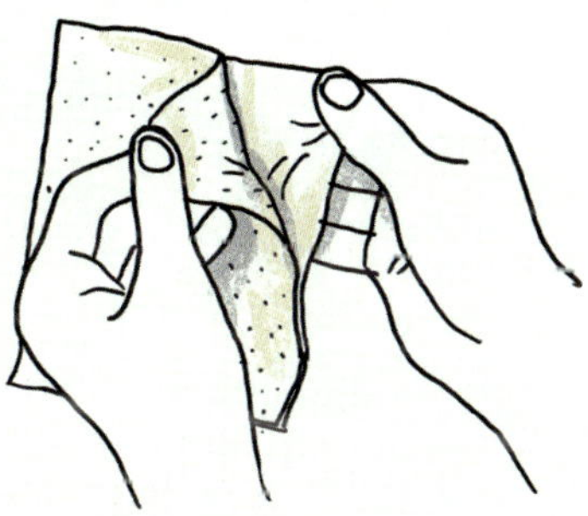

1

Küchenkrepp teilen

Fünf einzelne Papiere an der Perforation abtrennen. Dann von jedem vorsichtig eine dünne Lage abziehen.

2

Kleister auftupfen

In Abständen von 8 x 8 cm tupfen Sie mit der Fingerspitze Kleisterpunkte auf die dickere Lage.

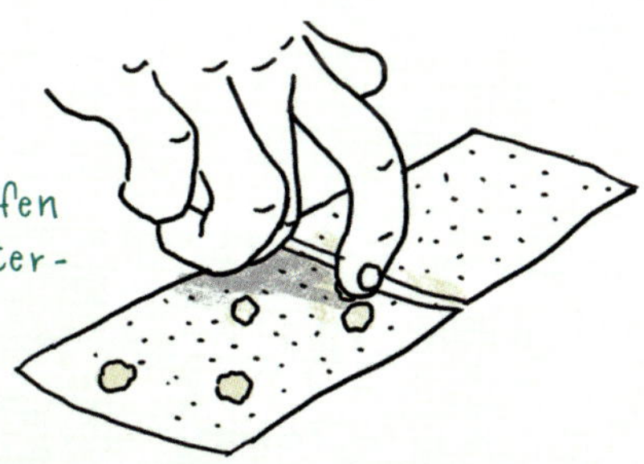

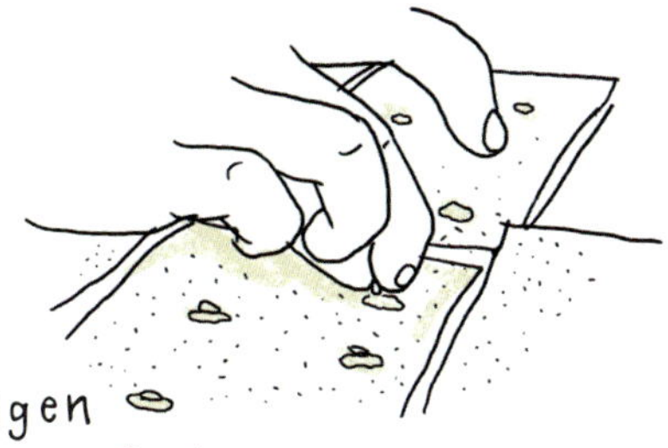

3

Samen aufbringen

Legen Sie nun zügig auf jeden Kleisterpunkt je ein Samenkorn. Ein Zahnstocher mit etwas Kleister an der Spitze kann helfen.

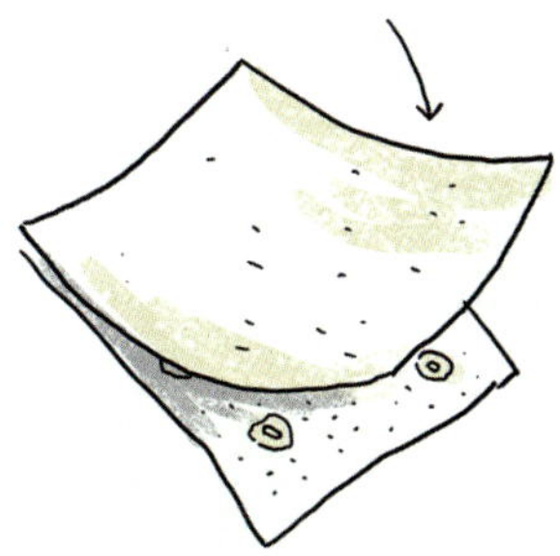

4

Saatteppich zudecken

Sofort die abgezogene Lage Küchenkrepp passgenau auf die mit Samen versehene Lage legen und etwas andrücken.

5

Gut durchtrocknen lassen

Statt Saatband haben Sie einen breiteren Saatteppich. Bis zum Ausbringen trocken, dunkel und kühl lagern.

REZEPT FÜR „SAMENKLEISTER"

Einen gehäuften Esslöffel Mehl klümpchenfrei mit 1/4 Tasse Wasser verrühren. Mit 1/2 Tasse heißem Wasser in einen Kochtopf geben. Aufkochen lassen, dabei ständig mit einem Schneebesen rühren. Köcheln, bis die Masse dick wird. 1/2 Esslöffel Zucker gut darunterrühren. Abkühlen lassen und verwenden. Bei Feldsalat bietet sich das ca. 25 cm breite Küchenkrepp als Saatteppich an. Sie können es in Streifen schneiden, um Saatbänder herzustellen. Manche verwenden auch Toiletten- oder Zeitungspapier. Statt mit den Fingern kann man den Kleister mit einem Löffel oder Pinsel aufbringen. Probieren Sie, was für Sie passt!

IM PORTRÄT
ROBUSTE WINTERGEMÜSE

Manche mögen's kühl – und das ist auch gut so! Auf diese Weise ist auch im Winter der Genuss von vitaminreichem Gemüse und knackigen Salaten möglich. Unter Vlies lässt sich bequem bei Eis und Schnee ernten.

GRÜNKOHL

J F M A M J J A S O N D

Pflanztiefe 1,5 cm
Pflanzabstand 50 × 50 cm

Starkzehrer
Familie: Kreuzblütler

Wenn es ein Gemüse gibt, dem leichte Fröste nicht nur nichts anhaben können, sondern das Minusgrade sogar besonders bekömmlich machen, dann ist es der Grünkohl. Der Krauskopf eignet sich perfekt für die Kultur über Winter im Freien.

Die besten Pflegetipps: Schon beim Pflanzen benötigt Grünkohl einen ausreichend großen Nährstoffvorrat, dafür sollten Sie großzügig eine Gabe organischen Dünger um die Pflanzstelle in den Boden einarbeiten und anschließend alle vier Wochen mit Jauche nachdüngen; Dünger mit hohem Kaliumgehalt, z. B. Algenprodukte, Holzasche oder Knochenmehl, sorgen außerdem dafür, dass das Kohlgewächs Frost bis –10 °C auch ohne Vlies übersteht, andernfalls mit Vlies abdecken; ideal ist ein kalkhaltiger, lehmiger Boden mit gleichmäßiger Feuchtigkeit; höhere Pflanzen ohne Vliesschutz am besten aufbinden, damit sie unter Schnee nicht umknicken.

Erntetipps: Nach den ersten Frösten ernten, bei Temperaturen unter 0 °C wird Stärke in den Pflanzenzellen in Zucker umgewandelt. Grünkohl schmeckt dann milder und wird schneller gar; vorzugsweise junge und mittlere Blätter ernten, auch einzelblattweise.

Gute Partner: Tagetes, Buschbohne, Lauch, Möhre, Salat, Spinat.

Gute Sorten: 'Lerchenzungen', 'Ostfriesische Palme', 'Frostara', 'Niedriger Grüner Krauser'; purpurfarben: 'Braunkohl Kiekeberg'.

ZUCKERHUT

J F M A M J J A S O N D

Pflanztiefe 1 cm
Pflanzabstand 30 × 40 cm

Mittelzehrer
Familie: Korbblütler

Die spitzkegelige Form des Zuckerhuts sucht unter den Blattgemüsen ihresgleichen. Für ein Zichoriengewächs ist er ziemlich mild und süß – wobei die Bitterstoffe dieser Gemüse sehr gesund sind.

Die besten Pflegetipps: Gut feucht halten, Wassergaben fördern die Kopfbildung; wenig mit stickstoffarmem Dünger düngen.

Erntetipps: Warten bis zum ersten Frost und dann die ganze Pflanze mit Wurzeln aus dem Boden ziehen. Eingetopft bleiben sie im kühlen Keller wochenlang frisch.

Gute Partner: Kohl, Spinat, Möhre.

Gute Sorten: 'Uranus', 'Stammvater'.

= Anzucht = Aussaat = Pflanzung = Ernte

ENDIVIE

J F M A M J J A S O N D

Saattiefe 1 - 2 cm
Pflanzabstand 30 x 30 cm

Mittelzehrer

Familie: Korbblütler

Herbst- und Wintersalate, wie die Endivie, sind würdige Nachfolger von Sommersorten wie Kopfsalat & Co. Sie schmecken zwar deutlich bitterer, aber gerade die dafür verantwortlichen Inhaltsstoffe machen sie besonders gesund! Es gibt Frisée-Endivien mit krausen Blättern und breiten halbkugeligen Köpfen. Durch Zusammenbinden werden deren innere Blätter bleicher und zarter im Geschmack. Glatte Endivien mit breiten Blättern bilden höhere Köpfe, vertragen mehr Kälte und lassen sich obendrein besser lagern als Frisée.

Die besten Pflegetipps: Endivien schätzen einen sonnigen Platz und einen humosen, lockeren Boden mit guter Wasserversorgung; sie benötigen kaum Dünger, können aber nach 4 Wochen einmal mit etwas Jauche versorgt werden.

Erntetipps: Ganze Köpfe ernten, späte Sorten solange die Temperatur über -5 °C liegt und wenn die innere gelbe Herzrosette gut ausgebildet ist; im Erdkeller sind glattblättrige Sorten mit trockenen Blättern (Wurzel nach oben) bis zu 3 Wochen lagerfähig.

Gute Partner: Kohl, Lauch, Möhre.

Gute Sorten: ‘Grüner Escariol’, ‘Wallone Frisée’, ‘Großer Grüner Krauser’, ‘Bubikopf’, ‘Nuance’; für die Sommerkultur: Schnittendivie (*Cichorium endivia* var. *endivia*) als Zwischenkultur.

FELDSALAT

J F M A M J J A S O N D

Saattiefe 1 - 2 cm
Pflanzabstand 8 x 8 cm

Schwachzehrer

Familie: Baldriangewächse

Frisches Grün ist im Winter rar und daher sehr willkommen. Der mit dem Baldrian verwandte Feldsalat – oder, wie er regional genannt wird –, Vogerl-, Acker-, Nüsslisalat, Sonnenwirbel bzw. Rapunzel, ist dafür nicht nur gut geeignet, weil man die kleinen Blattrosetten portionsweise immer frisch aus dem Beet ernten kann, sondern auch wegen seines besonderen nussigen Geschmacks. Liegen die Temperaturen über +20 °C, kommt es bei Feldsalat zu einer Keimhemmung. Das heißt, er eignet sich nicht für die Sommeraussaat. Im Herbst und Winter wächst er dagegen bei +5 bis 10 °C noch gut, darunter stellt er zwar sein Wachstum ein, bleibt aber selbst nach Frosteinwirkung weiterhin genießbar.

Die besten Pflegetipps: Erde vor der Aussaat gut auflockern, mit einem Holzbrett oberflächlich ganz leicht andrücken und Saat gleichmäßig darauf ausbringen; nur ganz leicht mit Erde bedecken und anfeuchten. Am besten klappt das mit Saatbändern oder kleinen vorgefertigten Saatteppichen, in die die Samen bereits im richtigen Abstand gebettet sind. Andernfalls sollten die Sämlinge rechtzeitig vereinzelt werden; Boden gut feucht halten und die Kulturen bei Temperaturen unter dem Gefrierpunkt mit einem Vlies abdecken; frostfeste Sorten halten bis -15 °C ohne Ausfälle durch; Düngung ist nicht erforderlich; Hacken gegen Unkrautaufwuchs.

Erntetipps: Immer ganze Rosetten ernten, diese knapp über dem Wurzelansatz mit dem Messer kappen, sodass die Blattbüschel nicht auseinanderfallen; gefrorene Pflanzen nicht berühren, mit der Ernte dann bis zum Auftauen warten.

Gute Partner: Radieschen, Lauch, Erdbeere, Himbeere, Pflaume/Zwetschge.

Gute Sorten: Rundblättrig: ‘Dunkelgrüner Vollherziger 2’, ‘Duplex’; mehltauresistent: ‘Vit’; längliches Blatt: ‘Elan’, ‘Verte de Cambrai’.

Mehr wissen: Saatteppiche für Feldsalat selber herstellen → Seite 91.

= Sonne = Halbschatten = frostempfindlich = Topfkultur möglich

BALKON & TERRASSE IM HERBST

Im Topfgarten geht das Selbstversorgerjahr demnächst zu Ende. Die Kräfte der wärmeliebenden Südländer lassen unter dem Einfluss von kürzeren Tagen und sinkenden Temperaturen zusehends nach. Was noch zu ernten ist, hat allerdings Zukunft!

Für den feinen Nachgeschmack

Tomate, Basilikum und all die anderen mediterranen Genüsse spielen auch auf der geschützten Terrasse nur mit, solange die Temperaturen in ihrem Wohlfühlbereich etwa zwischen 20 und 25 °C liegen. Mit kürzer werdenden Tagen und abnehmender Sonnenpower fangen sie an zu schwächeln. Dennoch: So manches Früchtchen reift bei richtiger Behandlung nach!

> *Ernten Sie im Frühherbst alle Basilikumblätter, die noch gut aussehen und verarbeiten Sie sie zu haltbarem Pesto. Wenn es kühler wird, macht Basilikum schnell schlapp.*

> *Das dürfte bis zur nächsten Saison als Schärfevorrat ausreichen! Chili lassen sich gut trocknen und aufbewahren.*

Auf Wiederschmecken, Basilikum!

Am Basilikum merkt man es zuerst: Nachdem die Aussaaten aus dem Juni oder Juli meist unbehelligt von Blattläusen Material für reichlich Italien-Aroma lieferten, kommt das Kraut ab August/September nicht mehr so richtig in die Gänge. Die Blätter werden fleckig, die Stängel braun – da ist nichts mehr zu machen. Wohl dem, der sich einige Portionen in Öl gemörsertes Basilikum eingeforen hat! Ansonsten heißt es leider, dass Sie sich von diesem Kraut verabschieden müssen. Aber nur bis zum nächsten Frühling!

Nachreifen im Haus möglich!

Die Freiluftsaison für Tomaten, Auberginen und Paprika geht noch bis maximal Oktober weiter. Was nicht heißt, dass bis dahin alles reif wäre, was noch an den Pflanzen hängt. Mit der richtigen Nachbehandlung können Sie trotzdem damit rechnen!

Bis Ende August/Anfang September dürften Sie bei **Tomaten** laufend mit roten Früchten versorgt sein. Auch wenn die Pflanzen dann noch aussehen, als wollten sie immer so weiterwachsen, fassen Sie sich ein Herz und brechen die obersten Blütenrispen der Tomaten aus. Dann steckt die Pflanze alle Energie in die noch heranreifenden Früchte. Diese benötigen dafür Wärme über 16 °C. Bleibt die Temperatur dauerhaft darunter, reifen die Früchte nicht mehr richtig aus. Beobachten Sie also die Witterung und nehmen Sie noch grüne Früchte in ganzen Rispen rechtzeitig ab. Kranke oder beschädigte aussortieren. Alle anderen bringen Sie zum Nachreifen in Sicherheit. Dafür gibt es mehrere Methoden:

- Stecken Sie die Tomatenrispen in Papiertüten. Bei Zimmertemperatur färben die Früchte sich innerhalb von einigen Tagen rot und sind genießbar. Sie erreichen zwar nicht mehr das Aroma an der Pflanze sonnengereifter Tomaten, aber immerhin!
- Trägt die Pflanze noch viele Früchte, schneiden Sie das Gewächs komplett an der Basis ab. An einem warmen, trockenen Ort hängen Sie sie kopfüber auf. Täglich kontrollieren, um rot gewordene Tomaten zu ernten und verderbende schnell zu entfernen.

Einiger kursierender Rezepte zum Trotz (und es gibt Hinweise darauf, dass diese eigentlich für die Baum-Tomate (Tomatillo) gedacht waren): Grüne Tomaten sind unbekömmlich (→ Info). Außer, es handelt sich um Sorten, die selbst beim Abreifen grün bleiben wie 'Green Zebra' oder 'Tigerella'.

Bei **Auberginen** und **Paprika** ist es unter den schlechteren Licht- und Temperaturbedingungen ebenfalls möglich, dass noch Früchte zum Abreifen an der Pflanze hängen, aber dafür nicht mehr genug Sommer übrig ist. Holen Sie die Töpfe ins Haus. An einem hellen Platz besteht eine sehr gute Chance, dass doch noch etwas zum Abernten daraus wird.

Scharfe Schoten für den Vorrat

Chilis dagegen beweisen jetzt, dass sie nicht nur feurig schmecken, sondern auch das Zeug zum Dauerbrenner haben. Wenn Sie nicht gerade ein exzessiver Schärfe-Fan sind, trägt die Pflanze immer noch eine Menge Früchte. Die können Sie für Ihren Vorrat trocknen. Dafür ernten Sie die Schoten einige Tage nachdem sie ihre sortentypische Farbe bekommen, aber noch keine schrumpeligen Stellen haben. Schneiden Sie die Chilis dann mit einer Schere ab und fädeln Sie sie mit einer Nadel durch den Stiel auf einen festen Zwirn (→ Bild). Hängen Sie diese „Girlanden" an einem schattigen und luftigen Ort auf. Es dauert etwa 3–6 Wochen, bis die Früchte trocken sind. Füllen Sie sie dann in Dosen ab. Dünnschalige Sorten wie 'Cayenne' können zum Trocknen sogar an der Pflanze bleiben. Einfach das Gießen einstellen. Chili lassen sich außerdem durch Einlegen in Öl und durch Einfrieren haltbar machen.

> *Kleinfrüchtige Auberginensorten lohnen sich allein schon deshalb, weil sie ein echter Hingucker im Topfgarten sind.*

SIND GRÜNE TOMATEN GIFTIG?

Grüne, unreife Tomaten enthalten ebenso Solanin wie unreife Kartoffeln. Für das Alkaloid gilt ein Grenzwert von 20 mg/100 g Frischgewicht. In unreifen Tomaten wurden Werte zwischen 9 und 32 mg/100 g gemessen. Daher raten Ernährungsexperten vom Verzehr eingemachter oder gebratener unreifer Früchte ab. Reife Tomaten enthalten kein bis sehr wenig Solanin.

BODENPFLEGE UND BEETVORBEREITUNG

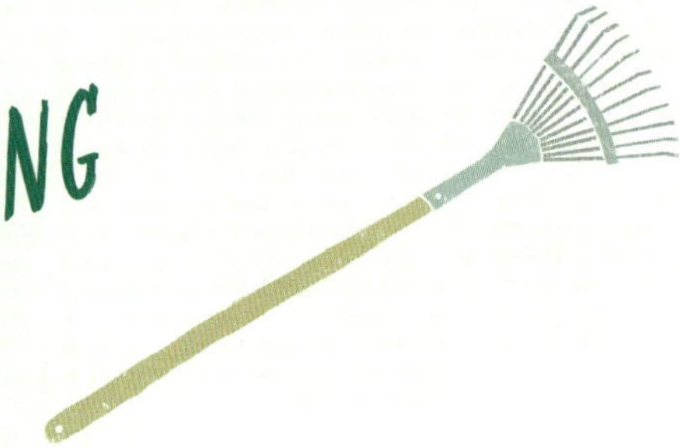

Der Herbst ist eine gute Zeit, den Gemüsebeeten etwas Gutes zu tun. Damit werden sie fruchtbarer bzw. bleiben es auf Dauer. Möchten Sie außerdem Ihre Anbaufläche im kommenden Jahr erweitern? Dann schaffen Sie jetzt die Grundlage dafür!

1

Umgraben? Nein, danke!

Für die meisten Böden reicht es völlig, sie jetzt mit dem Sauzahn oder einer Grabegabel gut aufzulockern.

2

Umgraben? Ja, bitte!

Die Schollen schwerer Böden profitieren von Frosteinwirkung. Dadurch brechen sie in feine Krümel auseinander.

3

Unkräuter entfernen

Über den Winter wächst nicht viel. Wenn Sie Ihre Beete jetzt von Unkraut befreien, können Sie es sich im Frühling sparen.

4

Düngervorrat anlegen

Organische Dünger werden bei Kälte nicht in Nährstoffe umgebaut. Diese können Sie also bereits jetzt ausbringen.

5

Dünger einarbeiten

Kompost und andere organische Dünger arbeiten Sie mit einem Rechen oberflächlich in die allerobserste Bodenschicht ein.

6

Das Beet zudecken

Eine 5-10 cm dicke Mulchschicht aus angerottetem Kompost oder zerkleinerten Gartenabfällen aufbringen.

> *Die Schlämmprobe ist ein einfacher Test zur Bestimmung der Bodenart. Links ein Tonboden. Seine feinen Teilchen färben das Wasser und setzen sich nur langsam ab. In der Mitte Lehm. Der Sandanteil setzt sich schnell ab, die Tonteilchen brauchen dazu länger. Rechts ein Sandboden. Er enthält dunklen Humus, der an der Oberfläche schwimmt.*

Auch wenn dieses Buch mit einer Vorbereitung von Gemüsebeeten im Frühling begann: Der beste Termin, neue Anbauflächen zu schaffen, ist der Herbst. So hat die bearbeitete Erde Zeit, sich zu setzen. Ob Neuanlage oder Pflege der bestehenden Beete: Das ist eine gute Gelegenheit, sich mit Ihrem Boden vertraut zu machen.

Welchen Boden habe ich?

Ihr Gartenboden ist die Basis von allem. Bei der Anlage Ihrer ersten Gemüsebeete haben Sie ihn bereits einmal in die Hand genommen **(Memo: Beet anlegen → Seite 12/13)**. Fällt er beim Kneten auseinander und enthält viel Sand, spricht man von leichtem Boden – weil er sich leicht bearbeiten lässt. Sein Gegenstück, der schwere Boden, enthält viele feine Tonteilchen. Er bildet schmierige, formbare Klumpen. Lehmboden ist eine Mischung aus beidem – und das, was die meisten Pflanzen bevorzugen. Wie Sie Ihren Boden bei Bedarf verbessern können, steht in der → Tabelle.

Sauer, neutral, alkalisch – der pH-Wert

Erinnern Sie sich an das Lackmus-Papier im Physikunterricht? Es zeigt an, ob eine Lösung sauer oder alkalisch (man sagt auch „basisch") ist. Würde man den Lackmustest mit unseren Gartenböden machen, zeigten die meisten kaum eine Reaktion: Sie sind neutral, also weder sauer noch alkalisch. Die Ausnahmen: Sandige oder moorige Böden enthalten Säuren. Kalkige Böden dagegen sind alkalisch und säurefrei. Den Säuregrad eines Bodens kann man durch den pH-Wert konkret angeben. 7 steht für neutrale Böden. Die Werte für saure Böden liegen darunter, für alkalische darüber. Den pH-Wert können Sie mit einfachen Test-Sets aus dem Handel bestimmen. In der Regel bevorzugen unsere Küchengartenpflanzen neutrale Böden. Falls Ihrer stärker davon abweicht, können Sie ihn mit entsprechenden Materialien verbessern (→ Tabelle).

Humus hat man nie genug!

Die mineralischen Bestandteile bilden die Grundlage einer Bodenart. Wirklich fruchtbar werden Böden jedoch erst durch organische Bestandteile, den Humus. Er belebt die Erde im Sinne des Wortes, indem er Regenwurm, Pilzen und Bakterien Nahrung gibt. Diese setzen die organischen Substanzen in pflanzenverfügbare Nährstoffe um und sorgen zudem für eine vorteilhafte Krümelstruktur des Bodens. Eine Schlämmprobe (→ Bild o.) gibt Aufschluss über die Bodenart, aber auch über den Humusgehalt. In der Natur ist der Nachschub an organischen Materialien an einem bestimmten Ort durch den Kreislauf des Wachsens und Vergehens gegeben. Auf Gemüsebeeten dagegen wird geerntet. Das gleichen Sie durch eine sorgfältige Bodenvorbereitung (→ Bilder ❶–❻) und -pflege aus. Die Bildung von Humus fördern Sie durch regelmäßige Gaben von Kompost **(Memo: Kompost → Seite 80/81)**, durch Düngen mit Pflanzenjauche **(Memo: Jauchen → Seite 82/83)**, durch Mulchen **(Memo: Mulchen → Seite 76/77)** und durch Erholungspausen für das Beet durch die Einsaat von Gründüngungspflanzen **(Mehr wissen: Gründüngung → Seite 150/151)**.

ÜBERSICHT: WOMIT VERBESSERE ICH WELCHEN BODEN?

Leicht:	mit Bentonit, Humus, bei Bedarf Kalk
Schwer:	mit Sand, Kompost; häufigem Lockern
Mittel:	mit Kompost und Humuspflege erhalten
Sauer:	mit Kalk, Lehm und Sand
Alkalisch:	Humuspflege und Einarbeiten von Kompost

NÄHRSTOFFBEDARF: VON GIERIG BIS BESCHEIDEN

Dass Obst- und Gemüsepflanzen Dünger brauchen, ist klar. Welche für den Selbstversorgergarten sinnvoll sind, auch. Aber wie viel brauchen sie eigentlich? Und wie oft? Es kommt darauf an!

Die ausgewogene Ernährung – ständiges Thema, wenn es um gesundes Essen geht. Bei Pflanzen ist das nicht anders. Die eine Art braucht viele Nährstoffe, die andere wenig. Erhält Sellerie zu wenig vom Spurenelement Bor, bildet er Hohlräume und trockene, krebsartige Stellen, Möhren werden stattdessen rissig. Haben Apfelbäume zu wenig Magnesium, werfen sie ihr Laub früh ab und produzieren nur kleine, fade Früchte.
Keine Sorge: Mit solchen Spezialfällen brauchen Sie sich nicht auseinanderzusetzen. Überlassen Sie das einem Bodenanalyse-Labor (**Mehr wissen: Adressen → Seite 170**). Sollte Ihrem Garten etwas fehlen, entnehmen Sie das der im Ergebnis enthaltenen Düngeempfehlung. Den unterschiedlichen Nährstoffbedürfnissen der einzelnen Nutzpflanzen gerecht zu werden, ist jedoch Selbstversorger-Alltag. Allerdings gibt es dafür (mindestens) einen Kniff!

Bringen Sie Ihre Gemüsebeete ins Rotieren!

Wie also kriegt man Vielfraße wie Zucchini und Grünkohl mit Schmalhänsen wie Feldsalat und Buschbohnen unter einen Hut, bzw. in ein Beet? Die Antwort: nacheinander! Und Sie ahnen auch schon, wie das funktioniert. Schließlich ist Ihnen bewusst, dass Beet 1 für Starkzehrer geplant wurde, Beet 2 für Mittelzehrer und Beet 3 für Schwachzehrer (**Memo: Ausklappseite → Seite 19–22**). Das bedeutet: Ein Beet wird sehr gut mit einem Düngervorrat versorgt. Im ersten Jahr stehen darauf **Starkzehrer**, die noch mehrfach nachgedüngt werden.

PFLANZENGRUPPE	DÜNGETERMINE
Erdbeeren	vor der Pflanzung + nach der Ernte
Beerensträucher	vor der Pflanzung + jährlich im Herbst
Obstbäume	vor der Pflanzung + alle 1–2 Jahre im Herbst
Gemüse Starkzehrer	vor der Pflanzung + alle vier Wochen (Jauche)
Gemüse Mittelzehrer	vor der Pflanzung + 1–2mal nachdüngen (Jauche)
Gemüse Schwachzehrer	nicht extra bzw. nur wenig düngen

› *Calciummangel ruft bei Äpfeln braune, bittere Stellen im Fleisch hervor. Vorbeugend helfen mäßige Düngung und gute Kalkversorgung.*

› *Brennnesseljauche ist als organisches Düngemittel für den Selbstversorgergarten schier unentbehrlich.*

Im Folgejahr wachsen hier die **Mittelzehrer** und im dritten die **Schwachzehrer**. Idealerweise schicken Sie dieses Beet nun für ein Jahr in Kur, indem Sie eine Gründüngung darauf aussäen (Mehr wissen: Gründüngung → Seite 150/151). Dann beginnt der Zyklus von vorne. Die drei Anbaupläne (Beet 1–3) dieses Buches rücken also jedes Jahr ein Beet weiter. Sie rotieren, wie es im Fachjargon lautet. So weit die Theorie. In der Praxis zeigt sich, dass Mittel- und Schwachzehrer, wie Spinat, Kohlrabi und Radieschen, den Zucchini auf dem Starkzehrerbeet Gesellschaft leisten. Es ergibt nun mal keinen Sinn, das Beet vor Mai brach liegen zu lassen. Denn unter den frühen Kulturpflanzen sucht man Vielfraße in unseren Breiten vergeblich. Sie werden es merken: Beetplanung ist ziemlich komplex (Mehr wissen: Beetplanung → Seite 122/123). Alles zu verwirklichen, was man berücksichtigen sollte, gelingt selbst dem erfahrensten Profi kaum. Sehen Sie es locker. Schließlich soll Selbstversorgung auch Spaß machen!

Der Appetit von Obstgehölzen wird gerne überschätzt

Bei Apfel, Johannisbeere und ihren Verwandten sieht die Sache völlig anders aus. Sie bleiben Jahre, manchmal Jahrzehnte am gleichen Standort. Und mit den Früchten ziehen Sie nur einen Teil des Nährstoffkreislaufs an der Pflanzstelle ab. Für **Obstbäume** reicht es in der Regel daher völlig aus, den Boden zu mulchen und alle 1–2 Jahre mit Kompost zu düngen (Memo: Kompost → Seite 80/81). Bemessen Sie den Bereich um den Stamm für die Düngung, die sogenannte Baumscheibe, großzügig: Das Wurzelsystem ragt bis über den Rand der Krone hinaus. Als Mulch eignet sich gesundes (!) Laub, eine dünne Schicht angewelkter Rasenschnitt oder Kompost. Achtung: Zur Zeit der Baumblüte, etwa von März bis Mitte Mai, kommen die Gehölze besser ohne Mulch aus (Mehr wissen: Obst im Frühling → Seite 132/133). **Beerenstäucher** behandeln Sie recht ähnlich: Sie mögen reifen Kompost zur Düngung und ständig eine Mulchschicht aus halb verrottetem Material.

HOCHBEETE – ALLES IM KASTEN!

Gemüseanbau auf hohem Niveau hat Konjunktur. Kein Wunder. Er ermöglicht rückengerechtes Gärtnern im Stehen, macht Schädlingen das Leben schwer und erlaubt die Kultur von Pflanzen mit besonderen Ansprüchen.

Einiges zum Für und Wider

Bei Hochbeeten denkt man erst ans Gärtnern ohne Bücken. Zu Recht: Nicht nur Senioren und Rollstuhlfahrer freuen sich über die ergonomische Arbeitsweise. Aber die großen Kästen bringen noch mehr Vorteile:

- Sie haben die Kultur von Gemüsen besser im Griff, weil Sie ihnen optimales Substrat und besseren Schutz gegen Schädlinge bieten können (→ Info).
- Durch die Verrottung der „Füllung“ entsteht Wärme, die dem Pflanzenwachstum zugute kommt.

> *Hochbeete am besten im Herbst aufbauen: Der dann sowieso anfallende Strauchschnitt bildet die Füllbasis.*

- Der Verrottungsprozess liefert zudem ständig Nährstoffe nach. Das erhöht einerseits Ihre Ernte. Andererseits ist die Dosis kaum steuerbar.

> *Für die Anlage eines Hochbeets markieren Sie zunächst die Umrisse und heben den Boden zwei Spaten tief aus.*

Bedenken Sie außerdem, dass Sie viel Schweiß und – je nach Hochbeetmodell auch Geld – investieren müssen, bis der Kasten einmal steht, sowie das Füllmaterial zusammengetragen und darin untergebracht ist. Dann haben Sie natürlich viel Spaß damit. Erst einmal. 4–8 Jahre später ist der Inhalt des Hochbeets nämlich so weit verbraucht, dass eine frische Füllung fällig wird.

Planung und Baumaterial

Der beste Platz für das Hochbeet entspricht dem Gartenbeet: In Nord-Südausrichtung bekommen die Pflanzen die meiste Sonne ab. Die Maße hängen vom verfügbaren Platz und Ihren Wünschen ab.

- Wer gerne im Sitzen gärtnern möchte, liegt mit einer Hochbeethöhe von 50–65 cm richtig.
- Bei „Stehgärtnern“ sollte der obere Beetrand auf der Höhe des Beckenkamms liegen, also bei 85–100 cm.
- Hohe Arten (Tomaten) brauchen niedrige Hochbeete.
- Während die Länge beliebig ist, richtet sich die Tiefe nach Ihrer Armlänge: Ist das Beet nur von einer Seite aus zugänglich, beträgt sie 60–70 cm, bei beidseitig zugänglichen Beeten darf es die doppelte Tiefe sein.
- Mit Folienaufsatz wird das Hochbeet zum Frühbeet.

Was das Baumaterial für das Hochbeet betrifft, kommt von Holz über Natur- und Ziegelsteine bis zu Kunststoff vieles in Frage. Es muss nur richtig stabil sein, denn der Inhalt übt auf die Wände ordentlich Druck aus. Neben Marke Eigenbau können Sie natürlich auch auf einen Bausatz zurückgreifen.

Was so ein Hochbeet alles schluckt

Bevor Sie das Hochbeet aufbauen, heben Sie die Fläche zwei Spaten tief aus (→ Bild l. o.). Darauf schichten Sie dann die folgenden Materialien:

- Einen Schutz gegen Wühlmäuse (→ Info).
- 40 cm hoch zerkleinerte Äste und Zweige.
- 15 cm Häckselgut vermischt mit Rasenschnitt.
- 10–20 cm gut verrotteter Stallmist oder halb verrottetes Laub bzw. organische Abfälle.
- 20 cm Grobkompost
- 10–20 cm Muttererde vermischt mit Feinkompost.

Wenn Sie etwas Urgesteinsmehl auf jede Schicht geben, erhöhen Sie die Fruchtbarkeit der Füllung. Machen Sie den Behälter zudem richtig voll: Der Inhalt wird sich in der ersten Zeit besonders stark setzen.

Anbauplanung und Besonderheiten

Frisch gebaute Hochbeete stecken prallvoll mit organischer Substanz, die im Laufe der Zeit als Nährstoffe für die Pflanzen verfügbar werden. Zuerst sehr viel, dann nach und nach immer weniger. Ein Fall für Starkzehrer im ersten und zweiten Jahr, Mittelzehrer im dritten und vierten sowie Schwachzehrer im fünften und sechsten Jahr. Erinnert Sie das an etwas? Die Beete 1–3 in diesem Buch funktionieren (fast) genauso. Sie können sich, was die Pflanzenarten betrifft, an den dazu gehörenden Anbauplänen mit Längsreihen orientieren (→ Seite 19–22). Manche Hochbeetgärtner arbeiten jedoch lieber mit Querreihen. Das erlaubt, eine größere Zahl unterschiedlicher Gemüsearten anzupflanzen.

> *Mit Hochbeeten lässt sich prima gestalten! Die Idee mit dem Weidengeflecht verleiht dem Kräutergarten Cottage-Flair.*

Von denen sie auf der anderen Seite logischerweise jeweils weniger Exemplare ernten können. Bei der Hochbeetkultur herrschen nicht nur bezüglich Wärmehaushalt und Nährstoffvorrat eigene Regeln:

- Wenn der Boden sackt, füllen Sie das Hochbeet mit Muttererde und Feinkompost wieder auf.
- Hochbeete trocknen schneller aus als Flachbeete. Kontrollieren Sie also öfter, ob Sie gießen müssen.

IHR KOMMT HIER NICHT REIN!

Ein sehr großer Vorteil des Hochbeets ist der einbaufähige Schutz vor Schädlingen. Wer mit Wühlmäusen zu kämpfen hat, legt als allererste Schicht einen verzinkten, kräftigen Maschendraht auf den Boden. Schneckenkanten entlang des oberen Randes der Wände halten die Kriecher fern, Aufsätze mit Gemüseschutznetzen alle Arten von Insekten und Vögeln.

HIMBEEREN SCHNEIDEN

Nichts leichter als das! Ob Herbst- oder Sommersorten – beim Rückschnitt dieses Beerenobsts müssen Sie nicht lange überlegen: Immer nach der Ernte und immer bis zum Boden.

Eine scharfe Gartenschere, ein paar Handschuhe – und losschneiden!

Herbst-Himbeeren machen ihrer Bezeichnung alle Ehre: Sie tragen erst ab Spätsommer. Das hat, wie Sie wissen, den Vorteil, dass der Himbeerkäfer zu dem Zeitpunkt nicht mehr unterwegs ist **(Memo: Himbeeren → Seite 46/47)**. Das ist jedoch nicht der entscheidende Grund, warum Ihnen diese Sortengruppe im vorliegenden Buch empfohlen wird: Ihre Pflege und ihr Schnitt sind für Einsteiger schlichtweg genial!

> *Setzen Sie bei Himbeeren die Schere noch ein bisschen tiefer an: Es sollte kein Stummel stehen bleiben!*

Der Schnitt für Herbst-Himbeeren

Ihre im Frühling gepflanzten Herbst-Himbeeren haben ab August erstmalig Früchte getragen. Nach der Ernte schneiden Sie sämtliche Ruten bis zum Erdboden ab. Einfacher geht es wirklich nicht! Es soll Himbeergärtner geben, die das Beet sogar abmähen. Fragt sich, was mehr Arbeit macht: Alle Ruten von Hand abzuschneiden oder das Stützgitter zum Mähen abzumontieren. Der Grund für den kinderleichten Schnitt: Herbst-Himbeeren tragen an den im Frühling austreibenden Ruten, die im Winter alle wieder abgeschnitten werden. Sommer-Sorten fruchten an Ruten aus dem Vorjahr und treiben gleichzeitig neue für die Ernte im Folgejahr. Das bringt Sortierarbeit mit sich (→ Seite 103). Wenn Ihre Herbst-Himbeeren ein paar Jahre stehen, können Sie probieren, abgeerntete Ruten zu einer weiteren Ernte im Frühsommer zu bringen. Dafür schneiden Sie im Winter nur die oberen Triebspitzen ab. Im Folgejahr bilden die Pflanzen früh fruchtende

PRAXIS TIPP

Grundsätzlich sollten alle kranken Pflanzenteile sicher entsorgt werden, um Ansteckungen vorzubeugen.

GESUNDE RUTEN LIEGEN LASSEN!
Beim Schnitt von Himbeeren können gesunde Ruten im Beet bleiben. Daran überwintern Nützlinge wie Raubmilben, die im Frühling gleich zur Stelle sind, wenn Sie sie brauchen.

Seitentriebe. Der Nachteil: Herbst-Himbeeren leiden vor allem deshalb weniger an der gefürchteten Rutenkrankheit, weil sie im Frühling wachsen und im Winter gleich wieder verschwinden. Für eine frühe Ernte müssen sie zwangsläufig bis zum nächsten Sommer bleiben. Achten Sie in dem Fall auf alles, was der Rutenkrankheit – auch bei Sommersorten – vorbeugt:

- Der Abstand zwischen den einzelnen Ruten sollte zu allen Seiten 10–15 cm betragen. Eine gute Durchlüftung des Bestandes erschwert den Pilzen den Befall.
- Bevorzugen Sie kaliumreiche Dünger, z. B. Beinwelljauche oder Asche von unbehandeltem Holz.
- Verletzungen der Ruten unbedingt vermeiden: Sie erleichtern den Erregern die Infektion.
- Trockenheit fördert die Bildung von Rutenrissen. Halten Sie also den Boden möglichst gleichmäßig feucht. Dabei hilft eine Mulchdecke.

→ Junge Himbeerruten, die aus der Pflanzreihe tanzen, regelmäßig entfernen!

> Im Herbst gepflanzte Himbeeren schneiden Sie erst im Frühling zurück, wenn sich neue Triebe aus dem Boden schieben.

Vielleicht versuchen Sie es für die doppelte Ernte von Herbst-Himbeeren ja mit einer doppelten Strategie: Kürzen Sie im Herbst nur einen Teil der Ruten ein.

Der Schnitt für Sommer-Himbeeren

Bei eingewachsenen Himbeeren schneiden Sie im Winter alle Ruten direkt am Boden ab. Nur ganz gesunde Ruten können Sie klein schneiden und kompostieren. Alle anderen gehören in die Mülltonne. Damit Sommer-Himbeeren gut einwachsen können, entfernen Sie im ersten Jahr sämtliche Blüten. Die Ruten schneiden Sie dann im Winter wieder ganz weg. Ab dem zweiten Standjahr verläuft der Schnitt der Sommersorten dann wie folgt:

- Sobald die neuen Himbeerruten 20–40 cm hoch ausgetrieben sind, vereinzeln Sie sie auf 10–12 gut verteilte, mittelstarke, gesunde Exemplare pro laufendem Meter. Alle anderen entfernen.
- Die verbliebenen Ruten regelmäßig an das Spalier anbinden **(Memo: Spalier → Seite 46/47)**.
- Abgeerntete Ruten sofort bodennah abschneiden.
- Von den im Laufe des Sommers wachsenden Jungruten wählen Sie gut verteilte, mittelstarke aus und binden sie ans Spalier. Sie tragen im Folgejahr. Alle anderen schneiden Sie aus.
- Schwache und kranke Ruten immer gleich entfernen.

Bei Sommer-Himbeeren haben Sie es also mit zwei Arten von Ruten zu tun, die Sie sortieren müssen: Die einen stammen aus dem Vorjahr und tragen Früchte, die anderen treiben aus und tragen im Jahr danach.

> Die Rutenkrankheit hat hier leichtes Spiel. Der Bestand sollte viel luftiger sein, damit die Triebe schnell trocknen.

OBSTGEHÖLZE PFLANZEN

Lust auf Obst? Dann ist jetzt die Zeit reif, sich Ihre Lieblingsart auszusuchen. Ob Apfelbaum oder Johannisbeerstrauch: Sie sollen über viele Jahre Freude machen. Das werden sie – wenn man bei der Pflanzung extra sorgfältig vorgeht.

1

Pflanzung vorbereiten

Den Wurzelballen in einen Eimer mit Wasser stellen. Das Pflanzloch sollte doppelt so breit sein wie der Ballen.

2

Rundum gut lockern

Mit einer Grabegabel Seiten und Sohle des Pflanzlochs auflockern, damit die Wurzeln sich leichter ausbreiten können.

3

Pfahl einschlagen

Obstbäume brauchen in den ersten Standjahren einen Stützpfahl. Treiben Sie diesen fest in den Unterboden hinein.

4

Pflanzhöhe anpassen

Den Erdaushub mit Kompost mischen. So viel ins Pflanzloch geben, dass der Ballen mit der Erdoberfläche bündig steht.

5

Pflanzloch auffüllen

Den Aushub ins Pflanzloch geben. Dabei den Baum ab und zu schütteln, um alle Hohlräume zu füllen. Leicht festtreten.

6

Angießen und fixieren

Um die Pflanzstelle einen Gießwall formen. 10 l Wasser angießen. Den Stamm mittels Achterschlaufe anbinden.

> *Bei tiefgründigen und feuchten (nicht nassen!) Böden gedeiht Rhabarber sogar im Schatten. Besorgen Sie sich ein um 900 g wiegendes Wurzelstück von einer gesunden, ertragreichen Mutterpflanze mit mehreren Knospen. Diese liegen nach der Pflanzung idealerweise 3-4 cm tief in der Erde.*

Was für Gemüse gut ist, gilt für Obstgehölze erst recht. Beide brauchen gut vorbereiteten Boden. Da Gehölze länger an einem Ort stehen, sollten Sie noch gründlicher vorgehen. Lockern Sie die Erde rund um die Pflanzstelle zunächst großflächig und zwei Spaten tief auf. Die Erde gegebenenfalls verbessern **(Memo: Boden verbessern → Seite 96/97)** und alles Unkraut entfernen.

So kommt das Gehölz gut in die Erde

Lassen Sie sich beim Kauf in einer Markenbaumschule beraten. Dort können Sie gute Qualität erwarten. Die Profis erledigen – falls nötig – auch den Pflanzschnitt. Wurzelnackte Pflanzen (→ Info) stellen Sie ca. eine Stunde in einen Eimer voll Wasser (→ Bild ❶), solche mit Wurzelballen einige Minuten, bis keine Luftblasen mehr aufsteigen. Dann kann es losgehen:

- Heben Sie das Pflanzloch etwa doppelt so hoch und tief aus, wie der Wurzelballen ist (→ Bild ❶).
- Lockern Sie alle Seiten des Pflanzlochs gut auf (→ Bild ❷). Sonst wachsen die Wurzeln wie in einem Topf, statt sich das Erdreich rundum zu erschließen und das Gehölz gut im Boden zu verankern.
- Schlagen Sie den Stützpfahl (→ Bild ❸) so ein, dass er bezüglich der Hauptwindrichtung hinter dem Gehölz steht. So wird der Baum zum Pfahl hingeweht und nicht von ihm weg: Dann würde die Befestigungsschlaufe am Stamm scheuern. Der Pfahl sollte genau bis zum Beginn des Kronenansatzes reichen.
- Die Ballenoberfläche muss nach der Pflanzung bündig mit der Erdoberfläche sein (→ Bild ❹).
- Füllen Sie den restlichen, mit Kompost vermischten Aushub um den Wurzelballen in das Pflanzloch (→ Bild ❺). Zum Schluss treten Sie die Erde fest.
- Formen Sie rund um den Stamm einen Wall aus Erde (→ Bild ❻). Er sorgt dafür, dass das Gießwasser immer direkt zu den Wurzeln geleitet wird.
- Binden Sie den Stamm kurz unterhalb des oberen Stützpfahl-Endes mit einem Kokosstrick oder Baumband fest (→ Bild ❻). Bei Hochstämmen (Stammhöhe bis Kronenansatz 180 cm) eine zweite Schlaufe auf halber Höhe anbringen. Das Anbinden mittels Achterschlaufe hat sich bewährt: Sie verhindert, dass der Stamm am Pfahl scheuert. Ziehen Sie die Schlaufe nicht so fest, dass der Baum sich aufhängt, wenn der Boden sich in den Folgewochen setzt. Aber fest genug, damit das Gehölz Halt hat.

Die Pflege in den ersten Jahren

Es dauert einige Zeit, bis die Wurzeln sich so weit ausgebreitet haben, dass sie an das Bodenwasser in tieferen Schichten herankommen. Achten Sie daher in den ersten zwei, drei Jahren darauf, dass die Erde stets gleichmäßig feucht bleibt. Dabei hilft eine Mulchschicht **(Memo: Nährstoffbedarf → Seite 98/99)**. Kontrollieren Sie ab und zu, ob die Achterschlaufe noch gut sitzt und nicht droht, in die Rinde einzuwachsen.

WURZELNACKT ODER BALLEN?

Während der Ruhezeit der Gehölze erhalten Sie Obstbäume und -sträucher auch wurzelnackt, also ohne Erde. Sie sind günstig und kommen in größerer Sortenvielfalt vor. Gehölze mit Wurzelballen im Topf gibt es rund ums Jahr. Sie kosten mehr, wachsen dafür aber sicherer an. Die Wurzeln sollten den Erdballen zusammenhalten, aber nicht im Kreis gewachsen sein.

IM PORTRÄT FRUCHTIGE BEEREN

Die noch milden Temperaturen im Herbst bedingen den perfekten Pflanzzeitpunkt für Obstgehölze und -stauden. Sie wurzeln dann über Winter so gut ein, dass das Naschvergnügen im nächsten Jahr gesichert ist.

JOHANNISBEERE

J	F	M	A	M	J	J	A	S	O	N	D

Saattiefe 30 cm
Pflanzabstand 100 × 100 cm

Mittelzehrer

Familie: Stachelbeergewächse

Es gibt gute Gründe dafür, gleich mehrere Johannisbeersträucher im Garten zu haben, am besten mehrere Sorten. Sie reifen zu unterschiedlichen Zeitpunkten. Das verlängert die Ernte und erhöht die Befruchtungsrate. Johannisbeeren sind zwar eigentlich Selbstbefruchter, aber die Fruchtqualität fremdbestäubter Blüten ist besser.

Die besten Pflegetipps: Nach der Blüte gut wässern, um die Bildung großer Früchte zu fördern. Johannisbeeren wachsen auch im Halbschatten, in der Sonne reifende Früchte sind aber süßer; Schachtelhalmbrühe spritzen zur Stärkung; Mulch hält die Feuchtigkeit und sorgt dafür, dass der Boden locker bleibt. Nicht im Wurzelbereich hacken, da Johannisbeeren Flachwurzler sind! Jährlich 3–4 alte Triebe am Boden auslichten und dafür die gleiche Zahl Jungholz (hellgraue Äste) nachwachsen lassen (insgesamt 8–12).

Erntetipps: Pflücken bei Bedarf, d. h. es müssen nicht alle Trauben auf einmal geerntet werden. Je länger sie am Strauch hängen, umso süßer werden die Früchte schmecken. Vogel-Schutznetz anbringen! Vollreife Früchte enthalten weniger gelierendes Pektin.

Gute Sorten: Rote: 'Red Lake' (früh), 'Rote Holländische' (spät), 'Jonkher van Tets' (früh, → Bild); Weiße: 'Rosa Sport' (früh), 'Zitavia' (mittel); Schwarze: 'Hedda' (früh), 'Goliath' (mittel), 'Ometa' (spät).

Mehr wissen: Obstgehölze pflanzen → Seite 104.

STACHELBEERE

J	F	M	A	M	J	J	A	S	O	N	D

Saattiefe 30 cm
Pflanzabstand 100 × 50–100 cm

Mittelzehrer

Familie: Stachelbeergewächse

Stachelbeeren sollten besser Dornenbeeren heißen, denn ihre pieksenden Zweigfortsätze sind eigentlich keine Stacheln. Aber der Name wird den wehrhaften Sträuchern so oder so nicht gerecht, denn inzwischen gibt es auch handzahme, dornenlose Sorten.

Die besten Pflegetipps: Auf mehltauresistente Sorten oder ausreichende Pflanzabstände achten; regelmäßig auslichten; Boden mulchen, nicht hacken! Standort im lichten Halbschatten; Selbstbefruchtung ist möglich, aber Fremdbestäubung durch zweite Sorte erhöht den Ertrag.

Erntetipps: halb reife grüne Früchte zum Einkochen, bei vollreifen gelben oder roten Beeren gibt die Schale auf Druck leicht nach; je länger sie hängen, desto süßer.

Gute Sorten: 'Invicta', 'Pax', 'Mucurines', 'Rokula'.

= Anzucht = Aussaat = Pflanzung = Ernte

BROMBEERE

J F M A M J J A S O N D

Saattiefe 30 cm
Pflanzabstand 200 × 200 cm

Mittelzehrer
Familie: Rosengewächse

Bei Brombeeren denken viele an stacheliges Gestrüpp mit meterlangen Trieben. Dabei gibt es neben rankenden auch halbaufrechte und aufrecht wachsende Sorten und inzwischen auch etliche stachellose! Die bewehrten Sorten haben ihnen aber immer noch etwas voraus: besonders viele schmackhafte süß-saftige Beeren, für die sich jeder Kratzer lohnt.
Die besten Pflegetipps: In humose, nährstoffreiche Erde pflanzen; unbedingt auf ausreichende Wassergaben während der Fruchtreife achten, bei anhaltender Trockenheit gut wässern, sonst trocknen die Früchte ein; sonniger, windgeschützter Platz; Brombeeren wurzeln flach, deshalb Boden nur mulchen, nicht hacken!
Erntetipps: Sobald sich die dunkelblauen bis fast schwarzen Früchte leicht vom Fruchtstiel lösen; früh am Morgen pflücken und zwar nur trockene Früchte; am besten gleich naschen oder sofort verarbeiten; Früchte werden nach und nach reif; frische Blätter eignen sich als Kräutertee.
Gute Partner: Heidel- oder Preiselbeeren; Himbeeren, Johannisbeeren.
Gute Sorten: Stachellos: 'Loch Ness', 'Jumbo', 'Chester Thornless', 'Black Satin', 'Navaho', (die beiden letzten aufrecht wachsend); bestachelt: 'Theodor Reimers', 'Kittatinny' (aufrecht wachsend).

RHABARBER

J F M A M J J A S O N D

Saattiefe 40 cm
Pflanzabstand 100 × 100 cm

Starkzehrer
Familie: Knöterichgewächse

Sauer macht lustig! Bei dem saftigen Fruchtgemüse müsste man noch ergänzen: und gesund! Rhabarber enthält viele Vitamine und Mineralstoffe, aber auch bittere Oxalsäure, die unsere Kalziumaufnahme erschwert und sich nicht mit Metall verträgt.
Die besten Pflegetipps: Rhabarber schätzt tiefgründigen, lehmigen und gut nährstoffversorgten Boden; mulchen und reichlich gießen; Blütenstängel an der Basis ausbrechen, damit die Kraft in die Blattstiele geht.
Erntetipps: Ab dem 2. Standjahr ca. 2–3 Stiele pro Woche vorsichtig aus der Basis herausdrehen, nicht abschneiden; erntereif sind die Stiele, sobald die Blätter voll entwickelt sind; nur bis zum 24. Juni ernten, damit die Staude den Sommer über neue Kraft tanken kann.
Gute Partner: Johannisbeeren, Himbeeren.
Gute Sorten: 'Esta', 'Holsteiner Blut', 'Frambozen Rood'.

JOSTABEERE

J F M A M J J A S O N D

Saattiefe 30 cm
Pflanzabstand 200 × 150 cm

Mittelzehrer
Familie: Stachelbeergewächse

Die Kreuzung aus Schwarzer Johannisbeere und Stachelbeere ist sehr gut gelungen: Jostabeeren sind starkwüchsig, robust, widerstandsfähig, stachellos und bilden große Früchte.
Die besten Pflegetipps: Boden mulchen, nicht hacken, da Jostabeeren Flachwurzler sind; ausreichend feucht halten und im Frühling mit Kompost düngen; regelmäßig auslichten, sodass immer ca. 6–10 ein- bis vierjährige Triebe stehen bleiben.
Erntetipps: Die reifen, basenreichen Früchte sind dunkelblau ausgefärbt; einzeln pflücken (reifen unterschiedlich schnell).
Gute Sorten: 'Josta' (früh), 'Jostine', 'Jonova' (mittelspät).

IM PORTRÄT KERN- UND STEINOBST

Die große Vielfalt im Obstsortiment bietet über einen langen Erntezeitraum hinweg verschiedene Sorten – sowohl für den Frischverzehr als auch zum Verarbeiten und Einlagern. So findet jeder seinen Favoriten.

APFEL

J F M A M J J A S O N D

Pflanztiefe 50–70 cm
Pflanzabstand 5 × 4 m

Mittelzehrer

Familie: Rosengewächse

Einen Apfelbaum zu pflanzen gehört für viele zu den drei wichtigsten Lebenszielen. Dafür gibt es gute Gründe, nicht nur die hohe Symbolkraft des Apfels seit der Vertreibung aus dem Paradies. In unseren Breiten ist es die beliebteste Obstsorte – gesund und vielseitig in der Verarbeitung.
Die besten Pflegetipps: Apfelbäume kommen gut mit einem kühleren Klima zurecht und sollten nicht an einem Platz mit stauender Hitze stehen; auf korrekten Schnitt achten, z. B. regelmäßig steil stehende „Wassertriebe" entfernen und nach innen wachsende und sich überkreuzende Triebe herausnehmen; mäßig düngen: Zu viel Stickstoff verzögert die Ernte.
Erntetipps: Nur vollreife Früchte ernten; Kerne sind dann dunkelbraun ausgefärbt und der Stiel löst sich leicht vom Ansatz; Früchte immer mit Stiel ernten! Zum Lagern makellose Früchte an einem kühlen, trockenen Platz behutsam nebeneinander in luftige Kisten legen mit dem Stiel nach oben; Fallobst gleich verwerten.
Gute Partner: Apfelbäume sind selbstunfruchtbar, d. h. es muss mindestens eine andere Bestäubersorte in der Nachbarschaft stehen.
Gute Sorten: Späte Ernte, lagerfähig: 'Topaz' (→ Bild), 'Goldparmäne', 'Roter Bellefleur', 'Rubinola', 'Pilot', 'Glockenapfel'; früh: 'Klarapfel', 'Piros', 'James Grieve', 'Elstar', 'Rubinola', 'Sommerregent'.
Mehr wissen: Winterschutz → Seite 114/115.

QUITTE

J F M A M J J A S O N D

Pflanztiefe 50–70 cm
Pflanzabstand 5 × 3 m

Schwachzehrer

Familie: Rosengewächse

Da Quitten nur gekocht genießbar sind und nicht unserer heutigen „to-go"-Mentalität entsprechen, sind sie in den vergangenen 50 Jahren etwas in Vergessenheit geraten. Dabei sind sie robust, anspruchslos, vielseitig verwendbar und duften unnachahmlich.
Die besten Pflegetipps: Alte Triebe auslichten; Kompost an die Baumscheibe, keine Kalkdüngung; ideal im Weinbauklima.
Erntetipps: Trockene Früchte pflücken vor dem ersten Frost, sobald sich die Stiele gut ablösen lassen und ihr Flaum leicht zurückgeht; im Haus vor der Verarbeitung noch ca. 2 Wochen nachreifen lassen.

Gute Sorten: Apfelquitten (hart, aber aromatisch): 'Riesenquitte von Leskovacz', 'Ronda', 'Konstantinopler'; Birnenquitten (weicher): 'Vranja', 'Cydora', 'Champion', 'Bereczki'.

= Anzucht = Aussaat = Pflanzung = Ernte

PFLAUME/ZWETSCHGE/ MIRABELLE

J F M A M J J A S O N D

Pflanztiefe 50 - 70 cm
Pflanzabstand 5 x 4 m

Schwachzehrer

Familie: Rosengewächse

Pflaumenobst verspricht das Blaue vom Himmel – und vor allem reiche Erträge bei geringen Ansprüchen und bietet als Pflaume, Reneclaude, Zwetschge oder Mirabelle eine große Geschmacks- und Sortenvielfalt.
Die besten Pflegetipps: Regelmäßiges Auslichten und Rückschnitt im Vorfrühling; überreichen Fruchtansatz im Juni von Hand auslesen; vorzugsweise ein warmer, windgeschützter Platz mit gleichmäßig hoher Bodenfeuchtigkeit.
Erntetipps: Pflaumen und Zwetschgen ca. 2 Wochen nach der Blaufärbung ohne Stiel pflücken oder abschütteln; reife Früchte lösen sich dann leicht vom Stiel. Mirabellen neigen bei Überreife und nach ergiebigem Regen zum Platzen: rechtzeitig ernten.
Gute Partner: Viele Pflaumen sind selbstfruchtbar, benötigen also nicht unbedingt eine Bestäubersorte in der Nähe, es wirkt sich aber günstig auf den Ertrag aus.
Gute Sorten: Zum Backen und Einwecken eignen sich Zwetschgen am besten, da sie sich leicht vom Stein lösen: 'Katinka' (früh), Hauszwetschge, 'Hanita', 'Haroma', 'Jojo'; Pflaumen: 'Ontariopflaume', 'Opal'; Reneclauden: 'Graf Althans', 'Große Grüne Reneclaude'; Mirabellen: 'Mirabelle von Nancy', 'Bellamira', 'Aprimira' (Kreuzung aus Mirabelle und Zwetschge).

SÜSSKIRSCHE

J F M A M J J A S O N D

Pflanztiefe 50 - 70 cm
Pflanzabstand 5 x 4 m

Mittelzehrer

Familie: Rosengewächse

Süßkirschen sind meist dankbare Obstgartenbewohner. Spätfröste oder kühle Lagen erhöhen ihre Anfälligkeit für Schädlinge oder Krankheiten. Knorpelkirschen sind knackiger (platzen), Herzkirschen weicher.
Die besten Pflegetipps: Gute Belüftung der Krone verhindert Pilzkrankheiten; dafür Standort wählen, an dem Blätter und Früchte nach Regen schnell abtrocknen, und Krone regelmäßig auslichten; Rinde im Winter durch Weißanstrich schützen.
Erntetipps: Nur vollreife Früchte pflücken und gleich verarbeiten.
Gute Nachbarn: Kirschen benötigen eine Bestäubersorte, es gibt aber inzwischen auch selbstfruchtende Sorten, für kleine Gärten Sorten auf schwachwüchsigen Wurzelunterlagen wählen.
Gute Sorten: Knorpelkirschen: 'Burlat', 'Große Prinzessinkirsche', 'Narana', 'Stella' (selbstfruchtend); Herzkirsche: 'Kassins Frühe'.

BIRNE

J F M A M J J A S O N D

Pflanztiefe 50 - 70 cm
Pflanzabstand 4 x 3 m

Mittelzehrer

Familie: Rosengewächse

Sommerbirnen sind bereits wenige Tage nach der Ernte genussreif, Herbstbirnen dagegen erst nach 2 Wochen. Winterbirnen benötigen noch eine längere Lagerzeit, bis sie schmecken.
Die besten Pflegetipps: Bei Trockenheit wässern, Baumscheibe mulchen und mit Kompost düngen; warmer, sonniger Standort.
Erntetipps: Pflückreif, sobald sich der Stiel leicht vom Ansatz drehen lässt; Ertrag ist nur mit weiterer Bestäubersorte gewährleistet.
Gute Sorten: Sommerbirne: 'Frühe von Trevoux'; Herbstbirnen: 'Harrow Sweet', 'Gellerts Butterbirne'/'Beurre Hardy' (→ Bild); Winterbirnen: 'Conference', 'Madame Verte' (für Spalier).

= Sonne = Halbschatten = frostempfindlich = Topfkultur möglich

WINTER

Der Garten ruht, der Selbstversorger auch? Nicht ganz. Es gibt noch ein bisschen etwas zu ernten und Gehölze zu pflanzen, vor allem aber einiges nachzudenken.

WINTER: NOVEMBER BIS FEBRUAR

Im Winter gibt es viel Muße, das erste Jahr als Selbstversorger Revue passieren zu lassen. Was ist gut gelaufen? Was möchten Sie in Zukunft anders machen? Und in was sich tiefer hineinknien? Vielleicht mögen Sie ja die Kapitel über Kompost, Düngung oder Fruchtfolge (noch) einmal in Ruhe lesen. Genießen Sie auf jeden Fall in milderen Perioden Winterblüher wie Zaubernuss!
Aller Winterruhe zum Trotz gibt es in den Gemüsebeeten noch etwas zu tun. Schützen Sie überwinternde Pflanzen vor strengen Frösten. Vor allem immergrünen Kräutern, wie Salbei und Thymian, machen Minustemperaturen zu schaffen, noch dazu, wenn ein kalter Wind weht. Bei frostfreiem Wetter können Sie Grünkohl bzw. Rosenkohl und Feldsalat ernten. Gleichzeitig sorgen Sie dafür, dass im Frühling weniger Schnecken zu erwarten sind.

VORFRÜHLING: FEBRUAR/MÄRZ

Solange es kalt ist, tut sich in der Natur wenig. In dieser Zeit herrschen auch weiterhin gute Bedingungen für die Pflanzung von Obstgehölzen (→ Seite 104/105). Allmählich richtet der Selbstversorger-Gärtner in Erwartung des nächsten Saisonstarts seinen Blick wieder auf die Zeichen der Natur: Schneeglöckchen kündigen den Vorfrühling an, und der Kreislauf beginnt von vorne.

WINTER
Eichenblatt

WINTER
Zaubernussblüte

VORFRÜHLING
Schneeglöckchen

PRAXIS BEETE 1–3 IM WINTER

Die Natur ruht. Der Gemüsegärtner auch? Von wegen! Frostschutz, Bodenverbesserung und sogar noch ein bisschen ernten stehen auf dem Plan. Bei allem können Sie sich gleichwohl ein bisschen mehr Zeit lassen.

Boden schützen, Humuspflege und große Freude an kleiner Winterernte

Logisch: Große Mengen an frischem Gemüse sind in den kalten Monaten nicht zu erwarten. Aber immerhin! Trotzdem gibt es gute Gründe, sich gelegentlich bei Ihren Beeten blicken zu lassen: Zum einen schauen Sie nach dem Rechten, beispielsweise ob die Mulchdecke noch intakt ist oder ob sonst etwas für die Bodenpflege zu tun ist. Außerdem sollten überwinternde Gemüse vor stärkeren Frösten etwas Schutz erhalten.

> *Mit einer Abdeckung aus Jute oder Vlies können Sie Feldsalat auch dann ernten, wenn Schnee liegt.*

Gut gewappnet in die kalte Jahreszeit!

Räumen Sie die Beete zum Winterbeginn ab. Das heißt: Alles außer den verbleibenden Gemüsen wandert auf den Kompost. Ausnahme: Kranke Pflanzenteile werfen Sie besser in die Mülltonne. Auch gegen Schnecken können Sie jetzt vorbeugen (→ Praxistipp). Weiterhin versehen Sie die Beete mit einem Nährstoffvorrat für die kommende Saison in Form von Kompost **(Memo: Kompost → Seite 80/81)**. Schließlich gönnen Sie dem Boden eine Decke aus Herbstlaub oder halb reifem Kompostmaterial. Sie schützt vor Kälte ebenso wie vor heftigen Niederschlägen und Austrocknung.

PRAXIS TIPP

Im Winter sorgen Sie dafür, das Schneckenproblem zu verkleinern.

SCHNECKEN VERSCHRECKEN
Schnecken(eier) überwintern in Bodenspalten. Räumen Sie die Beete sauber ab. Die Erde fein grubbern und mit dem Rechen abziehen. Wenn Sie mit Pflanzenresten mulchen, kontrollieren Sie diese auf Schneckeneier.

Weiterpflegen für die Ernte

Frostharte Sorten von Grünkohl, Rosenkohl und Feldsalat können einfach draußen bleiben. Bei Petersilie und Mangold lohnt sich das Stehenlassen oft auch: Was an Blättern noch vorhanden ist, ernten Sie bei Bedarf ab. Sobald es wärmer wird, treiben die beiden Arten wieder aus. Sie gehen dann zwar bald in die Blüte.

Vorher jedoch liefern sie mit das früheste Grün, das es im Gemüsegarten gibt. Das gilt übrigens gleichermaßen für Grünkohl: Abgeerntete Pflanzen treiben im (Vor-) Frühling ebenfalls kleine Blättchen. Anders ist das bei Feldsalat. Hier schneiden Sie die Pflänzchen im Ganzen knapp unterhalb der Blattrosette ab.
Gefrorenes Gemüse fassen Sie bitte möglichst nicht an! Es bekommt durch die Handwärme Druckstellen und fault schnell. Möchten Sie doch ernten, tragen Sie, wenn es geht, Handschuhe. Lassen Sie die Pflanzen schonend in ein Tuch eingepackt im Kühlschrank auftauen. Dann verarbeiten Sie sie zügig.

Wenn Frost und Schnee kommen

Achten Sie auf die Wettervorhersage! Spätestens, wenn Minusgrade angesagt sind, ist es vorteilhaft, die

→ Denken Sie über ein Hochbeet nach? Jetzt ist eine gute Zeit, es aufzubauen!

Gemüse mit Vlies abzudecken. Dieses schützt sowohl vor sehr starken Frösten als auch vor austrocknenden Winden sowie dem ständigen Wechsel zwischen Einfrieren und Auftauen – was den Pflanzen schlecht bekommt. Eine Schneedecke hat die gleichen Vorteile, doch kann man sich nicht darauf verlassen, dass die Flocken rechtzeitig fallen. Stellt sich die weiße Pracht

Schneckeneier! Sorgen Sie jetzt dafür, dass davon möglichst wenige den Winter überstehen (→ Praxis-Tipp).

Winterharte Grünkohl- und Rosenkohlsorten liefern auch in diesen Monaten noch etwas für den Kochtopf.

ein – umso besser. Nur, wenn es zu viel des Guten wird, entfernen Sie den Schnee vom Beet, bevor er die Gemüse durch sein Gewicht platt zu drücken droht.

Unkompliziert: Ihr Kräutergarten

Die in diesem Buch für Ihr erstes Kräuterbeet vorgeschlagenen Arten kommen meist alle problemlos durch die kalte Jahreszeit. Abgestorbene, weiche Pflanzenteile, wie die vergilbten Schnittlauchhalme, räumen Sie ab. Sie könnten sonst faulen. Verholzte Pflanzenteile, z. B. von Zitronenmelisse, Minze und Oregano, lassen Sie besser stehen: Sie schützen die Wurzeln vor Frost. Wenn sie nicht aussamen sollen, schneiden Sie nur die Samenstände ab. Diese geben Sie besser nicht auf den Kompost: Sie können die Rotte überstehen und auf Beete verteilt werden, wo sie nicht hingehören.
Kahlfröste (also Minusgrade ohne Schneedecke) sind oft mit eisigem Wind verbunden, der die Verdunstung über die Blätter fördert. Da die Pflanze aus dem gefrorenen Boden kein Wasser aufnehmen kann, vertrocknet sie leicht. Die Profis sprechen hier von Frosttrocknis. Dagegen schützt eine Abdeckung aus Nadelreisig die empfindlicheren Kräuter.

DER OBSTGARTEN IM WINTER

Während die letzten Gemüse im Laufe der kalten Jahreszeit geerntet werden, stehen Erdbeeren, Obstgehölze und Rhabarber erst am Beginn ihrer Karriere im Selbstversorgergarten. Dementsprechend brauchen sie etwas Aufmerksamkeit.

Weiterhin Starthilfe leisten

Ob Erdbeeren, Rhabarber, Obststräucher oder -bäume: Wenn Mehrjährige gerade erst in die Erde gekommen sind, müssen sie ein bisschen gehätschelt werden.

Frisch gepflanzt ist noch empfindlich!

Alle in diesem Buch genannten Obstarten, die im Garten stehen, sind winterhart. Die empfindlichsten Pflanzenteile, nämlich die Wurzeln, stecken in der Erde. Diese bietet einen gewissen Schutz. Doch solange die Wurzeln noch nicht in tiefere Schichten eingewachsen sind, kommt der Frost leicht an sie heran. Sorgen Sie also selbst dafür, dass die Pflanzen durch eine isolierende Schicht auf der Bodenoberfläche vorübergehend etwas „tiefer sitzen".

- Bedecken Sie die Pflanzstellen der Beerenobststräucher mit einer dicken Schicht aus Herbstlaub.
- Erdbeeren brauchen Sie nur bei Kahlfrösten mit Gärtnervlies abzudecken, also wenn das Thermometer deutlich unter 0 °C fällt und kein Schnee liegt.
- Bei Rhabarber entfernen Sie lediglich abgestorbene Pflanzenteile, damit sie nicht faulen. Eine dicke Lage Kompost tut ihm immer gut.

Stammpflege – von Anfang an

Bei Obstbäumen benötigen die Stämme vor allem in den ersten Jahren etwas Aufmerksamkeit. Die Rinde ist noch dünn, der Durchmesser gering. Logisch, dass Frost sich in dieser „Jugendphase" stärker auswirken kann. Das Durchfrieren an sich ist nicht das Problem. Der häufige Wechsel zwischen Frieren und Auftauen schon eher. Logisch, dass ein dickerer Stamm mit solchen Bedingungen weniger Schwierigkeiten hat. Besonders kritisch wird es, wenn die Sonne im Spätwinter kräftig auf die eine Seite scheint, während die andere noch gefroren ist. Die Sonnenseite dehnt sich durch die Wärmeeinwirkung etwas aus, die kalte nicht. Die Folge: Es entstehen Spannungen, die das Holz im schlimmsten Fall aufreißen lassen. Im ersten Standwinter hat es sich bewährt, den Stamm mit Jutesäcken oder Schilfmatten zu ummanteln. Manche Obstgärtner lehnen auch einfach ein Brett an die Sonnenseite, das den Stamm stets beschattet. Der Mantel hat jedoch den Vorteil, dass hungriges Wild, z. B. Rehe, nicht an der feinen Rinde knabbern kann.

> *Herbstlaub bildet eine natürliche Isolationsschicht und schützt flache bzw. junge Wurzelsysteme vor Frost.*

Manche tragen schon im ersten Winter einen Stammanstrich auf. Spätestens ab dem zweiten Standjahr ist er oberste Obstgärtnerpflicht. Er reflektiert die Sonnenstrahlen, stärkt und nährt den Stamm, und er macht an

der Rinde überwinternden Schädlingen einen Strich durch die Rechnung (→ Info). Bringen Sie den Stammanstrich regelmäßig ein- bis zweimal im Jahr an, bleibt die Rinde schön glatt. Dann bietet sie Schädlingen, die eine Ritze oder Spalte zum Überwintern suchen, nur wenige attraktive Möglichkeiten dafür.
Es gibt fertige Stammanstriche im Handel. Wer Lust hat, mischt sich seinen eigenen aus Lehm oder Tonmehl (Bentonit) und, wenn möglich, frischen, aber festen Kuhfladen zu gleichen Teilen. Mit lauwarmer pflanzenstärkender Schachtelhalmbrühe **(Memo Jauchen & Brühen → Seite 82/83)** anrühren, aber nicht zu dickflüssig, sonst platzt der Anstrich nach dem Trocknen auf. Über Nacht quellen lassen. Den Stamm und die Ansätze der stärkeren Äste mit einer kräftigen Bürste eventuell von losen Rindenteilen befreien. Dann

→ Leimringe im Januar abnehmen! Frostspanner legen darauf ihre Eier ab.

tragen Sie den Stammanstrich mit einem Malerquast oder einem Handfeger auf die gereinigten Flächen auf. Er wittert im Sommer größtenteils wieder ab.

Der weiße Stammanstrich reflektiert das einseitig wärmende Sonnenlicht und beugt Frostrissen vor.

Gießen nicht vergessen!

In milden und trockeneren Perioden kann es auch im Winter zu Wassermangel in den oberen Bodenschichten kommen. Das trifft vor allem frisch gepflanzte Obstgehölze und Erdbeeren: Ihre Wurzeln reichen einfach noch nicht tief genug. Die Mulchschicht hemmt zwar die Verdunstung von Bodenwasser, und die Gehölze verlieren auch keine Flüssigkeit über das Laub. Wenn es lange nicht regnet, sollten Sie die Feuchtigkeit in den obersten 10 cm trotzdem überprüfen. Sind sie trocken geworden, ist es allerhöchste Zeit: Lassen Sie Ihren Gartenneulingen etwa 10 l Wasser/m² zukommen. Das gilt gleichermaßen für den Rhabarber.

WINTERSPRITZUNG

In Knospenschuppen, Holzrissen und Rindenspalten, an Knospenansatz- und Verzweigungsstellen finden Obstbaumschädlinge über den Winter Unterschlupf. Dazu gehören Gallmilben sowie die Eier von Spinnmilben, Frostspannern, Blatt- und Schildläusen. Bewährt hat sich eine Winterspritzung (Februar/März, vor dem Austrieb) mit Pflanzenschutzmitteln auf Paraffin- oder Rapsölbasis. Auch eine Jauche aus Adler- oder Wurmfarn (1 kg frische bzw. 100 g getrocknete Pflanzenteile/10 l Wasser) ***(Mehr wissen: Jauchen → Seite 82/83)*** *hilft unverdünnt als Winterspritzung gegen Schmier-, Schild- und Blutläuse.*

DAS ZWEITE JAHR

FRÜHLING

Der Jahreszyklus beginnt wieder von vorne. In Ihrem Selbstversorgergarten auch, aber anders als in der ersten Runde: Sie können sich jetzt schon etwas mehr zutrauen!

VORFRÜHLING: FEBRUAR/MÄRZ

Die Zeichen der Zeit stehen wieder auf Schneeglöckchenblüte. Wenn Sie mögen, fangen Sie an, die Gemüse-Jungpflanzen für diese Saison selber vorzuziehen. Wenn nicht: Gekaufte Jungpflanzen gehen auch. Zur Forsythienblüte wecken Sie Ihre Beete aus dem Winterschlaf. Dann legen Sie so los, wie Sie es kennen, mit pflanzen und säen.

ERSTFRÜHLING: MÄRZ/APRIL

Haben Ihnen die Beete 1–3 gefallen? Dann verwenden Sie die gleichen Sä- und Pflanzpläne wieder – allerdings müssen diese ein Beet weiterrücken **(Mehr wissen: → Beetplanung Seite 122/123)**. Wenn nicht, variieren Sie, am besten erst einmal nur wenig. Oder Sie probieren die neuen Beete 4 + 5 (→ Seite 120/121) mit Kopfsalat und Sellerie, die etwas kniffliger im Anbau sind.

VOLLFRÜHLING: APRIL/MAI

Auf die Früchte müssen Sie noch bis zum Sommer warten. Trotzdem schaffen Sie jetzt die Voraussetzungen für eine reiche Blüte und gesundes Wachstum bei Erdbeere, Himbeere und alles, was Sie sich für Ihren Obstgarten ausgesucht haben. Sollten Sie da noch Bedarf haben: Im März können Sie immer noch Obstgehölze pflanzen!

VORFRÜHLING

Schneeglöckchen

ERSTFRÜHLING

Forsythie

VOLLFRÜHLING

Apfelblüte

ZWEI GEMÜSEBEETE FÜR FORTGESCHRITTENE

Eine kleine Herausforderung können Sie jetzt gut gebrauchen, um weitere Erfahrungen zu sammeln. Diese beiden Pläne – eines für Mittelzehrer, eines für Starkzehrer – erfordern bereits ein wenig Know-how.

Beet 4 Pastinaken und Kopfsalat

In diesem Beet kommen die feinen Pastinakensamen (Reihe 1 + 5) in die Erde **(Mehr wissen: Direktsaat → Seite 126/127)** – ohne Saatband. Die Rüben sind erst im Herbst erntereif und daher eine Hauptkultur. Zum Ausgleich füllen Sie die Reihen dazwischen mit flotten Radieschen, Kerbel und Pflücksalat (Vorkultur). Ob per Saatband oder von Hand, entscheiden Sie. Ab Ende Mai pflanzen Sie die zweite Hauptkultur Kopfsalat (Reihe 2 + 4) und säen Mangold (Reihe 3) aus (Nebenkultur). Dem Kopfsalat folgt ab Juli Endivie (Nachkultur). Die Jungpflanzen für Salat und Endivie können Sie selbst vorziehen **(Mehr wissen: Anzucht → Seite 124/125)**. Kopfsalat soll für Fortgeschrittene sein? In der Tat. Er geht normalerweise erst im zweiten Jahr in die Blüte. Ist es der jungen Pflanze zu kalt, zu trocken oder sonstwie unangenehm, schosst sie gleich. Pflücksalat reagiert ähnlich, aber da ernten Sie ja nur einzelne Blätter. Ein Kopfsalat, der keinen festen Kopf bildet, oder kurz vor der Ernte in die Höhe schießt, ist dagegen ärgerlich. Gewusst wie! Säen Sie schossfeste bzw. jahreszeitlich passende Sorten aus **(Mehr wissen: Sorten → Seite 148/149)**. Bevor die Jungpflanzen ins Beet wandern, gewöhnt man sie an die Bedingungen im Freien **(Mehr wissen: Anzucht → Seite 124/125)**. Alles Weitere zur Kopfsalatkultur auf → Seite 148/149.

> *Beet 4 für Mittelzehrer*

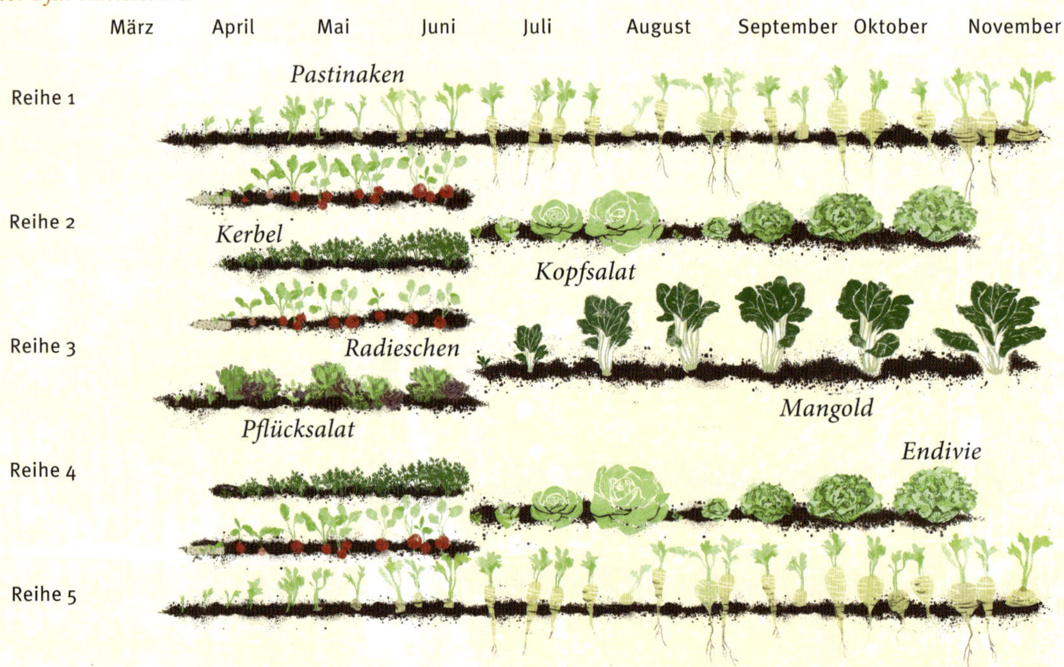

EINKAUFSLISTE BEET 4

Saattüten bzw. Jungpflanzen pro Meter

→ 1 x Pastinaken (Saattüte)
→ 1 x Radieschen (Saattüte oder Saatband, Frühlingssorte)
→ 1 x Pflücksalat (Saattüte oder Saatband)
→ 1 x Kerbel (Saattüte)
→ 1 x Kopfsalat (Saattüte, Sommersorte oder 6 Jungpflanzen)
→ 1 x Mangold (Saattüte)
→ 1 x Endivie (Saattüte, späte Sorte)

EINKAUFSLISTE BEET 5

Saattüten bzw. Jungpflanzen pro Meter

→ 1 x Kopfsalat (Saattüte, frühe Sorte oder 9 Jungpflanzen)
→ 1 x Kohlrabi (Saattüte, frühe Sorte oder 9 Jungpflanzen)
→ 1 x Lauch (Saattüte oder 21 Jungpflanzen)
→ 1 x Knollensellerie (Saattüte oder 6 Jungpflanzen)
→ 1 x Spinat (bei Bedarf, Saatband oder Saattüte)

Beet 5: Kopfsalat, Lauch und Sellerie

Jungpflanzen selber vorzuziehen ist eine tolle Sache. Dazu haben Sie in diesem Beet für Starkzehrer reichlich Gelegenheit. Sie können die Vorkulturen Kopfsalat und Kohlrabi (Reihe 1, 3 + 5, ab Ende Februar) in Saatkisten aussäen **(Mehr wissen: Anzucht → Seite 124/125**; außerdem die Hauptkulturen Lauch (Reihe 1, 3 + 5, ab Anfang/Mitte März) und Knollensellerie (Reihe 3 + 4, ab Mitte März). Die Vorkultur Spinat (Reihe 2 + 4) säen Sie ins Beet. Wenn Sie noch haben, brauchen Sie das Saatband vom Vorjahr auf. Wenn nicht, entscheiden Sie beim Kauf, ob Sie lose Samen **(Mehr wissen: Direktsaat → Seite 126/127)** oder Saatband bevorzugen. Das Gleiche gilt für alle Jungpflanzen: Sie können jetzt Erfahrungen mit der Vorkultur sammeln. Oder die Anzucht weiterhin den Profis überlassen. Vielleicht probieren Sie es erst mit ein oder zwei Arten aus. Nicht zuletzt hängt der Umfang Ihrer „Jungpflanzenproduktion" davon ab, wie viel Platz Sie auf der Fensterbank oder einem ähnlich günstigen Platz für die Anzucht zur Verfügung haben. In der Saatkiste steht der Nachwuchs ja noch kompakt. Doch sobald man ihn in eigene Töpfchen vereinzelt **(Mehr wissen: Anzucht → Seite 124/125)**, macht er sich schnell ganz schön breit!

› Beet 5 für Starkzehrer

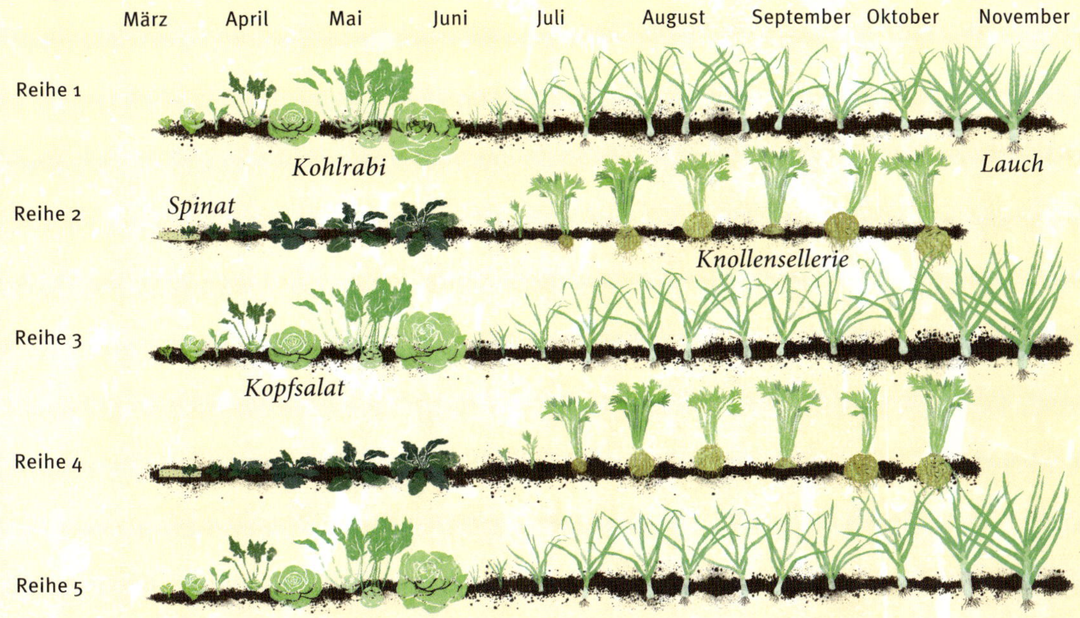

BEETPLANUNG: DAS GANZE PROGRAMM!

Aus Ihrem ersten Selbstversorger-Jahr kennen Sie Begriffe wie Pflanzabstand, Reihenabstand, Fruchtfolge, Folgekultur, Hauptkultur, Mischkultur und Nährstoffbedarf. Für die Beetplanung gilt es, deren Aspekte miteinander zu verknüpfen.

Bekommen Sie jetzt keinen Schreck! Stimmt: Die Planung eines Gemüsebeets ist knifflig. Aber: Den perfekten Plan gibt es nicht. Kompromisse muss man immer schließen. Und es funktioniert trotzdem! Vielleicht finden Sie Spaß daran, Beete selbst auszutüfteln. Ansonsten verwenden Sie die Beetpläne aus diesem Buch weiter – variiert nach Ihrem Geschmack. Wie geht man also vor? Bei Beet 5 (→ Plan) stand der Wunsch nach Lauch im Vordergrund. Er ist ein Starkzehrer (**Nährstoffbedarf**) wie Knollensellerie, der sich gut mit ihm verträgt (**Mischkultur**) und daher als Nebenkultur taugt. Wie viele Reihen davon passen ins Beet? Das ergibt sich aus dem **Reihenabstand**, bei Lauch 30, bei Sellerie 40 cm. Also teilen Sie das Beet in fünf Reihen mit Abständen von je 20 cm ein, auch zum Beetrand. Dann haben beide Gemüsearten zu jeder Seite 20 cm Platz, und somit den nötigen **Reihenabstand** von 40 cm. Sellerie- und Lauch-Jungpflanzen können ab Mitte/Ende Mai gepflanzt werden. Das lässt Zeit für eine Vorkultur mit Kopfsalat, Kohlrabi und Spinat. Die gehören zwar streng genom-

Beet 5

Zucchini passt nirgendwo in die Beetpläne? Vielleicht findet sich ein eigener Platz außerhalb der Gemüsereihen. Im Folgejahr muss sie natürlich woanders hin!

Gutes Timing und ideales Ausreizen der Beete: Der Kerbel ist bald schnittreif. Dann kann sich der Salat dazwischen weiter ausbreiten. Der dunkelrote Salat darf jetzt schon in die Küche.

men nicht auf ein Starkzehrer-, sondern auf ein Mittelzehrerbeet. Wenn Sie das Beet aber für Mittelzehrer vorbereiten und Lauch sowie Sellerie bei der Pflanzung eine gute Dosis Nährstoffe mit auf den Weg geben, kommen hungrigere und genügsamere Arten gut zurecht.
Nun die **Fruchtfolge**. Kohlrabi, Kopfsalat und Spinat eignen sich als Vorkultur für Sellerie und Lauch. Allerdings ist auch zu berücksichtigen, was in den Vorjahren auf dem Beet stand.

Planen Sie alle Ihre Gemüsebeete nach einem Schema als Gesamtheit

Es reicht nicht, jedes Beet für sich zu betrachten. Der Übersicht halber beziehen Selbstversorger neben dem Nährstoffbedarf die Familienzugehörigkeit in das Anbauschema ein.

- Innerhalb eines Jahres legen Sie je ein Beet (bei Bedarf mehrere Beete) für eine Starkzehrer-, für eine Mittelzehrer- und eine Schwachzehrer-Hauptkultur an. Diesen **Hauptkulturen** ordnen Sie zeitlich passende und verträgliche Vor-, Neben- und **Folgekulturen** zu.
- Über die Jahre bekommen Sie die Fruchtfolge in den Griff, wenn Sie die Stark-, Mittel- und Schwachzehrerbeete so aufeinander abstimmen, dass sie aufeinanderfolgen (rotieren) können. Dabei planen Sie für jedes Beet eine Gemüsefamilie ein, die sich mit denen der beiden anderen Beete verträgt. So stehen in Beet 1 dieses Buches ein Kürbisgewächs (Zucchini/Starkzehrer) und ein Kreuzblütler (Grünkohl/Starkzehrer), in Beet 2 Zwiebelgewächse (Zwiebeln/Mittelzehrer) und Doldenblütler (Möhren/Mittelzehrer), in Beet 3 ein Schmetterlingsblütler (Buschbohne/Schwachzehrer) sowie ein Gänsefußgewächs (Mangold/Mittelzehrer). In den Folgejahren rotieren die Beetpläne stets um einen Platz weiter.

Nach drei Jahren hat es sich bewährt, dem Beet eine Kur zu gönnen. Dafür säen Sie Gründüngungspflanzen (Mehr wissen: Gründüngung → Seite 150/151), die eine Saison stehen bleiben. So laugt die Erde nicht aus und bleibt fruchtbar. Um das Kur-Jahr in Ihr Anbauschema aufnehmen zu können, legen Sie ein viertes Beet an. Die Abfolge: 1. Jahr Starkzehrer, 2. Jahr Mittelzehrer, 3. Jahr Schwachzehrer, 4. Jahr Gründüngung. Dann alles wieder von vorne.

KINDERGARTEN FÜR GEMÜSE

Die eigene Anzucht von Jungpflanzen im Haus, im Beet oder unter Glas und Folie macht Spaß. Und stolz! Die größte Herausforderung dabei: Nur so viel säen, wie Sie wirklich brauchen.

Saatkiste vorbereiten
Füllen Sie das Gefäß locker mit Aussaaterde und drücken Sie diese leicht mit einem Brettchen oder Ähnlichem an.

Saatreihen anlegen
Die Aussaat gelingt in Reihen meist am besten. Drücken Sie dafür mit einem dicken Karton 1–2 mm tiefe Rillen in die Erde.

Samen aussäen
Geben Sie eine Prise Samen auf ein mittig geknicktes Stück Papier. Damit lassen sie sich gut dünn in die Rillen aussäen.

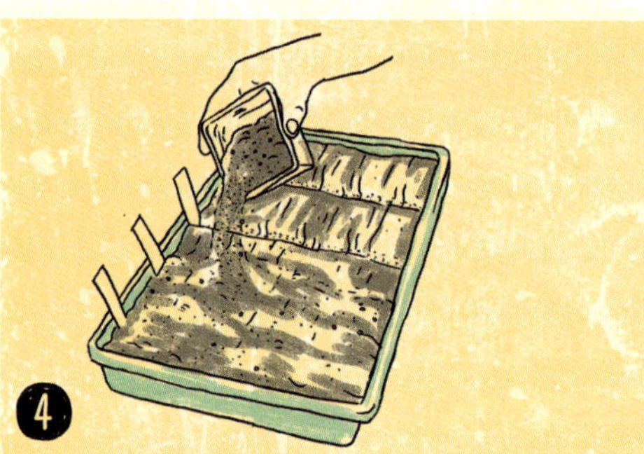

Samen abdecken
Den Samen der meisten Gemüse deckt man mit einer dünnen Schicht Aussaaterde ab. Diese noch einmal glatt drücken.

Saatkiste angießen
Um die Samen nicht zu verschwemmen, verwenden Sie eine Kanne mit feinem, nach oben gedrehtem Tüllensieb.

Sämlinge pikieren
Sobald Sie die Pflänzchen gut anfassen können, setzen Sie sie in einzelne Töpfe mit Gemüseerde um.

Die Anzucht von Salat, Sellerie und Lauch im Haus ist eine befriedigende Tätigkeit. Wenngleich durch den Kauf der Aussaaterde, das Pikieren und Umtopfen auch recht aufwendig. Trotzdem lohnt es sich:

- Für Kopfsalat oder Kohlrabi ist eine Aussaat ins Beet im März noch zu früh: Die Samen täten sich mit der Keimung schwer. Kräftige Jungpflanzen kommen dagegen mit spätwinterlicher Kälte besser zurecht.
- Manche Arten, wie Lauch oder Sellerie, brauchen viel Zeit, bis sie in die Gänge kommen. Käme der Samen erst Mitte/Ende Mai in die Erde, dauerte es einfach zu lange, bis sie reif für die Ernte sind.

Sobald die Bedingungen für eine Aussaat draußen besser sind, dient die Anzucht im Freien (→ Checkliste) sozusagen als Warteschleife, bis die noch heranreifende Kultur im Beet geerntet und der Platz frei wird.

Die Anzucht im (Gewächs-)Haus

Samentüten enthalten oft mehr als Sie brauchen. Säen Sie maximal ein Viertel mehr als berechnet, um mögliche Verluste auszugleichen. Die Samen sind oft Jahre haltbar, und es wäre schade, wenn Sie nachher zu viele Sämlinge gar nicht unterbringen könnten.
Für die Anzucht eignet sich Aussaaterde. Sie ist sehr fein und nährstoffarm. Damit decken Sie die Samen nach der Saat noch einmal dünn ab (→ Bild ❹). Es sei denn, es handelt sich um einen Lichtkeimer (Hinweis auf der Samentüte) wie Basilikum und Salat. Hier drücken Sie die Samen nur mit einem Brettchen an.
Als Platz für die Jungpflanzenanzucht eignen sich helle Fensterbänke. Noch bessere Bedingungen herrschen in kleinen Glas- oder Foliengewächshäusern: Der Nachwuchs braucht so viel Licht wie möglich. Halten Sie die Erde bis zum Auspflanzen stets leicht feucht.

Jungpflanzenanzucht im Beet

Werden im Sommer oder Herbst Jungpflanzen für Folgekulturen, wie Endivie, gebraucht, ziehen Sie diese im Freien vor. Dafür reicht meist eine nur 15–20 cm lange Reihe im Beet aus, wo gerade Platz ist. Lockern Sie die Stelle etwas auf, dann die Erde glatt und feinkrümelig mit dem Rechen abziehen. Mit einem Stab oder Handgerät ziehen Sie die Saatrille (→ Bild o.). Die Samen dünn einsäen, mit Erde abdecken, leicht andrücken und angießen. Sobald der Nachwuchs gut zu greifen ist, pikieren Sie ihn an die Pflanzstelle im Beet, wo er sich bis zur Erntereife entwickelt.

> *Auch ein Pflanzholz eignet sich dafür, Rillen für die Aussaat zu ziehen. Längsreihen ergeben auf einem Beet zwar rechnerisch die gleiche Länge wie Querreihen. Bei Letzteren entstehen jedoch mehr Reihenanfänge und -enden, die für das Pflanzenwachstum ungünstiger sind. Somit versprechen Längsreihen eine höhere Erntemenge.*

VON AUSSAAT BIS PFLANZUNG

- ***Aussäen:*** *Zunächst säen Sie die Samen in ein vorbereitetes Saatgefäß aus (→ Bild ❶–❺). Wie warm Sie dieses aufstellen müssen (meist Zimmertemperatur) und wie lang die Keimdauer ist, können Sie der Samentüte entnehmen.*
- ***Pikieren:*** *Sobald die Sämlinge 4–5 Blättchen haben und sich im Saatgefäß anfangen zu bedrängeln, setzt man sie in Einzeltöpfe um (→ Bild ❻). Dafür mit dem Pikierstab (oder Kugelschreiber ohne Mine) in der Aussaaterde lockern.*
- ***Umtopfen:*** *Je nach Dauer der Anzucht und Wuchsstärke der Pflanzen kann es nötig werden, die Jungpflanzen noch einmal in etwas größere Töpfe mit frischer Gemüseerde umzusetzen.*
- ***Abhärten:*** *Sonne und Wind können drinnen vorgezogenen Pflänzchen zu schaffen machen. Daher stellt man sie vor dem Umzug ins Beet mehrere Tage stundenweise nach draußen in den Schatten.*

PRAXIS BEETE 4+5 IM FRÜHLING

Beetplanung ist auch Zeitplanung: Die Natur bestimmt, wann die ersten Saaten ins Freie können. Wenn es Jungpflanzen sein sollen, muss der Gärtner jedoch selbst einschätzen, wann er mit der Anzucht beginnt. Kompromisse sind möglich!

Kohlrabi pflanzen
Anders als Kopfkohlarten Kohlrabi nicht zu tief setzen: Die Knolle muss sich frei über dem Boden entwickeln können.

Kerbel dicht aussäen
Einjährige Kräuter, die man büschelweise erntet, säen Sie dicht. Kerbel hält Blattläuse und Schnecken von Salat fern.

Als fortgeschrittene Einsteiger können Sie es sich jetzt schon zutrauen, zweigleisig zu fahren. Für die beiden neuen Beete säen Sie einerseits direkt ins Freie. Anderseits helfen Sie Arten mit langer Kulturdauer durch Jungpflanzenanzucht im Haus **(Memo: Anzucht → Seite 124/125)** auf die Sprünge. Dass Sie die Sä- und Pflanzzeit sowie die Witterung im Auge behalten müssen, wissen Sie ja noch aus dem Vorjahr **(Memo: Spinat aussäen → Seite 24/25, Pflege → Seite 30/31)**.

Beet 4: Erst Pflück-, dann Kopfsalat

Das für Mittelzehrer vorbereitete Beet **(Memo: Nährstoffanspruch → Seite 78/79, Beetvorbereitung → Seite 96/97)** teilen Sie für die Frühkulturen Anfang/Mitte März in acht Reihen ein (→ Beetübersicht Seite 168/169). In die beiden äußeren Reihen säen Sie Pastinaken. Die brauchen nicht nur ca. acht Monate bis zur Ernte, sie keimen auch langsam (4–5 Wochen). Am besten säen Sie zur Markierung der Reihe Radieschen dazwischen. Etwa ab Mitte März säen Sie drei Reihen Radieschen und eine Reihe Pflücksalat ins Beet. Ab Anfang April kommen zwei Reihen Kerbel dazu.
Mitte April kultivieren Sie auf einem freien Platz im Beet eine Kopfsalat-Sommersorte vor. Wie alle Saaten stets leicht feucht halten und, falls nötig, so verziehen, dass die kräftigsten Pflanzen zügig weiterwachsen können. Je nach Witterung beginnen Sie ab Anfang/Mitte April mit der Ernte von Radieschen, Kerbel und den äußeren Blättern des Pflücksalats.
Mitte/Ende Mai räumen die Vorkulturen den Platz. Teilen Sie das Beet nun in fünf Reihen ein. Den Kopfsalatnachwuchs pflanzen Sie in die Reihen 2 + 4. Falls nötig, verziehen Sie die Pastinaken (→ Bild ❹).

Beet 5: Für leidenschaftliche Vorkultivierer

Wenn Sie für diesen Beetplan alle Jungpflanzen selber anziehen möchten, sollten Sie bereits Anfang/Mitte Februar Kopfsalat und ab Mitte Februar Kohlrabi vorziehen. Etwa Mitte März ziehen sie als Jungpflanzen in die Reihen 1, 3 + 5, immer im Wechsel ein Kohlrabi und ein Salat. Anfang/Mitte März beginnt auch die Anzucht für die Sommermonate mit der Aussaat von Lauch, Mitte März von Sellerie. Wenn Sie sich lieber fertig vorgezogene Jungpflanzen vom Gärtner besorgen wollen, ist das jedoch kein Makel. Die Lichtbedingungen auf der Fensterbank sind bis April noch recht dürftig. Vielleicht gefällt Ihnen ja dieser Kompromiss: Die Kohlrabi- und Kopfsalat-Jungpflanzen kaufen Sie beim Profi, Lauch und Sellerie ziehen Sie selber vor. Mitte März säen Sie zwei Reihen Spinat ins Beet, entweder per Saatband oder von Hand. Alle Gemüse dieses Beets ernten Sie im April und Mai.

AUSSAAT IN VARIATIONEN

Die Direktsaat ins Beet erfolgt in Reihen (→ Bild 2), weil man dazwischen gut hacken und Unkraut jäten kann. Bei Feldsalat nutzt man dagegen durch breitwürfige Aussaat (→ Bild 1) mehr Fläche. Einzelne Pflanzen lassen sich obendrein leichter ernten. Größere Samen sind gut zu dosieren und von Hand zu säen. Kleinere teilen Sie in Portionen ein und säen erst dünner aus. Nicht, dass ab der Hälfte der Reihe keine Samen mehr übrig sind! Bei Bedarf legen Sie noch nach. Sehr feine Samen mischen Sie mit Sand (→ Bild 3).

1

Günstige Pikiertöpfe

½ Längsseite Zeitungspapier 3x falten. Fest um ein Glas (5–6 cm Ø) wickeln. Unteren Rand zum Topfboden falten und das Glas herausnehmen.

1

Breitsaat

Feldsalatsamen verteilen Sie mit Schwung aus der Hand gleichmäßig auf der Beetfläche. Braucht etwas Übung!

2

Fertig zur Pflanzung

So sieht die ideale Jungpflanze aus (hier Sellerie): Sie hat viele saftiggrüne Laubblätter und einen gut durchwurzelten Erdballen.

2

Direktsaat in Reihen

Die Samen sollten mit 1–2 cm Abstand voneinander in die Saatrille fallen. Die Dosierung erst einmal mit „Samenprisen" probieren!

4

Vereinzeln der Sämlinge

Zu dicht stehende Pflanzen verziehen. Entstandene Löcher füllen und gut gießen, um keine Spalten für Gemüsefliegen zu hinterlassen.

3

Trick für feines Saatgut

Feine Samen (z.B. Sellerie, Möhren) lassen sich gleichmäßiger verteilen, wenn man sie mit Sand mischt. So sieht man auch, wo schon etwas auf der Erde liegt.

IM PORTRÄT ALLZEIT BEREIT

Manche Gemüse und Kräuter sind schon wenige Wochen nach der Aussaat erntereif, andere brauchen Monate. Im Beet ist das kein Manko. Denn bei raffinierter Mischung stehen die ganze Gartensaison über gesunde Vitamine zur Verfügung.

PASTINAKE

J F M A M J J A S O N D

Saattiefe 2 cm
Pflanzabstand 30 × 15 cm

Mittelzehrer
Familie: Doldenblütler

Dass Wurzelgemüse nicht gleich Wurzelgemüse ist, lässt sich an Pastinake gut belegen. Ihr milder, leicht süßlicher Geschmack war etwas in Vergessenheit geraten, feiert nun aber – zusammen mit verschiedenen Rüben und Wurzelpetersilie – ein wohlverdientes Comeback. Die Wurzeln enthalten wenig Nitrat, sind gut verdaulich und über Winter monatelang haltbar.

Die besten Pflegetipps: Vor der Aussaat oder Pflanzung den Boden tiefgründig auflockern oder mit einer Gründüngung verbessern. Während der ganzen Kulturzeit regelmäßig wässern, sodass die Erde auch in 20 cm Tiefe immer ausreichend feucht ist und sich die Wurzeln gut ausbilden können. Als Spätentwickler benötigt die Pastinake viel Zeit zum Keimen. Dazwischen gemischte Radieschen-Samen markieren die Reihen. Die Lücken der geernteten Radieschen verschaffen den Pastinaken-Sämlingen später den benötigten Platz. Ansonsten die Saatreihen ausreichend ausdünnen.

Erntetipps: Durch Frost werden die Wurzeln geschmackvoller. Dennoch besteht bei Kultur über Winter die Gefahr, dass sie in feucht-nassem Boden faulen.

Gute Partner: Radieschen, Salat, Sellerie, Spinat, Zwiebeln.

Gute Sorten: 'Aromata'; für schwere Böden: 'Halblange Weiße', 'White King'; schmale Form: 'Arrow'.

KERBEL

J F M A M J J A S O N D

Saattiefe 1 - 2 cm
Pflanzabstand 15 - 20 × 2 - 5 cm

Schwachzehrer
Familie: Doldenblütler

Kerbel wächst schnell, verfeinert Suppen, Dips und Salate und hilft bei der Entschlackung. Und er macht sich nützlich im Beet: als Schreck für Blattläuse und Schnecken.

Die besten Pflegetipps: Der Lichtkeimer wird bei der Aussaat nur hauchfein mit Erde bedeckt und büschelweise ausgesät. Kühle Temperaturen und wenig Sonne machen Kerbel wenig aus, Hauptsache, die Erde ist feucht und humos. Düngung ist nicht erforderlich.

Erntetipps: Nicht zu tief an der Basis schneiden, dann treibt Kerbel noch mal aus. Nach der Blüte nicht mehr ernten, dann werden die Blätter hart.

Gute Partner: Radieschen, Salat, Rettich, Zwiebel.

Gute Sorten: 'Verena', 'Massa'; glatte Blätter: 'Commun'; krause Blätter: 'Fijne Krul'.

= Anzucht = Aussaat = Pflanzung = Ernte

KOPFSALAT

J F M A M J J A S O N D

Saattiefe 1 cm
Pflanzabstand 30 × 30 cm

Mittelzehrer
Familie: Korbblütler

Kein Beet ohne die dichtblättrigen Köpfe des Kopfsalates! Zwar sind die Blätter auch bei Schnecken beliebt, aber diese schreckt z. B. Kerbel als treuer Begleiter ab. Als Langtagspflanze blüht Kopfsalat im Hochsommer. Früh gepflanzte Köpfe sind aber schon vorher erntereif, sodass es nicht zum Schossen kommt.

Die besten Pflegetipps: Kopfsalat ist sehr kältetolerant, kann also bereits früh im Freiland ausgesät werden. Bei Nachtfrösten mit Vlies abdecken. Wer vorgezogene Pflanzen setzt, sollte darauf achten, diese nicht zu tief einzupflanzen. Das Herz sollte aus der Erde schauen. Salat will „flattern", sagen die Gärtner. Boden gleichmäßig feucht halten, sonst schossen die Pflanzen als Stressreaktion zu schnell und die Blätter werden hart und bitter. Eine Nachdüngung ist nicht nötig. Reihen regelmäßig zum Boden lockern durchhacken und dabei Unkrautaufwuchs entfernen.

Erntetipps: Vor der Blütenbildung ernten, am besten früh am Morgen und noch im Lauf des Tages zubereiten. Für die Samenernte können einige Köpfe stehen bleiben.

Gute Partner: Radieschen, Möhre, langsamwachsende Kulturen wie Wurzelgemüse oder Kohl, Lauch, Zwiebel.

Gute Sorten: 'Murielle', 'Briweri'; schossfest: 'Ovation', 'Dynamite', 'Maikönig'.

LAUCH

J F M A M J J A S O N D

Saattiefe 2 cm
Pflanzabstand 30 × 15 cm

Starkzehrer
Familie: Zwiebelgewächse

Lauch macht unbesiegbar. Das zumindest glaubten früher die germanischen Krieger. Nachweislich sind seine Inhaltsstoffe sehr gesund und wirken antibakteriell.

Die besten Pflegetipps: In tiefgründigen, lockeren, humosen und nährstoffreichen Boden säen oder pflanzen. Anzucht ist empfehlenswert, um Zeit zu sparen. Etwa 7 cm tief auspflanzen, damit er standfest ist, im Hochsommer anhäufeln, damit die Schäfte weiß bleiben. Jungpflanzen mit Kompost düngen und Boden gleichmäßig feucht halten (Mulchen!).

Erntetipps: Pflanzen mit der Grabegabel im Boden lockern und vorsichtig aus der Erde ziehen.

Gute Partner: Sellerie, Kopfsalat, Möhre, Kohl.

Gute Sorten: Sommerkultur: 'Früher Sommer', 'Prinz' (→ Bild).

SELLERIE

J F M A M J J A S O N D

Saattiefe 0,5 cm
Pflanzabstand 40 × 30 cm

Starkzehrer
Familie: Doldenblütler

Je nach Sorte wird unterschieden in Knollen- und Staudensellerie (Bleichsellerie).

Die besten Pflegetipps: Jungpflanzen nicht zu tief in lockere, tiefgründige Erde pflanzen; mehrmals mit Kompost düngen; junge Knollen halb freilegen, um das Wachstum anzuregen; kaliumreich düngen, z. B. mit Holzasche, Beinwelljauche oder mit Beinwell bzw. Farnlaub mulchen.

Erntetipps: Knollen vor dem ersten Frost ernten und bei Bedarf ungewaschen im kühlen Keller einlagern.

Gute Partner: Lauch, Salat, Spinat, Zwiebel, Kohl.

Gute Sorten: 'Monarch', 'Ibis'.

= Sonne = Halbschatten = frostempfindlich = Topfkultur möglich

DIE TOP-FAVORITEN: TOMATEN PFLANZEN

Wirklich erstaunlich, was eine einzige Tomatenpflanze an Früchten hervorbringen kann! Sie wuchert förmlich mit ihren Pfunden. Wer die richtigen Kniffe kennt, kann diesen Wachstumsdrang im Selbstversorgergarten gewinnbringend nutzen.

Beste Bedingungen sind das A & O

Aller Anfang ist leicht, denn Tomatensamen keimen bei Zimmertemperatur auf der hellen Fensterbank in feuchter Aussaaterde problemlos und wachsen in ca. 4–6 Wochen zu kräftigen Sämlingen heran (Memo Anzucht → Seite 124/125). Vorher haben Sie noch die Qual der Sortenwahl, denn aus der großen Vielfalt an Fleisch-, Busch- oder Cocktailtomaten die persönlichen Favoriten auszuwählen, kann dauern. Viel falsch machen können Sie dabei aber auch nicht, wenn das Saatgut bestimmte Kriterien erfüllt. Wichtig ist, dass es sich um robuste Sorten handelt, die wenig krankheitsanfällig sind z. B. gegen die berüchtigte Braun- oder Krautfäule – eine Pilzinfektion, die besonders Nachtschattengewächse wie Tomate befällt und in kurzer Zeit die ganze Pflanze hinwegraffen kann. Samenfeste Sorten (Mehr wissen: Sorten → Seite 148/149), die Resistenzen dagegen zeigen, sind hier optimal. Sie haben den Vorteil, dass sie diese Eigenschaften an ihre Nachkommen weitervererben. Das bedeutet, dass sich – anders als bei den F_1-Hybriden – aus ihrem Samen wieder neue Pflanzen ziehen lassen und Sie sich nicht jedes Jahr wieder neues Saatgut kaufen müssen.

> *Die Jungpflanzen bis kurz unter den ersten Blattansatz in die Erde setzen. Das fördert die Wurzelbildung.*

Je früher, desto besser

Beginnen Sie mit der Aussaat schon etwa Mitte Februar, damit die kälteempfindlichen Pflanzen einen Wachstumsvorsprung haben, wenn sie im Mai nach den Eisheiligen ins Freiland umziehen. Umso eher blühen sie nämlich und bilden erste Früchte. Die Zeit will schließlich gut genutzt sein, denn die hiesigen Sommer sind für Tomaten eigentlich zu kurz und wenn Sie Pech haben, kalt und verregnet. Um trotzdem einen guten Ertrag zu erzielen, bereiten Sie Ihren Tomatenpflanzen den Himmel auf Erden, sprich: Verwöhnen Sie sie nach allen Regeln der Kunst. Und das geht so:

Das Rundum-sorglos-Paket

Tomaten sind Starkzehrer, pflanzen Sie sie deshalb immer in nährstoffreiches Substrat. Im Beet reichern Sie dafür die Gartenerde mit Kompost an; für die Topfkultur verwenden Sie z. B. eine spezielle Gemüse-Pflanzerde. Außerdem sollten Sie etwa alle sechs Wochen nachdüngen, z. B. mit einem organischen Langzeitdünger. Sehr wichtig ist auch, die Pflanzen gleichmäßig feucht zu halten. Tomaten benötigen viel Wasser, um saftige, aromatische Früchte zu bilden. Bekommen sie zu viel Regen ab, besteht die Gefahr, dass die Früchte platzen. Optimal ist deshalb eine ausgeglichene Wasserversorgung, bei der auch tiefere Bodenschichten immer leicht feucht bleiben. Dies erreichen Sie mit gezieltem Wässern im Wurzelbereich, also nicht über die ganze Pflanze, sondern ohne Tülle, direkt auf die Erde. So werden auch Pilzinfektionen vermieden, die auftreten können, wenn Blätter und Früchte im Regen stehen oder beim Gießen benetzt werden. Hilfreich ist ein in der Erde steckender „Trichter" für das Gießwasser, z. B. ein leerer, zu zwei Dritteln in die Erde eingegrabener Pflanztopf aus Ton, über dessen Loch im Boden das Wasser direkt bei den Wurzeln ankommt. Wenn Sie nicht regelmäßig zum Wässern kommen, ist eine automatische Gießhilfe sinnvoll. Das muss kein teures Gerät sein, zwei bis drei mit Wasser gefüllte Flaschen mit engem Flaschenhals, die kopfüber in der Erde

→ Gießen Sie frühmorgens. In kühler Erde ertragen die Wurzeln kaltes Wasser besser.

stecken, tun es auch. Daraus sickert das Wasser nach und nach in die Erde, je nach Sogwirkung der Wurzeln. Vor Regen geschützt stehen die Pflanzen unter einem Dachvorsprung oder einem Unterstand aus Kunststoffplanen. Achten Sie aber darauf, dass darunter die Luft noch ausreichend zirkulieren kann.

› *Unter einem schützenden Dach bleiben Blätter und Früchte bei Regen trocken und gesund.*

› *Zur Zeit der Fruchtreife stutzen Spiralstäbe die sonst unter dem Gewicht leicht abknickenden Triebe von Stabtomaten.*

Blüten statt Blätter

An einem sonnigen warmen Platz, ausreichend versorgt mit Nährstoffen und Wasser, wachsen die Jungpflanzen schnell heran. Praktischerweise sind Tomaten Selbstbefruchter, ihre Blüten benötigen also nicht zwingend Hummeln für die Bestäubung, obwohl die darauf spezialisiert sind. Das übernimmt auch der Wind oder im Gewächshaus Sie! Durch leichtes Schütteln der Blütentriebe werden die zwittrigen Blüten ebenfalls befruchtet. Bei Stabtomaten sollten Sie Seitentriebe in den Blattachseln entfernen. Dieses sogenannte Entgeizen geschieht zugunsten der Fruchtbildung, weil die Pflanze ihre Kraft nicht unnötig in die Bildung von immer mehr Blättern steckt. Bei Buschtomaten entfällt dies aufgrund der von vornherein verzweigten Wuchsform. Ab Mitte August läuft die Zeit. Neue Blüten werden voraussichtlich keine reifen Früchte mehr bilden. Auch wenn's schwerfällt: Es ist dann besser, die Blütentriebe zu kappen, um die Kraft in das Ausreifen bereits vorhandener, noch grüner Früchte zu lenken. Ende September werden die Triebe abgeschnitten, an denen sich noch unreife Früchte befinden. Sie können an einem dunklen warmen Ort im Haus nachreifen.

Der Obstgarten im Frühling

Im ersten Jahr sind vor allem Gehölze erst einmal damit beschäftigt einzuwachsen. Daher brauchen sie in Sachen Pflege ein bisschen Aufmerksamkeit. Diese Fürsorge wird in Zukunft reichlich Früchte tragen!

Spannende Zeiten: Bald brechen die ersten Blütenknospen auf!

Erwarten Sie von Ihren Obstgewächsen im ersten Jahr nicht zu viel. Bei Erdbeeren und Himbeeren werden Sie etwas ernten können. Vielleicht auch ein paar Johannis- oder Stachelbeeren. Eventuell angesetzte Baumfrüchte jedoch sollten Sie zugunsten der Gehölze entfernen: Diese brauchen ihre ganze Kraft zum Einwachsen.

Auch, wenn's wehtut: Schneiden Sie die Fruchtansätze der Obstbäume in den ersten Jahren weg. Die Gehölze brauchen ihre ganze Kraft, um gut anzuwachsen.

Die Pflege der Obstgehölze geht weiter

Bei Bäumen und Sträuchern achten Sie weiter darauf, dass der Boden leicht feucht bleibt. Kontrollieren Sie zudem alle paar Wochen, ob die Anbindschlaufe zum Stützpfahl am Stamm scheuert bzw. noch fest genug sitzt. Rückt die Blütezeit der Bäume näher, räumen Sie die Mulchdecke von der Baumscheibe ab (→ Bild o.): Einerseits strahlt sie gespeicherte Sonnenwärme nach oben ab. Das bringt die Knospen in Schwung. Andererseits isoliert sie den Wurzelraum, der somit kälter bleibt. Nachts kann also keine Wärme nach oben abgehen. Bei Spätfrösten wird das bereits geöffneten Blüten leicht zum Verhängnis. Von März bis Mitte Mai lassen Sie die Baumscheibe also frei von Mulch. Das gilt übrigens für jedes Jahr. Bei Beerensträuchern bleibt die Mulchdecke dagegen liegen bzw., falls nötig, wird sie erneuert. Empfehlenswert dafür ist eine Mischung aus grobem Kompostmaterial und gehäckseltem Strauchschnitt. Fällt der erste Rasenschnitt an, lassen Sie ihn trocknen und mischen ihn unter die Mulchschicht. Haben Sie beim Kauf auf robuste und gesunde Sorten

Mit der Forsythienblüte machen Sie die Baumscheibe der Obstbäume frei. Dabei die Anbindschlaufe überprüfen!

geachtet **(Mehr wissen: Sorten → Seite 148/149; Memo: Porträts → Seite 106/107)**? Viele Stachelbeeren und Schwarze Johannisbeeren sind anfällig für Mehltau. Wenn nicht – oder wenn Sie noch ältere Sträucher im Garten haben – können Sie mit einem Quäntchen Durchhaltevermögen dennoch gut gegen die Pilzkrankheit ansteuern: Dafür spritzen Sie die Gehölze ab dem Knospenschwellen alle 14 Tage mit Schachtelhalmbrühe **(Memo: Jauchen & Brühen → Seite 82/83)**. Das macht stark und widerstandsfähig.
Sollten Sie am frischen Laub der Roten oder Weißen Johannisbeere auf der Oberseite blasige, rötliche Gebilde finden, ist die Johannisbeerblasenlaus am Werk. Wahrscheinlich ist der Befall an den jungen Pflanzen noch nicht groß. Daher entsorgen Sie einfach nur die einzelnen, davon betroffenen Blätter.

Wenn Erdbeeren durchstarten

Auf die ersten Früchte der im Sommer gepflanzten Erdbeeren können Sie sich jetzt schon freuen: Je nach Sorte ist es etwa ab Mitte Mai schon Zeit für die Ernte. Bis dahin achten Sie auf die Wettervorhersage: Werden Spätfröste erwartet, schützen Sie die Pflanzen mit einem Gärtnervlies. In wärmeren Perioden putzen Sie braune und vertrocknete Blätter aus. Vorsichtig: Nicht, dass Sie die noch nicht sonderlich festgewachsenen Pflanzen aus der Erde heben!
Sobald die Erdbeeren im Frühling anfangen, Blütenstände zu bilden, ist es besonders wichtig, für eine gute und gleichmäßige Bodenfeuchtigkeit zu sorgen. Erst nach der Blüte wird der Wasserbedarf wieder geringer. Eine Mulchdecke ist bei Erdbeeren immer gut. Während der Blüte unterlegt man die Pflanzen am besten mit Stroh, Holzwolle oder Schilfhäcksel. Zum einen bleiben die Früchte dann sauber, weil bei Niederschlägen keine Erde daran spritzen kann. Zum anderen verleiden Sie dadurch Schnecken den Weg zu den auch bei ihnen sehr begehrten süßen Früchten.

Rhabarber nimmt eine Sonderstellung ein

Genau genommen zählt Rhabarber zu den Gemüsearten: Nicht seine Früchte werden genutzt, sondern die Blattstiele. Als mehrjährige Pflanze – und weil er oft als Obst angesehen und in der Küche wie Obst verarbeitet wird – reiht dieses Buch ihn in die Obstkapitel ein. Im ersten Standjahr achten Sie besonders darauf, die Pflanzstelle von Unkraut und Gräsern frei und den

› *Brechen Sie die Blüten des Rharbarbers mitsamt ihrem ganzen Stängel aus: Sie kosten die Pflanze zu viel Kraft.*

Boden feucht zu halten. Vorteilhaft wirkt sich eine Dauermulchdecke aus grobem Kompostmaterial aus. Warten Sie mit der ersten Ernte bis zum zweiten Standjahr, und gönnen Sie sich dann nur ein paar Stiele. Die Blüten dagegen brechen Sie zügig aus, sobald diese sich blicken lassen (→ Bild o.).

WAS TUN, WENN … ?

…Gras oder andere Pflanzen auf der Baumscheibe einwachsen?

IN DEN ERSTEN JAHREN FREIHALTEN!
Junge Bäume leiden ganz besonders unter der Konkurrenz durch Bewuchs auf der Pflanzstelle. Halten Sie die Baumscheibe mit 1–2 m Durchmesser daher mindestens fünf Jahre per Hand frei. Klein bleibende Bäume brauchen das sogar ihr ganzes Leben lang.

Terrasse & Balkon für Fortgeschrittene

Flott wachsende Kräuter, exotische Genüsse mit Ausdauerpotenzial – unter bestimmten Voraussetzungen hat der Topfgarten auch anspruchsvolleren Selbstversorgern etwas zu bieten. Entdecken Sie die Möglichkeiten!

> *Die Lampionblume (Physalis alkekengi) ist eine winterharte Verwandte der Andenbeere. Ihre Früchte gelten in kleinen Mengen als essbar, sind aber sauer bis bitter.*

Inspirationen für den Topfgarten

Zugegeben: Basilikum und Tomaten sind für Einsteiger kleine Herausforderungen. Aber so begehrt, dass Sie im ersten Selbstversorgerjahr nicht darauf verzichten sollten. Und wenn Sie diese beiden gut über die Saison gebracht haben, dann gelingt Ihnen das mit den hier vorgestellten, etwas kniffligeren Arten auch!

Von Spätzündern und Strohfeuern

Eigentlich ist die Kultur von einjährigen Kräutern, wie **Blattkoriander**, **Rucola** und **Kerbel**, kein Problem: Sie keimen flott und wachsen schnell. Allerdings muss man sie dann auch zügig ernten, denn sie gehen ruck, zuck in die Blüte. Mit anderen Worten: Wenn Sie eine dieser Arten über einen längeren Zeitraum stets zur Verfügung haben möchten, müssen Sie alle drei, vier Wochen nachsäen. Verwenden Sie Töpfe mit 18–20 cm Durchmesser und legen Sie die Samen mit 1–2 cm Abstand voneinander aus. Bis April am besten bei Zimmertemperatur aufstellen. Denken Sie daran, die Pflanzen erst einige Tage hintereinander im Schatten an die Bedingungen im Freien zu gewöhnen, bevor Sie sie an den gewünschten Platz stellen.
Gewürzfenchel mit seinem leichten Anisaroma und **Topfdill** gehören ebenfalls in diese Kategorie. Allerdings können sie mit der Keimung bis zu vier Wochen auf sich warten lassen. Fenchel wird zudem bis 100 cm hoch. Für den Topf ist er also nur zu empfehlen, wenn Sie das Laub wie Dill frisch verwenden möchten. Haben Sie es eher auf die Fenchelfrüchte (Samen) abgesehen, säen Sie dieses Kraut besser ins Beet.

Mehrjährige Kräuter als Dauergäste

Haben Sie im ersten Selbstversorgerjahr bei den mediterranen Kräutern **Rosmarin** vermisst? Er ist die frostempfindlichste Art dieser Gruppe und kommt nur im Weinbauklima draußen über die meisten Winter. Empfehlenswerter ist die Kultur im Kübel. Dann können Sie diesen über die kalte Jahreszeit an einen hellen, frostfreien Ort stellen. Besorgen Sie sich erst ab April/Mai eine Pflanze. Sollte deren Wurzelballen bereits gut durchgewachsen sein, topfen Sie sie in den nächstgrößeren Topf. Verwenden Sie dafür spezielle Kräutererde: Auch Rosmarin zieht nährstoffarme Substrate vor, die immer leicht feucht gehalten werden sollten. Ein sonniger Platz ist selbstverständlich. Für den Fall, dass das Kraut in einem Gewächshaus vorkultiviert wurde, sollten Sie es erst abhärten! Relativ neu und sehr beliebt sind zwei weitere mehrjährige, aber

Echte genetische Zwerg-Obstbäume, wie dieser Apfel, wachsen sehr langsam und brauchen daher kaum Schnitt.

nicht winterharte Würzpflanzen: **Strauch-Basilikum** und **Stevia**, das Süßkraut. Für sie gelten ähnliche Kulturtipps wie für Rosmarin (→ Porträts Seite 136/137). Allerdings sind sie noch frostempfindlicher: Strauch-Basilikum möchte hell bei um die 10 °C, Stevia zimmerwarm überwintert werden. Vor dem Kauf ist es daher ratsam, sich zu überlegen, ob man ein geeignetes Winterquartier anbieten kann. Oder Sie sehen es locker und kaufen diese (oder andere) Kräuter im kommenden Jahr einfach wieder neu.

Obstzwerge für die Topfkultur

Neu ist die Idee, **Obstbäume** im Kübel zu kultivieren, nicht: Im 18. Jahrhundert besaß der deutsche Adel Hunderte von Apfel-, Birnen- und einigen Pfirsichsorten im Miniformat. Sie kamen beispielsweise bei Festmalen auf den Tisch, damit die Gäste sich ihren Nachtisch selber pflücken konnten. Mit den kleinen Gärten kommen nun seit einigen Jahrzehnten auch Obstarten für die Topfkultur zurück.

- Es gibt Sorten mit geerbtem Zwergwuchs (Apfel, Birne, Nektarine, Sauerkirsche und Pfirsich), die man nicht durch bonsaiartigen Schnitt klein halten muss.
- Andere wiederum machen sich als Säulenformen richtig schlank. Neben Äpfeln werden auch Kirschen und sogar Brombeeren angeboten. Für letztere verwendet man stachellose, aufrechtwachsende Sorten, die an eine Stütze aufgebunden werden.

Eine nennenswerte Ernte können Sie von diesen Minis vor allem bei großfrüchtigen Arten natürlich nicht erwarten. Die Apfelsorte 'Delgrina' (→ Porträts Seite 138/139) ist zwar mit ihrer Endgröße von knapp zwei Meter keine richtige Zwergin mehr. In den ersten zwei, drei Jahren reicht ihr ein 30-l-Topf – wie den anderen Zwergobst-Arten auch. Damit bleibt sie noch recht handlich und trägt nach einigen Jahren so viele sehr leckere Frühäpfel, dass ihre Pflege richtig Spaß macht. Für diese Kulturen lohnt sich die Investition in eine hochwertige Kübelpflanzenerde. Sie behält auch über einige Jahre ihre stabile Struktur.

Der Geschmack der großen, weiten Welt

Ähnlich wie bei Tomaten läuft die Topfkultur von **Andenbeeren**. Sie wird je nach Sorte 50–200 cm groß. Das Gewächs ist hinsichtlich Nährstoffe und Wasserversorgung nicht sehr anspruchsvoll und eignet sich daher prima für den Kübel. Bei stets feuchter (nicht nasser) Erde und entsprechend großen Gefäßen fällt allerdings die Ernte höher aus. Niedrige Sorten brauchen Töpfe mit mindestens 5 l Volumen. Bis Anfang April können Sie Andenbeeren aussäen (→ Porträts Seite 138/139) oder im Mai eine Jungpflanze kaufen. Um Zitrusfrüchte ernten zu können, braucht man schon ein ziemlich gutes Händchen. Ganz abgesehen davon, dass eine große Ernte nur von großen Pflanzen zu erwarten ist. Die **Kaffir-Limette** dagegen lohnt sich schon eher: Ihre Blätter verleihen thailändischen Gerichten eine frische Zitrusnote. Die Früchte sind zwar saftarm, können aber in Schmorgerichten mitkochen. Die Pflanze steht gern sonnig und hell, im Winter hell bei Temperaturen von mindestens 15 °C.

Manche Kräuter ernten Sie schon nach 4–6 Wochen. Für regelmäßigen Genuss muss man sie aber ständig nachsäen.

IM PORTRÄT KRÄUTER IN TOPFKULTUR

Wärmeliebende Kräuter müssen hierzulande kein unerfüllter Traum bleiben, nur weil die Pflanzen frostempfindlich sind. Erstens können sie notfalls im Haus überwintern und zweitens gibt es auch robuste Sorten.

GEWÜRZFENCHEL

J F M A M J J A S O N D

Saattiefe 1 cm
Pflanzabstand 30 x 30 cm

Starkzehrer
Familie: Doldenblütler

Mit seinem Anisaroma und seiner magenberuhigenden Wirkung ist Gewürzfenchel eine markante Zutat in Backwaren, Fischgerichten und Tees.
Die besten Pflegetipps: Außer einem warmen trockenen Standort braucht die mehrjährige Pflanze regelmäßig eine Portion Dünger.
Erntetipps: Samen, sobald die Blütenstände braun werden, frisches Kraut den ganzen Frühling über bis August.
Gute Partner: Salat, Salbei, Tomate.

BLATTKORIANDER

J F M A M J J A S O N D

Saattiefe 1 cm, Pflanzabstand 20 x 30 cm

Schwachzehrer
Familie: Doldenblütler

Der schnellwüchsige Koriander ist nicht jedermanns Geschmack, aber in der Asia-und auch in der Weihnachtsküche nahezu unverzichtbar. Mehrmaliges Nachsäen sichert den Bedarf über Sommer.
Die besten Pflegetipps: Kalkhaltiger, durchlässiger, warmer Boden; ab und zu düngen; an sonnigem Standort besser die Samen ernten, an schattigem Standort die Blätter.
Erntetipps: Frisches Kraut und zarte Blättchen vor der Blütezeit.

STRAUCH-BASILIKUM

J F M A M J J A S O N D

Saattiefe 0,5 cm
Pflanzabstand 50 x 50 cm

Mittelzehrer
Familie: Lippenblütler

Frisches Basilikum aus eigenem Anbau das ganze Jahr über zu genießen ist schon seit einiger Zeit mit mehrjährigen Sorten des beliebten Würzkrautes möglich. Es eignet sich aber nur für die Topfkultur, denn frosthart sind diese Arten und Sorten nicht.
Die besten Pflegetipps: Im lichten Schatten bleiben die violett gefärbten Blätter zart und aromatisch; um vorzeitiges Blühen (und damit das Verhärten der Blätter) zu verhindern, sollten die Triebe im Frühling mehrmals entspitzt werden; Wurzelballen gut feucht halten und regelmäßig düngen; hell und kühl bei 8–12 °C überwintern und gelegentlich gießen.

Erntetipps: Triebspitzen und Blätter einzeln pflücken, auch die Blüten sind essbar.
Gute Sorten: ‘Magic Blue’, ‘African Blue’ (→ Bild).

= Anzucht = Aussaat = Pflanzung = Ernte

RUCOLA

J F M A M J J A S O N D

Saattiefe 0,5–1 cm
Pflanzabstand 20 × 15 cm

Schwachzehrer

Familie: Kreuzblütler

Rucola ist die italienische Bezeichnung für einerseits die einjährig kultivierte Salatrauke (*Eruca*) mit leicht gebuchteten bis ganzrandigen Blättern sowie für die mehrjährige Wildrauke (*Diplotaxis*) mit stärker geschlitzten Blättern. Geschmacklich ist die Salatrauke vergleichsweise mild, die Wildrauke schmeckt dagegen durch die in höherer Konzentration enthaltenen Senföle intensiver und schärfer.

Die besten Pflegetipps: In durchlässiger, humoser Erde an einem sonnigen Platz kultivieren, Erde gut feucht halten, ansonsten gehen die Pflanzen schneller in die Blüte; für die Topfkultur bietet sich die Verwendung spezieller Kräutererde aus dem Fachhandel an; wegen der Gefahr zu hoher Nitratanreicherung nicht düngen.

Erntetipps: Laufend junge Blätter ernten, wenn sie ca. 10 cm lang sind. Bevorzugt am Nachmittag schneiden, dann ist der Nitratanteil in den Blättern geringer. Folgesaat alle 2–4 Wochen neu aussäen und die Pflanzen nicht blühen lassen (allenfalls, um Saatgut zu gewinnen). Mehrjährige Wildrauke lässt sich unter einem Vlies gut überwintern und auch ernten. Sie wächst in dieser Zeit aber nicht.

Gute Partner: Salat, Tomate, Möhre, Dill.

Gute Sorten: Einjährig: 'Toscana'; mehrjährig: 'Roma', Wilde Rauke.

STEVIA

J F M A M J J A S O N D

Saattiefe 0,5 cm
Pflanzabstand 25 × 25 cm

Mittelzehrer

Familie: Lippenblütler

Das mittelamerikanische Süßkraut enthält stark süßende Inhaltsstoffe und ist deshalb als Zuckerersatz in der gesunden Küche beliebt. Es hat einen leichten Lakritzgeschmack, der nicht jedem behagt. Seit einigen Jahren darf es in Europa als Nutzpflanze kultiviert werden.

Die besten Pflegetipps: Bei der Aussaat nicht bedecken (Lichtkeimer) und gut feucht halten; Sämlinge nach ca. 2 Wochen in einen Topf mit durchlässiger Erde umtopfen und an einen warmen, sonnigen Standort stellen; mäßig feucht halten und Staunässe vermeiden. Es ist möglich, Stevia im Haus an einem hellen Platz zu überwintern. In dieser Zeit nur mäßig gießen und nicht düngen.

Erntetipps: Blätter getrocknet oder frisch nach Bedarf pflücken; eignet sich für Kräutertees oder zu Pulver gemahlen in Süßspeisen.

ROSMARIN

J F M A M J J A S O N D

Saattiefe 0,5 cm
Pflanzabstand 40 × 35 cm

Mittelzehrer

Familie: Lippenblütler

Immergrüner Halbstrauch mit herbwürzigen nadeligen Blättern und kleinen lilafarbenen Blüten in den Blattachseln.

Die besten Pflegetipps: Topfkultur in durchlässiger, immer leicht feuchter Erde, keine Staunässe; an einen sonnigen Platz stellen und wenig kaliumhaltigen Dünger geben; hell und kühl im Haus überwintern, aber erst kurz vor dem ersten Frost reinholen. Ältere gut eingewurzelte Exemplare überstehen leichte Minusgrade im Beet mit einem Schutzvlies. Im Frühling zeitig wieder ins Freie räumen, dann aber vor Nacht- und Spätfrösten schützen.

Erntetipps: Einzelne Zweige nach Bedarf ernten; die nadeligen Blätter lassen sich gut trocknen, auch die Blüten sind essbar.

Gute Partner: Lavendel, Salbei, Schnittlauch.

Gute Sorten: 'Veitshöchheim', 'Rex', 'Majorcan Pink'.

= Sonne = Halbschatten = frostempfindlich = Topfkultur möglich

IM PORTRÄT TERRASSEN-OBST

Gehölze, die sich in ihren Ausmaßen in Grenzen halten, aber trotzdem eine reiche Ernte bieten, sind für kleine Gärten oder auch die Topfkultur sehr gut geeignet. Sie brauchen aber besondere Zuwendung.

ANDENBEERE

J F M A M J J A S O N D

Saattiefe 1 cm
Pflanzabstand 60 × 50 cm

Schwachzehrer

Familie: Nachtschattengewächse

An ihren lampionartigen Fruchthüllen ist die mit der Tomate verwandte Andenbeere sofort erkennbar. Die Pflanze ist mehrjährig, aber sehr frostempfindlich und wird hierzulande meist nur einjährig kultiviert.
Die besten Pflegetipps: Andenbeeren sind wärmebedürftig und brauchen einen sonnigen geschützten Platz; am besten Kübelpflanzenerde verwenden; feucht halten; an Stützstäbe binden.
Erntetipps: Pflücken, sobald sich die Früchte orange färben.

KAFFIR-LIMETTE

J F M A M J J A S O N D

Saattiefe 1 cm, Pflanzabstand 50 × 50 cm

Schwachzehrer

Familie: Zitrusgewächse

Dass Zitrusbäume in unserem Klima Früchte tragen, gelingt nicht immer. Braucht es aber auch nicht: Die Blätter der Kaffir-Limette sind als Limettenaroma genauso gut verwendbar.
Die besten Pflegetipps: Ganzjährig hell und warm halten, wenig gießen; keine Staunässe; im Frühling Zitrusdünger geben.
Erntetipps: Nach Bedarf pflücken und wie Lorbeerblätter verwenden. Zum Essen sind die Blätter zu zäh und zu bitter.

SÄULENKIRSCHE

J F M A M J J A S O N D

Pflanztiefe 50 cm
Pflanzabstand 1 × 1 m

Mittelzehrer

Familie: Rosengewächse

Säulenförmig wachsende Obstgehölze sind ideal für kleine Gärten und eignen sich auch für die Topfkultur. Die Früchte entwickeln sich dabei an kurzem Fruchtholz nah am Stamm, d. h. es gibt keine weit herausragenden Seitenäste, sodass die Pflanze in der Breite nur etwa 1 m Platz beansprucht und ca. 2–3 m hoch wird; die meisten Sorten sind selbstfruchtbar.
Die besten Pflegetipps: In einen dem Wurzelballen angemessen großen Kübel pflanzen; humusreiche Erde verwenden, der Sie vorher ein, zwei Handvoll Hornspäne und Kompost untermischen; Wurzelballen gut feucht halten; Standort sonnig bis halbschattig; Fruchtäste nach der Ernte auf 2–3 Augen zurückschneiden.

Gute Sorten: 'Maynard' (→ Bild), 'Stella', 'Victoria'.

= Anzucht = Aussaat = Pflanzung = Ernte

ZWERGAPFEL 'DELGRINA'

J F M A M J J A S O N D

Pflanztiefe 50 cm
Pflanzabstand 1 × 1 m

Starkzehrer

Familie: Rosengewächse

Zwergobstbäumchen sind entweder auf eine schwachwüchsige Wurzelunterlage veredelt oder bleiben von Natur aus klein (genetische Zwerge). Sie eignen sich daher besonders gut für Balkon, Terrassen oder Vorgarten. Der Zwergapfel 'Delgrina' ist sehr frosthart und resistent gegen Krankheiten wie Feuerbrand. Außerdem erträgt er auch Trockenheit relativ gut. Das Bäumchen wird ca. 1,8 m hoch und 1 m breit. Dieser Zwergapfel ist nicht selbstfruchtbar, sondern braucht Bestäubersorten wie 'Cox Orange', 'Klarapfel' und 'James Grieve'.
Die besten Pflegetipps: Gedeiht und trägt gut in der Sonne und im Halbschatten; in hochwertige Kübelpflanzenerde setzen und regelmäßig gießen. Die Topfgröße sollte etwa 30 l Erde fassen, je nach Größe des Wurzelballens; ein Formschnitt ist bei dieser Sorte nicht notwendig! Beim Auspflanzen im Garten sollte ein Stützpfahl angebracht werden.
Erntetipps: Seine sehr aromatischen süßsäuerlichen Früchte erreichen eine ganz normale Apfelgröße. Sie bleiben also wegen des verringerten Wuchses des Bäumchens nicht kleiner. Erntereif sind sie im September/Oktober. Die ersten Früchte entwickeln sich bereits im Pflanzjahr.
Mehr wissen: Bestäuber → Seite 148/149.

ZWERGPFIRSICH/-NEKTARINE

J F M A M J J A S O N D

Pflanztiefe 50 cm
Pflanzabstand 1 × 1 m

Mittelzehrer

Familie: Rosengewächse

Zwerg-Pfirsiche und -Nektarinen im Topf auf Balkon- und Terrasse sind echte Hingucker – nicht nur, wenn sie Früchte tragen, sondern auch während der Blüte. Ihr Plus: weitgehend frostfest und selbstfruchtbar, d. h. es sind keine Bestäubersorten in der Nähe nötig.
Die besten Pflegetipps: Nährstoffreiche, gleichbleibend feuchte und durchlässige Kübelpflanzenerde, ein sonniger und warmer, gut vor Wind und Wetter geschützter Standort. Gleichmäßig feucht halten, aber für gute Dränage sorgen und im Frühling nach dem Austrieb mit einem Langzeitdünger versorgen.
Erntetipps: Ab Mitte August ca. tennisballgroße Früchte ernten.
Gute Sorten: 'Mini Amber' (→ Bild).
Mehr wissen: Bestäuber → Seite 148/149.

SÄULENBROMBEERE

J F M A M J J A S O N D

Pflanztiefe 30 cm
Pflanzabstand 1 × 1 m

Mittelzehrer

Familie: Rosengewächse

Brombeeren für die Topfkultur haben viele gute Eigenschaften: Sie sind dornenlos, selbstfruchtend, robust und ihre Triebe beanspruchen in Säulenform an einem Stab gezogen wenig Platz.
Die besten Pflegetipps: Ein sonniger Standort oder ein Standort mit Nachmittagssonne und humose Erde reichen der Säulenbrombeere schon. Der Wasserbedarf ist gering; im Frühling etwas Beerendünger geben. Abgetragene Ruten im Herbst entfernen und junge, neu gebildete Triebe am Mittelstab aufbinden. Säulenbrombeeren werden ca. 1,8 m hoch. Rückschnitt der Triebe im Frühling auf die gewünschte Höhe und der Seitentriebe auf drei Augen.
Erntetipps: Einige Sorten reifen zwei Wochen früher als normale Brombeeren; pflücken, sobald die Früchte tief dunkelblau sind.
Gute Sorten: 'Nessy' (→ Bild), 'Navaho Big&Early'.

SOMMER

Selbstversorger sind jetzt wieder im Fluss: Ernte, Aussaat, Pflanzung, Pflege – alles passiert parallel. Ein tolles Gefühl! Auch, weil sich Ihre Erfahrung bemerkbar macht.

FRÜHSOMMER: MAI/JUNI

Etwa Mitte/Ende Mai kommen die letzten frühen Gemüse in die Küche und machen Platz für die länger dauernden Hauptkulturen. Nur die Pastinaken in Beet 4 bleiben stehen. Sobald die Reihen dafür frei werden, pflanzen Sie Kopfsalat und säen Mangold. Ende Mai/Anfang Juni ist Beet 5 für Lauch- und Sellerie-Jungpflanzen bereit.

HOCHSOMMER: JULI/AUGUST

Kopfsalat, Lauch und Sellerie mögen nicht, wenn es ihnen zu trocken um die Wurzeln wird. Kopfsalat reagiert darauf gerne mit einer Notfallaktion: Er schosst, um wenigstens ein paar Samen zu sichern. Sellerie und Lauch dagegen bleiben mickrig. Gerade jetzt möchten sie zulegen, brauchen dafür aber ausreichend Wasser. Und sicher auch noch einmal Nachschub an Nährstoffen. Im Obstgarten können Sie in dieser Zeit einiges an Beeren ernten.

SPÄTSOMMER: AUGUST

Im August beginnen Sie, den Topfgarten fit für die Überwinterung zu machen. Die Triebe frostempfindlicher Pflanzen sollten bis zum Einräumen ins Haus ausreifen können. Und wer nur wenig Platz als Winterquartier anbieten kann, bewurzelt Stecklinge: Die sind schön klein.

FRÜHSOMMER

Holunderblüte

HOCHSOMMER

Lindenblüte

SPÄTSOMMER

Reife der Frühäpfel

PRAXIS BEETE 4+5 IM SOMMER

Reihen frei für die zweite Runde! Bis Juni sind die Frühkulturen in die Küche gewandert. Ihren Platz nehmen nun Kopfsalat-, Lauch- sowie Sellerienachwuchs ein. Außerdem säen Sie Mangold aus.

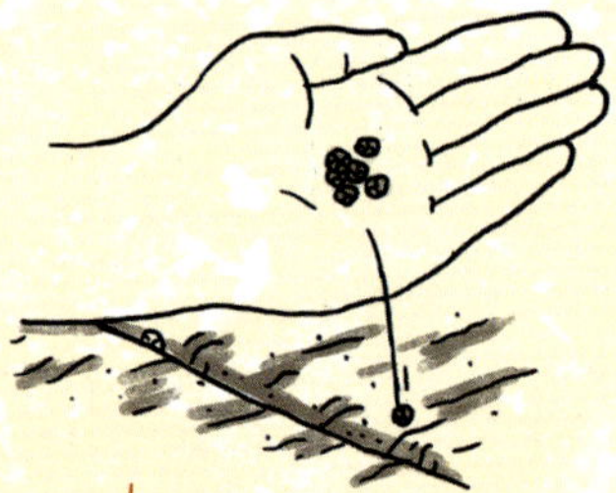

Mangold säen
Die großen Mangoldsamen lassen sich gut einzeln im Abstand von ca. 35 cm in der Reihe auslegen.

Bodenpflege
Nach Saat bzw. Pflanzung den Boden feucht halten, regelmäßig hacken und Unkraut beseitigen. Oder mulchen!

Was die regelmäßige Beetpflege betrifft, haben Sie ja nun schon reichlich Routine: den Wurzelraum der Gemüse gleichmäßig feucht halten, mulchen bzw. verkrustete Bodenoberfläche zügig auflockern, Unkraut hacken (→ Bild o.) sowie die Pflanzen auf Schädlinge oder Krankheiten kontrollieren. Daneben kommt aber das Erntevergnügen im Sommer nicht zu kurz!

Beet 4: Viel für die Salatschüssel!

Die Pastinaken in den äußeren Reihen wachsen weiter. Kontrollieren Sie, ob die Abstände der Pflänzchen ca. 15 cm betragen und ziehen Sie heraus, was zu eng steht. Nachdem der Pflücksalat in der Mittelreihe geerntet ist, säen Sie Mangold (→ Bild ganz o.). Radieschen und Kerbel (Reihe 2 + 4) machen Platz für Kopfsalat, den Sie in 30-cm-Abständen pflanzen.
Im Juni/Juli drücken Sie mit den Fingern auf die sich bildenden Köpfe. Wenn sie sich fest anfühlen, schneiden Sie die größten mit einem Messer direkt über der Erde ab. Das verschafft den kleineren Luft, sich weiter zu entwickeln. Wenn die Köpfe spitz werden, fängt Salat an zu schossen. Spätestens dann muss er schleunigst in die Küche. Zum Beginn des Hochsommers folgt der im April vorgezogene Endiviennachwuchs auf den Kopfsalat, ebenfalls in Pflanzabständen von 30 cm.

Beet 5: Bloß nicht frösteln lassen!

Lauch und Sellerie zählen zu den Arten, die im zweiten Jahr blühen **(Mehr wissen: Sorten → Seite 148/149)**. Wird es den Jungpflanzen zu kalt, schossen sie bereits im ersten, ohne großartig gewachsen, geschweige denn erntereif geworden zu sein. Eine Anzucht bei mindestens 16–18 °C mindert dieses Risiko. In Beet 5 liegt die Pflanzzeit Mitte Mai bzw. Anfang/Mitte Juni. Allein das bringt schon mehr Sicherheit, sodass selbst eine Schafskälte ohne unliebsame Folgen bleiben dürfte.
Die Hauptwachstumszeit für beide Gemüse liegt im Hochsommer. Dann bildet Sellerie seine Knollen aus, während Lauch in die Breite und in die Länge geht. Wenn Sie in dieser Phase für eine gute, gleichmäßige Bodenfeuchte sorgen, danken die Pflanzen es Ihnen mit höherem Erntegewicht. Achten Sie besonders bei Sellerie darauf, dass die Pflanzen selbst möglichst trocken bleiben. Das beugt Pilzkrankheiten vor.

TOLLES DUO: LAUCH & SELLERIE

Gegensätze ergänzen sich auf dem Gemüsebeet. Während Sellerie, wie Kopfsalat, bei der Pflanzung etwas „Bewegungsfreiheit“ braucht (→ Bild 1), muss Lauch tiefer in die Erde (→ Bild 1). Sellerie braucht Pflanzabstände von 30 cm in der Reihe, Lauch 15 cm. Im Juli/August legen Sie den oberen Teil der Sellerieknolle frei (→ Bild 2). Erde, die dabei anfällt, schieben Sie zum Lauch: Wenn er im August und September angehäufelt wird, bildet er schöne hohe weiße Schäfte.

2

Knollenbildung fördern

Im Hochsommer nehmen Sie die Erde um den oberen Teil der Sellerieknolle etwas weg. Die untersten Blätter vorsichtig abschneiden.

1

Sellerie richtig pflanzen

Pflanzen Sie Sellerie nur so tief, dass der Wurzelansatz gerade im Boden ist. Steckt er zu tief, bildet er nur Laub und keine Knollen aus.

3

Mit Farnlaub mulchen

Sellerie profitiert von Mulch aus Farn- oder Beinwelllaub. Halten Sie um die Knolle einen Abstand von 5 cm ein!

1

Lauch setzen

Setzen Sie die Lauchjungpflanzen ca. 7 cm tief. Das gibt ihnen den nötigen Halt.

2

Lauch anhäufeln

Im Hochsommer häufeln Sie die Pflanzen einmal an, damit sie lange weiße Schäfte bilden.

PRAXIS TIPP

EINE PRISE SALZ FÜR SELLERIE

Der wilde Urahn des Selleries wuchs nur auf salzhaltiger Erde: Er stammt von Meeresstränden. Die heutige Zuchtform ist an normale Gartenböden angepasst. Eine Erinnerung an früher mag sie dennoch: Sie gedeiht besser, wenn Sie im Juli zum Knollenwachstum für fünf Pflanzen 1 Teel. Meersalz auf 1 l Gießwasser geben.

DER OBSTGARTEN IM SOMMER

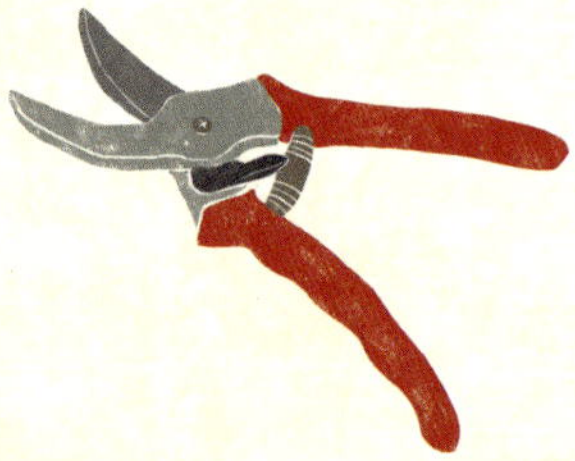

Während die erste Ernte an den Obstbäumen und -sträuchern in diesem Jahr leider noch ausfallen sollte, können Sie bei Erdbeeren schon fast aus dem Vollen schöpfen. Auch Sommer-Himbeeren haben bereits etwas zu bieten.

> *Manche Vögel, z. B. Meisen, sind eine super Schädlingspolizei. Anderen, wie Amsel und Rotschwanz, schmecken Johannisbeeren. Wenn's zu viel wird, schützt ein Netz.*

Geduld wird bei Obstgehölzen mit jahrelangem Erntespaß belohnt!

Frisch gepflanzte Bäume brauchen eine Chance, erst einmal gut einzuwachsen. Früchte heranreifen zu lassen würde ihre Kraft sehr beanspruchen. Deshalb sollten Sie diese in den ersten Jahren entfernen, sobald sie sich bilden. Trotzdem finden Sie hier schon einmal Hinweise zur Pflege für die Zeit, wenn die Bäume im besten „Tragealter" sind. Bei den Beerensträuchern gibt es vielleicht schon ein bisschen was zum Naschen. Dafür legen die Erdbeeren bereits in dieser Saison kräftig los. Und auf die zweite Ernte bei den Herbst-Himbeeren können Sie sich ebenfalls freuen. Die beginnt logischerweise, wie Sie längst wissen, erst im Herbst.

Erdbeeren – das etwas flottere Obst

Was für ein verheißungsvoller Anblick, wenn die ersten Erdbeerfrüchte anfangen, rot zu werden! Warten Sie ab, bis sie gut durchgefärbt sind. Dann haben sie das volle Aroma und die richtige Süße. Ernten Sie am besten morgens bei trockenem Wetter. Auch das ist zuträglich für den Geschmack. Pflücken Sie die Früchte mit ein bisschen Stiel. So läuft der Saft nicht aus und sie halten, falls nötig, bis zum nächsten Tag. Solange die Pflanzen Früchte tragen, gießen Sie sie nur bei anhaltender Trockenheit. Sonst „verwässert" der Geschmack.
Nach der Ernte können Sie außerdem noch Gutes für Ihre Erdbeerpflanzen tun, damit sie fit bleiben.

- Schneiden Sie alles Laub bis auf das Herz ab und entsorgen sie es. So beugen Sie Krankheiten vor und entfernen Stoffe, die das Wachstum hemmen.

WAS TUN, WENN … ?

… Tausendfüßler sich über die Erdbeerfrüchte hermachen?

WAS GEGEN GRAUSCHIMMEL HILFT…

… hilft auch gegen Tausendfüßler: Sie mögen keinen Stroh- oder Holzwollemulch. Zusätzlich ködern Sie die Tiere mit leicht ins Beet gesteckten Möhren- oder Kartoffelscheiben. So erwischen Sie auch Drahtwürmer, die sich gern in Erdbeerpflanzen bohren. Angenommene Köder regelmäßig entfernen.

- Arbeiten Sie Kompost (Memo: Kompost → Seite 80/81) oberflächlich in die Erde des Beets ein.
- Erdbeeren profitieren jetzt von einer Mulchdecke aus Beinwell- oder Farnlaub. Darin steckt viel Kalium, das die Zellen stärkt. Somit werden sie widerstandsfähiger gegen Krankheiten, Schädlinge und Frost. Außerdem verbessert es die Fruchtqualität.
- Im Hochsommer treiben Erdbeerpflanzen Ausläufer. Schneiden Sie diese regelmäßig ab, bevor sich kräftezehrende Tochterpflanzen daran entwickeln.

In zwei Jahren können Sie diese für die Vermehrung nutzen. Markieren Sie dann während der Blüte- und Reifezeit gesunde, reich tragende Mutterpflanzen mit einem Stab. Die erste Tochter, die sich an einer Ranke bildet, befestigen Sie mit einem Krampen oder Ähnlichem auf einem Töpfchen mit Aussaat- und Vermehrungserde. Halten Sie diese immer leicht feucht. Wenn der Nachwuchs Wurzeln bekommen hat, „nabeln" Sie ihn von der Ranke ab und pflanzen ihn ein.

Beerensträucher – ein paar Perlen zur Ernte

Was die Beerengehölze betrifft, sorgen Sie weiterhin für gute Startbedingungen. Auch das ist eine wichtige Investition in die Erntezukunft!

- Kontrollieren Sie die Pflanzen regelmäßig auf Schädlinge oder Krankheiten.
- Gießen Sie die Beerensträucher bei anhaltender Trockenheit (Memo: Gießen → Seite 76/77).
- Besonders Himbeeren sind für eine ständige Mulchdecke dankbar, weil sie die Erde gleichmäßig feucht hält und Unkraut unterdrückt.
- Schneiden Sie sowohl von Sommer- als auch von Herbst-Himbeeren schwache, diesjährige sowie kranke Triebe während der Blütezeit bodennah ab. Behalten Sie dabei möglichst die empfohlenen Pflanzabstände von 60 x 40 cm im Hinterkopf.
- Diesjährige Triebe von Sommer-Himbeeren, die im kommenden Jahr tragen sollen, binden Sie ans Spalier. Warten Sie damit aber, bis sie gut verholzt sind: Sie knicken bei Belastung sonst leicht ab.
- Hochgewachsene Ruten mit Früchten binden Sie noch einmal an, damit sie bei Wind nicht abbrechen.
- Sommer-Himbeeren ernten Sie, sobald sich die Früchte leicht von den Zapfen lösen. Pflücken Sie den Bestand regelmäßig durch.
- Schneiden Sie die Ruten der Sommer-Himbeeren nach der Ernte bis zum Boden zurück.

Junge Obstbäume bitte schonen

Für Apfel, Birne, Kirsche & Co. ist es jetzt noch wichtiger, sie beim „Ankommen" im Garten zu unterstützen. Bringen Sie auf der Baumscheibe rund um den Stamm wieder eine Mulchdecke auf und sorgen Sie dafür, dass keine Konkurrenz durch andere Pflanzen, sprich: Unkraut, aufkommen kann. Außerdem darf die Erde keineswegs austrocknen!

→ Der beste Schutz gegen Wildverbiss am Stamm: eine 1-1,2 m hohe Drahthose.

Wo noch keine Früchte wachsen, gibt's auch keine Obstmaden. Damit Sie diese unerwünschte „Beigabe" in Zukunft möglichst aus Kirsche, Apfel und Zwetschge heraushalten, beugen Sie am besten vor: Unterstützen Sie Gartenvögel durch Nisthilfen. Sie räumen unter den Schädlingen und ihren Überwinterungsstadien gründlich auf. Das ist hilfreicher als Obstmadenfanggürtel aus Wellpappe, die im Hochsommer um den Stamm befestigt werden. Sie sind zwar als Verpuppungsquartier beliebt. Aber dafür gibt es an der Rinde von Stamm und Zweigen noch genügend andere Möglichkeiten.

> *Hoch gewachsene bzw. neue Ruten von Sommer-Himbeeren binden Sie bei Bedarf am Spalierdraht auf.*

BALKON & TERRASSE: HOCHSAISON!

Topfgewächse brauchen extra Aufmerksamkeit. Diese danken sie Ihnen jedoch mit dem gewissen Extra an Exotik. Im Hochsommer starten Sie zudem – falls gewünscht – mit den Vorbereitungen für die Überwinterung.

1

Rosmarin vermehren

Schneiden Sie im Juli/August Triebspitzen ab, die nicht mehr ganz weich, aber auch nicht stark verholzt sind.

2

Steckling vorbereiten

Rupfen Sie die Blätter des unteren Triebspitzendrittels ab. Das Rindengewebe ist in der Lage, Wurzeln zu bilden.

3

In Anzuchterde stecken

Einen 10-cm-Topf mit Anzuchterde füllen und 5-6 Rosmarintriebe hineinstecken. Drücken Sie sie leicht an.

4

Vorsichtig angießen

Statt einer Ballbrause können Sie zum Wässern eine Flasche verwenden. Dosieren Sie die Tropfen mit dem Daumen.

5

Feuchtes Mikroklima

Eine transparente Haube über die Stecklinge stülpen, damit weniger Wasser verdunstet und sie nicht vertrocknen.

6

Nachwuchs umtopfen

Nach ca. vier Wochen haben sich Wurzeln gebildet. Die Stecklinge in 8-cm-Töpfe mit Kräutererde umsetzen.

Im Frühling und in kühlen Sommern sind Balkon- und Terrasse ideale Standorte für empfindliche Kräuter und Obstgehölze. Wenn es richtig heiß wird, kann es dagegen eine kleine Herausforderung werden, mit dem Gießen nachzukommen. Die Luft fällt hier trockener aus, und die Wände strahlen zusätzlich Wärme ab. Ein Paradies für Spinnmilben! Da die Pflanzen jedoch sehr nah am Wohnbereich stehen, ist es kein allzu großer Aufwand, öfter nachzuschauen, ob ihnen etwas fehlt.

Hunger und Durst stillen

Achten Sie besonders während Hitzeperioden darauf, dass die Erde in den Töpfen nicht austrocknet. An windigen Tagen muss die Gießkanne zuweilen sogar zweimal für Nachschub sorgen. Die weitere Pflege:

- **Rosmarin und Strauch-Basilikum** bleiben gut in Form, wenn Sie bei der Ernte störende Triebe abschneiden. Während Rosmarin nur wenig bis gar keinen Dünger braucht, geben Sie Strauch-Basilikum entweder Langzeitdünger nach den Herstellerangaben oder alle 4–6 Wochen eine Gabe Flüssigdünger.
- Bei **Stevia** bevorzugen Sie für die Küche ältere Blätter, die mehr Inhaltsstoffe enthalten. Frisch oder getrocknet verwenden. Schneiden Sie die Pflanze gelegentlich zurück, damit sie besser verzweigt. Düngen brauchen Sie die genügsame Pflanze nicht extra.
- **Kaffir-Limetten** mögen, wie alle Zitrusgewächse, kalkarmes Gießwasser und einen auf sie abgestimmten Dünger. Frische Blätter zum Würzen zupfen Sie nach Bedarf so von der Pflanze, dass es nicht auffällt.
- **Andenbeeren** düngen Sie wie Tomaten (→ Seite 74).
- **Brombeeren**, die bei der Pflanzung Langzeitdünger erhalten haben, brauchen keinen Nachschub. Die Früchte ernten Sie, wenn diese sich leicht lösen. Lang gewordene Triebe binden Sie bei Bedarf an.

Spätsommerpflege für Überwinterer

Stecklinge zu bewurzeln (→ Bild ❶–❻) ist eine Art, Pflanzen wie Rosmarin, Strauch-Basilikum oder Andenbeere zu vermehren. Aber auch eine geschickte Technik, diese Gewächse in der „verkleinerten" Form zu überwintern, wenn Sie nur wenig geeigneten Platz dafür haben. Wenn Sie Rosmarin, Strauch-Basilikum, Kaffir-Limette und/oder Andenbeere im Haus über die kalte Jahreszeit bringen möchten, geben Sie ihnen ab August keinen Dünger mehr. So reifen ihre Triebe aus, und sie werden widerstandsfähiger gegen Krankheiten und Schädlinge.

> *Immerhin: Zwergkirschen mit Fruchtbehang geben ein Schmuckstück für die Terrasse ab, das im Frühling blüht und im Sommer etwas zum Naschen bietet. Im Frühling frisch eingetopfte Exemplare brauchen im Juni noch einmal eine Portion Obst-Langzeitdünger.*

PRAXIS TIPP

Die Bewurzelung in Vermehrungserde scheint heikel. Ist sie aber nicht!

BEWURZELUNG IM WASSERGLAS?
Man sollte meinen, dass Stecklinge im Wasserglas bessere Chancen haben, Wurzeln zu treiben. Bei Arten mit saftigeren Stielen, wie Strauch-Basilikum und Andenbeere, kann das sogar klappen. Doch das Umsetzen in Erde ist für die „Wasserwurzeln" ein Schock. In Vermehrungserde dagegen wachsen Stecklinge zügig weiter.

PASSENDE SORTEN FÜR BESTE ERFOLGE

Einmal eine Riesenernte oder immer wieder etwas für die Küche, Vorbeugung gegen Schädlinge und Krankheiten, Anbau zu bestimmten Jahreszeiten, gute Qualität – oft kommt es auf die Sorte an, wenn sich Ihre Erwartungen erfüllen sollen.

Bestimmt ist Ihnen aufgefallen, dass in diesem Buch immer wieder einmal darauf hingewiesen wurde, dass Sie auf Sorten mit bestimmten Eigenschaften achten sollen. Die Gründe dafür sind vielfältig: Obst und Gemüse lassen sich auch hier nicht über einen Kamm scheren. Sie haben ihre Lebensweise an die herrschenden Bedingungen angepasst.

Wenn die Gemüseernte in die Jugendphase fällt

Salat, Spinat und andere Gemüsearten ernten wir, wenn sie ins „Teenageralter" kommen. Sobald sie sich anschicken, für Nachwuchs zu sorgen, werden sie für uns als Lebensmittel unbrauchbar: Sie strecken sich, um zu blühen. Botaniker sprechen vom Schossen. Der Auslöser dafür ist bei manchen Arten, z. B. Salat und Spinat, länger werdende Tage. Zweijährige, wie Sellerie, Mangold und Lauch, reagieren auf winterliche Kältereize. Stehen sie in der Jugendphase zu kühl, überspringen sie das Wachstum und blühen gleich. Manche Arten sind dabei empfindlicher als andere. Züchter bemühten sich obendrein, ihnen diese Reaktionen abzugewöhnen. Also gibt es Salate für den Frühlings- und Herbstanbau und Sorten, die sich von der Tagelänge weniger beeinflussen lassen und folglich für die Sommerkultur eignen. Auch unter den Zweijährigen sind einige unempfindlicher gegen Kältereize. Machen Sie sich mit den Eigenheiten vertraut, um sie bei der Anzucht zu berücksichtigen.

SAMENFESTE GEMÜSESORTEN	
Radieschen 'Cherry Belle', 'Sora'	Mangold 'Glatter Silber 3', 'Rainbow'
Rettich 'Ostergruß rosa 2'	Buschbohne 'Saxa', 'Marona'
Möhre 'Nantaise 2/Milan', 'Rodelika'	Kohlrabi 'Azur Star', 'Superschmelz'
Pastinake 'Halblange Weiße'	Grünkohl 'Lerchenzungen'
Rote Bete 'Ägyptische Plattrunde'	Lauch 'Blaugrüner Winter/Husky'
Sellerie 'Mars', 'Monarch'	Tomate 'Matina', 'San Marzano'
Kopfsalat 'Maikönig', 'Neckarriese'	Paprika 'Neusiedler Ideal'
Endivie 'Escariol grüner'	Chili 'De Cayenne', 'Jalapeno'
Spinat 'Matador', 'Butterflay'	Zucchini 'Cococelle von Tripolis'
Feldsalat 'Dunkelgrüner Vollherziger 2'	Kürbis 'Red Kuri', 'Muscat de Provence'

> Manche Zieräpfel eignen sich sehr gut als Bestäuber für Apfelsorten. Dazu zählen 'Evereste', 'Hopa', 'Golden Hornet' und 'Prof. Sprenger'.

> Lange Tage sind für einige Salate das Signal, in die Blüte zu gehen. Ihre Köpfe wachsen in die Höhe, die Blätter sind nicht mehr so zart und wohlschmeckend.

Von „konservativen" Sorten und modernen F1-Hybriden

Es gibt gute Gründe, sich bei der Sortenwahl für Hybriden zu entscheiden. Zuchtziele waren beispielsweise gute Widerstandsfähigkeit gegenüber bestimmten Krankheiten, Unempfindlichkeit gegenüber Blühreizen, zuweilen sogar guter Geschmack. Aber: Die Nachkommen der Hybriden fallen extrem unterschiedlich aus. Ein eingebauter Sortenschutz, sozusagen. Wer selber Saatgut ernten möchte, hat allerdings immer noch reichlich Auswahl an samenfesten Sorten (→ Tabelle). Damit tragen Sie dazu bei, dass die Vielfalt erhalten bleibt!

Partnerwahl der Obstsorten

Bei Obst ist die Blütenbildung Voraussetzung für die Ernte. Einige Obstarten, vor allem Apfel, Birne und Kirsche, geben sich dabei reichlich wählerisch: Ohne Pollen einer anderen Sorte bleibt der Fruchtansatz auf der Strecke. Der Grund ist botanisch gesehen vernünftig. Bestäubten sie sich ständig selbst, ginge ihre genetische Bandbreite und somit die Anpassungsfähigkeit verloren. Sie könnten sich schlechter auf veränderte Umweltbedingungen einstellen. Lassen Sie sich beim Kauf bezüglich der Bestäubersorten beraten!

Das Passende für Ihren Anbauplan

Ob Gemüse oder Obst: Mit einer geschickten Sortenwahl haben Sie länger etwas davon. Beispiel Grünkohl: Frühe Sorten reifen früh, sind aber im Spätherbst abgeerntet. Späte sind frosthärter und können bis zum Frühling stehen bleiben. Frühmöhren liefern schnelle Ernten, eignen sich aber nicht für die Lagerung. Oder Äpfel: Sommersorten sind schon im Juli/August reif, müssen aber schnell gegessen werden. Lagersorten dagegen schmecken bei richtiger Lagerung im Februar noch. Die Sortenwahl ist also ein wichtiges Instrument, die Selbstversorgung aus dem eigenen Garten möglichst gleichmäßig über das Jahr zu verteilen.

DIE SCHÖNSTE ART, BEETE ZU DÜNGEN

Pflanzen als Dünger zu verwenden ist eine uralte Methode, um den Boden zu regenerieren. In jeder Hinsicht: zur Nährstoff- und Humusanreicherung, zur Lockerung ebenso wie zur Vorbeugung gegen Schaderreger. Hübsch anzusehen obendrein!

Die Diplomaten des Küchengartens

Unsere Kulturpflanzen nutzen den Boden auf ihre Weise einseitig – selbst bei Mischkultur. Es hat sich bewährt, regelmäßig Arten mit ausgleichenden und vermittelnden Eigenschaften auszusäen. Diese sind unter dem Oberbegriff „Gründüngungspflanzen" bekannt, leisten aber mehr, als wenn man die Erde nach der Ernte nur wieder mit Nährstoffen anreichert:

- Sie begrünen und beschatten kahle Flächen. Das hemmt das Auflaufen von Unkrautsamen und setzt die Verdunstung von Bodenwasser herab. Die Erde bleibt gleichmäßig feucht und krümelig.

> *Vor der Blüte eingearbeitete Gründüngung, wie Bienenfreund, stellen Nährstoffe schnell zur Verfügung.*

- Sie mildern starke Niederschläge ab. Das schont die Bodenoberfläche und hält die Erde fest, was besonders in Hanglagen von großer Bedeutung ist.
- Die Wurzeln der Gründüngungspflanzen lockern den Boden. Das verbessert den Luft- und Wasserhaushalt – vor allem bei (durch Bauarbeiten) verdichteten oder schweren Böden.
- Eingearbeitete Gründüngung fördert das Bodenleben und somit den Humusgehalt. Davon profitieren ganz besonders leichte Sandböden.
- Die langen Wurzeln erschließen obendrein Nährstoffquellen in tieferen Erdschichten.
- Nährstoffreste im Boden werden nicht durch Niederschläge in das Grundwasser ausgewaschen, sondern durch die Gründüngungspflanzen genutzt.
- Gründüngung reichert Böden wieder mit Nährstoffen an **(Memo: Nährstoffbedarf → Seite 98/99)**.
- Manche Gründüngungs-Pflanzenarten gelten als Bodendoktor, weil sie gegen Schädlinge wirken.

Für Winterpausen und das Sabbatjahr

Zeit für Gründüngung ist eigentlich immer, wenn im Gemüsebeet über einige Monate Platz dafür ist:

- Sie bereitet den Boden für Hauptkulturen wie Tomaten oder Zucchini vor.
- Nach Sommerkulturen hält sie die Erde über den Winter bedeckt und bindet Nährstoffe.
- Sie passt zwischen Aussaaten mit weiterem Reihenabstand, die sich anfangs nur langsam entwickeln.
- Gründüngung regeneriert Gemüsebeete nach drei Anbaujahren **(Memo: Beetplanung → Seite 122/123)**.

Diese Pflanzen eignen sich zur Beetkur

Gründüngung dient der Bodenerholung. Logisch, dass sie aus anderen Pflanzenfamilien stammen sollten als die, welche in den vergangenen Jahren an dieser Stelle gewachsen sind **(Memo: Fruchtfolge → Seite 66/67)**.

- Kreuzblütler, wie Ölrettich, nur einsetzen, um z. B. schwere oder verdichtete Böden zu lockern. Ansonsten bekommen sie Radieschen und Kohlarten nicht.
- Nach Kohl, Tomaten, Erdbeeren und Möhren säen Sie besser Tagetes oder Ringelblumen: Sie machen Wurzelälchen, woran diese oft leiden, den Garaus.
- Gut für die Fruchtfolge im Gemüsegarten sind Bienenfreund, Buchweizen, Hafer und Winterroggen: Sie sind mit keiner Gemüseart verwandt. Es gibt auch Mischungen wie „Landsberger Gemenge".
- Hülsenfrüchtler, wie Lupinen, Wicken, Klee und Luzerne, sammeln im Verbund mit Knöllchenbakterien an ihren Wurzeln Stickstoff aus der Luft. Daher bieten sie sich als Vorgänger von Starkzehrern an.
- Zwischen Beerenobst bzw. auf Baumscheiben säen Sie Spinat oder Winterroggen. Sind die Pflanzen 30 cm hoch, abmähen und als Mulch liegen lassen.

> *Bienenfreund blüht bis September. Ein super Nektar- und Pollenangebot für Insekten in blütenarmen Zeiten!*

So düngen Sie „grün"

Bereiten Sie den Boden vor wie üblich (Memo: Bodenvorbereitung → Seite 96/97). Die Reihensaat ist Ihnen ja bereits vertraut. Bei ganzen Beetflächen ist Breitsaat einfacher (Memo: Direktsaat → Seite 126/127). Am besten teilen Sie sich die Saatgutportion in zwei Hälften ein, die Sie nacheinander ausbringen. Dann können Sie dünn bestückte Stellen einfach ausgleichen.

- Frostempfindliche Arten verrotten größtenteils über den Winter. Harken Sie die Reste zwei, drei Wochen vor der ersten Aussaat im Frühling unter.
- Winterharte Arten ziehen Sie ebenfalls zwei, drei Wochen vor der ersten Aussaat heraus und geben sie zerkleinert auf den Kompost.
- Während der Saison abgemähte Gründüngung lassen Sie einige Tage antrocknen, bevor Sie sie in den Boden einharken. Gemüsepflanzen mit gutem Wurzelballen können Sie dann gleich setzen.

Empfehlenswerte Gründüngungspflanzen

Art	Aussaat	Eigenschaften
Bienenfreund *(Phacelia tanacetifolia)*	M3–E8	Wasserblattgewächs, Bodendoktor, Nektarpflanze
Buchweizen *(Fagopyrum esculentum)*	A5–M8	Knöterichgewächs, für sandige Böden, Bienenweide
Gelbe Lupine *(Lupinus luteus)*	M4–A9	Schmetterlingsblütler, Stickstoffsammler, Tiefwurzler
Gelbsenf *(Sinapis alba)*	M3–E9	Kreuzblütler, kurze Kulturdauer
Inkarnat-Klee *(Trifolium incarnatum)*	E7–A9	Schmetterlingsblütler, Stickstoffsammler, winterhart
Hafer *(Avena sativa)*	A3–M8	Gras, gut für schlechtere Böden
Ölrettich *(Raphanus sativus)*	M4–A9	Kreuzblütler, Tiefwurzler, für schwere Böden
Persischer Klee *(Trifolium resupinatum)*	M3–M8	Schmetterlingsblütler, Stickstoffsammler
Sommerwicke *(Vicia sativa)*	M5–M8	Schmetterlingsblütler, Stickstoffsammler
Studentenblume *(Tagetes)*	A5–M9	Korbblütler, wirkt gegen Wurzelälchen (Nematoden)
Winterroggen *(Secale cereale)*	E9–M10	Gras, winterhart, gute Durchwurzelung

HERBST

Traditionell steht diese Jahreszeit im Zeichen des Erntedanks. Dabei geht es mit der Selbstversorgung aus dem eigenen Garten munter weiter!

FRÜHHERBST: AUGUST/SEPTEMBER

Jetzt geht es im Gemüsegarten noch einmal rund. Neben Pflege und Ernte stehen die letzten Pflanzungen an. Außerdem ist es sehr lohnend, eigenes Saatgut für die kommende Saison zu sammeln. Das schont nicht nur den Geldbeutel: Durch die Erhaltung samenfester Sorten tragen Sie mit dazu bei, dass diese alten Schätze nicht verloren gehen. Im Obstgarten beginnt jetzt zudem die Haupterntezeit der Herbst-Himbeeren.

VOLLHERBST: SEPTEMBER/OKTOBER

Im Oktober versorgt der Gemüsegarten weiterhin mit frischen Vitaminen. Haben Sie einen Apfel- oder Birnenbaum gepflanzt, müssen Sie mit der Ernte noch warten. Sie können allerdings schon einiges tun, um die Gesundheit Ihrer Obstgehölze zu sichern. Die Pflanzen werden es Ihnen später mit einer reichen Ernte danken!

SPÄTHERBST: NOVEMBER

Oft gibt es im November die ersten Fröste. Spätestens bis dahin sollten die empfindlichen Pflanzen auf Balkon und Terrasse eingeräumt sein. Erdbeeren und auf dem Beet überwinternde Gemüse kommen mit etwas Winterschutz gut über die frostigen Perioden.

FRÜHHERBST

Holunder- und Kastanienreife

VOLLHERBST

Eicheln- und Bucheckernreife

SPÄTHERBST

Laubfärbung der Stiel-Eiche

PRAXIS BEETE 4+5 IM HERBST

Bevor es in die Winterruhe geht, ist in den Beeten für Fortgeschrittene noch einiges los. Letzte Pflanzungen stehen an. Weiterhin werden die lang stehenden Gemüsearten allmählich erntereif. Wer genug davon hat, lagert etwas ein.

Endivie pflanzen

Höchste Zeit für Endivienjungpflanzen! Flach setzen, damit sie schöne Blattrosetten bilden.

Sellerie schonend ernten

Die Grabegabel mit etwas Abstand im Boden hin- und herbewegen, um die Erde zu lockern, dann die Knolle herausnehmen.

Der Herbst gilt als Zeit der Ernte. Stimmt auch: Gerade Gemüsearten, die lange brauchen, bis sie reif sind, kommen vor den ersten Frösten aus der Erde. Trotzdem: Im Frühherbst pflanzen Sie sogar noch etwas!

Weiterhin das volle Programm

Pflanzen, Gießen, Ernten – im Frühherbst steht in den Beeten für Fortgeschrittene weiterhin das volle Selbstversorgerprogramm auf dem Plan.

- Die Pastinaken in Beet 4 brauchen noch. Je später sie geerntet werden, desto höher fällt der Ertrag aus.
- Sollten Sie die Endivien-Jungpflanzen für Beet 4 erst spät, also Mitte Juli, ausgesät haben, kommen sie Ende August/Anfang September im Abstand von 25–30 cm in der Reihe in die Erde (→ Bild o.). Geben Sie eine gute Handvoll Kompost in jedes Pflanzloch.
- Einzelne Mangoldblätter ernten Sie von außen weg, wann immer Sie sie in der Küche benötigen.
- Lauch (Beet 5) braucht jetzt noch einmal Dünger.
- Knollensellerie pflegen Sie weiter wie gewohnt.

Goldene Erntezeiten

Höchstwahrscheinlich reichen Ihnen die Gemüse gerade einmal für den Frischverzehr. Sollte bei den Knollen und Rüben doch etwas übrig sein, besteht etwa ab Ende Oktober die Möglichkeit, diese einzulagern.

- In Beet 4 können Sie einzelne Pastinaken herausziehen. Schwere Böden lockern Sie mit der Grabegabel auf (→ Bild l. u.), damit die Rüben nicht abbrechen.
- Zu ernten sind weiterhin Mangoldblätter, außerdem die ersten Endivien, sobald sie dichte Köpfe bilden.
- Sellerie (Beet 5) wächst, wie Pastinake, bis Ende Oktober weiter. Einzelne Knollen dürfen Sie natürlich trotzdem schon in die Küche holen.
- Das Gleiche gilt für Lauch. Wer im Winter frisches Gemüse möchte, sollte sich dabei jedoch zurückhalten. Häufeln Sie die Pflanzen noch einmal etwas an.

Im Spätherbst Vorräte sichern

Der Winter naht. Selbstversorger machen sich daran, ihre Beete vor den ersten Frösten darauf vorzubereiten.

- Pastinaken ernten Sie, wie Sie sie brauchen. Ein paar Minusgrade vertragen die Pflanzen, wird es frostiger, lagern Sie die Rüben in Sand ein (→ Bild 2).
- Endivie und Mangold sorgen weiterhin für Vitamine. Robuste Sorten können mit Vliesabdeckung draußen bleiben, Endivie bis -5 °C, Blattmangold (→ Porträt Seite 65) bis -10 °C.
- Was vom Knollensellerie noch auf dem Beet ist, wird vor dem Frost geerntet. Wie Pastinaken einlagern.
- Abgeerntete Beete bereiten Sie auf die kommende Saison vor **(Memo: Beetvorbereitung → Seite 96/97)**.

SELBER SAMEN SAMMELN

Samenfeste Sorten ***(Memo: Sorten → Seite 148/149)*** *können Sie selbst vermehren: Gesunde Pflanzen wählen, bei Salat, Radieschen etc. spät schossende bevorzugen – das vererbt sich. Die Pflanze blühen lassen und den reifen Fruchtstand ernten (→ Bild* ❶*). Damit die Samen nicht vorher herausrieseln, schneiden viele den Blütenstängel ab und hängen ihn auf (→ Seite 88/89).*

❶

Radieschensaat ernten

Die Samen sind erntereif, wenn die Hülsen fest und bräunlich werden. Schneiden Sie sie dann ab und lösen Sie die Samen heraus.

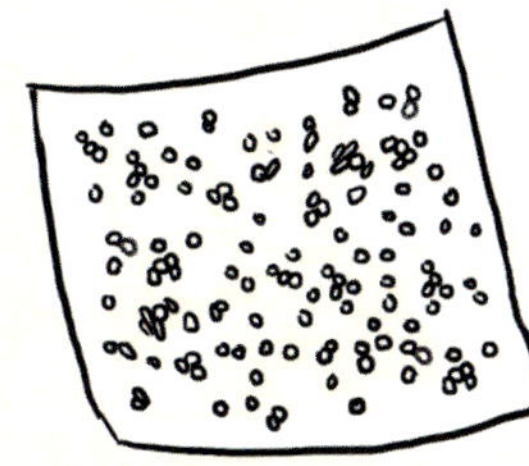

❷

Trocknen lassen

Legen Sie die Samen an einem warmen, luftigen Ort auf Küchenkrepp oder Zeitungspapier, damit sie trocknen können.

❸

Eintüten

Füllen Sie die Samen in mit Sortennamen und Datum beschriftete Tütchen. Dunkel, trocken und kühl lagern.

1

Winterfest

Frostharte Lauchsorten bleiben draußen. Bei Minusgraden rechtzeitig mit Vlies abdecken!

2

Gemüse einlagern

Rüben und Knollen lassen sich in mit Sand gefüllten Kisten kühl und dunkel aufbewahren.

PRAXIS TIPP

JETZT BODENPROBEN NEHMEN!

Der Spätherbst ist ein sehr guter Zeitpunkt, um Bodenproben in ein Analyselabor zu schicken (→ Seite 80/81, Adressen Seite 170). Über den Winter tut sich in der Erde nicht viel. Und Sie umgehen die Arbeitsspitze der Labors im Frühling. Entsprechend schnell erhalten Sie Ihre Ergebnisse.

Der Obstgarten im Herbst

Wer Herbst-Himbeeren gepflanzt hat, kann nun schon zum zweiten Mal ernten. Alle anderen Obstarten brauchen weiterhin ein wenig Unterstützung beim Einwachsen bzw. für die Blütenbildung. Auf eine ertragreiche Zukunft!

Sie haben es in der Hand!

Klar: Noch müssen Sie junge Obstgehölze öfter gießen, bis ihre Wurzeln tiefer reichen. Dafür haben Sie den Vorteil, dass Schaderreger ein paar Jahre brauchen, bis sie lästig werden. Am besten lassen Sie es gar nicht erst so weit kommen! Vorbeugung ist besser als Heilung.

Himbeeren versüßen den Frühherbst

Ab August/September bereiten Ihnen Ihre madenfreien **Herbst-Himbeeren** Erntefreuden. Haben Sie im vergangenen Winter auch **Sommer-Himbeeren** gepflanzt, brauchen diese jetzt etwas Aufmerksamkeit.

> *Für die Rutenkrankheit sind mehrere Pilzarten verantwortlich. Die Triebe können dadurch absterben.*

- Abgeerntete Ruten bis auf den Boden zurückschneiden. Kontrollieren Sie alle anderen auf Rutenkrankheit (→ Bild) und schneiden Sie befallene heraus.
- Wählen Sie aus den in diesem Jahr frisch gewachsenen Trieben gut mittelstarke aus. Diese binden Sie ans Spalier. Alle schwachen und sehr starken Ruten – sie bilden leicht Risse, die als Eintrittsstellen für Rutenkrankheiten dienen – schneiden Sie weg.
- Idealerweise stehen die Ruten für das nächste Jahr im gleichmäßigen Abstand, etwa 5–7 pro Meter (Memo: Himbeeren schneiden → Seite 102/103).

Um Mitte September beginnen **Erdbeerpflanzen** damit, Blütenknospen auszubilden.

- Achten Sie in diesen Wochen daher auf eine schön gleichmäßige Bodenfeuchtigkeit.
- Feuchte, warme Witterung begünstigt Blattfleckenkrankheiten. Bei den ersten Anzeichen sollten Sie die entsprechenden Blätter entfernen.

Ende August mulchen Sie die Pflanzstelle Ihrer **Obstbäume** mit Kompost (Memo: Kompost → Seite 80/81).

- Frostspanner können im Frühling großen Schaden anrichten. Dagegen hilft ein Leimring (→ Info).
- Wenn Ihre Obstbäume einmal fruchten, sollten Sie diese ab Frühherbst regelmäßig schütteln. Befallenes Obst fällt ab und ist leicht aufzusammeln (→ Bild Seite 157).

Noch mehr Tipps zur Vorbeugung

Junge **Obstbäume** sollten in den ersten 2–3 Jahren keine Früchte tragen. Daher haben die verschiedenen Wicklerarten, deren Raupen als „Wurm“ unerwünschte Zugaben abgeben, noch keine Bedeutung für Sie.

- Fördern Sie Meise & Co.: Die Vögel picken die Überwinterungsstadien aus Rindenritzen.

- Wickler überwintern am Stamm. Daher wird oft empfohlen, Mitte Oktober einen Ring aus Wellpappe fest um den Stamm zu legen. Die Wicklerlarven nehmen diesen gerne als Unterschlupf an. Allerdings haben sie bei älteren Stämmen so viele Alternativen, dass man mit der Pappe nur einen Teil erwischt.

Manche Bio-Obstgärtner schwören darauf, den Stamm im Winter mit einer Drahtbürste von losen Borkenteilen und Flechten zu befreien. Dabei wird man nicht nur die am Stamm untergeschlüpften Schädlinge los: Das Bürsten regt die Rinde zum Wachstum an. Da die Leitbündel für Wasser und Nährstoffe dicht unter der Rinde entlangführen, fördern Sie durch das Bürsten indirekt die Versorgung des Baums. Immer vorausgesetzt, Sie vermeiden tiefere Wunden, die Krankheitserregern den Befall erleichtern würden.

→ Alle kranken Pflanzenteile gehören nicht auf den Kompost, sondern in die Mülltonne!

> Die beste Eindämmung von Schäden durch Wicklerraupen: Fallobst zügig auflesen und Vögel im Garten fördern.

Letzte Handgriffe im Spätherbst

Bevor die ersten ernsthaften Fröste kommen, machen Sie Ihre Obstpflanzen fit für die Kälte.

- Zu lang gewordene **Sommer-Himbeerruten** kürzen Sie im November auf 2 m ein. Sie können die Spitzen auch herunterbiegen und waagerecht an den oberen Spalierdraht anbinden: Das fördert den Fruchtansatz.
- Eine Mulchdecke aus Stroh oder eine Abdeckung mit Nadelreisig schützt **Erdbeeren** vor starken Frösten.
- Erneuern Sie den Stammanstrich an den jungen **Obstbäumen** (Memo: Winterpflege → Seite 114/115).

Denken Sie außerdem stets daran, Ihre Obstgewächse während längerer Trockenperioden zu gießen.

LEIMRING GEGEN FROSTSPANNER

Die Raupen der Frostspanner können im Frühling große Schäden an Knospen, Blättern und Blüten von Obstgehölzen verursachen. Dagegen beugen Mitte/Ende Oktober fest um Stamm und Stützpfähle angelegte Leimringe vor: Auf dem Weg zur Eiablage in die Krone bleiben die flügellosen Frostspannerweibchen darauf kleben.

Balkon & Terrasse winterfit machen

Bevor die ersten Fröste kommen, teilen sich Ihre Topfgartengewächse in zwei Fraktionen: Während die robusten Arten mit etwas Schutz draußen bleiben können, ziehen die empfindlichen Exoten an einen sicheren Platz im Haus.

› *Die Wurzeln von Salbei und Thymian schützen Sie in einem Bett aus trockenem Herbstlaub.*

Ab in die Winterruhe!

Die Wurzelballen der einjährigen, bzw. schnell wachsenden Kräuter, wie Rucola und Blattkoriander, wandern nach dem Schnitt auf den Kompost. Mehrjährige lohnen jedoch oft die Mühe der Überwinterung. Bei der Andenbeere können Sie es sich überlegen. Der Vorteil ist, dass sie im kommenden Jahr viel früher fruchtet. Wenn Sie viel Platz haben, überwintern Sie die ganze Pflanze. Oder Sie haben rechtzeitig Stecklinge geschnitten, die sich nun recht handlich geben (→ Stecklingsvermehrung Seite 146/147). Winterharte Arten, wie das Zwergobst, können draußen bleiben. Die kälteempfindlichen Gewächse jedoch laufen hierzulande nicht umsonst unter dem Sammelbegriff „Kübelpflanzen". So unterschiedlich sie sind – eins haben sie gemeinsam: In der Regel wachsen sie bei uns im Kübel. So kann man sie im Herbst einfach an einen geeigneten Platz stellen. Aber was heißt „geeignet"? Um das herauszufinden, werfen Sie einen Blick auf die Herkunft dieser Arten. Daraus lässt sich ableiten, welche Bedingungen Erfolg versprechen.

Aus aller Pflanzen Länder

Nicht winterharte Arten kommen aus allen subtropischen und tropischen Regionen der Erde: Rosmarin stammt aus den Anrainerstaaten des Mittelmeers, die Kaffir-Limette aus Indonesien, die Andenbeere aus Südamerika, Stevia aus Paraguay und die „Eltern" des Strauch-Basilikums aus Ostafrika sowie dem tropischen Asien. Am besten bilden Sie jetzt Gruppen mit ähnlichen Ansprüchen:

- Während Rosmarin die kalte Jahreszeit am besten bei 5 °C überdauert, möchten Kaffir-Limette, Andenbeere und Strauch-Basilikum es um die 10 °C warm haben. Und das bei möglichst viel Licht. Da 5 °C hin oder her meist keinen allzu großen Unterschied ergibt, ist ein helles Quartier mit 10 °C für diese vier Wintergäste im Haus gut geeignet.
- Stevia kommt gut bei Zimmertemperatur über die Runden. Wenn ihre oberirdischen Triebe absterben, können Sie sie auch dunkel und bei 15 °C aufstellen. Sie treibt im Frühling wieder aus.

Das ideale Gästezimmer …

… gibt es leider nicht. Außer einem genau auf die Temperaturvorlieben abgestimmten Wintergarten- oder Gewächshausklima sind alle Quartiere nur ein Kompromiss. Aber immerhin: Wenn Sie regelmäßig nach Ihren Pflanzen schauen, bleiben sie Ihnen sicher treu. Einen Versuch ist es allemal wert. Gehen Sie Ihre Räumlichkeiten einmal diesbezüglich durch.

- Ein helles, ungeheiztes Treppenhaus, eine temperierte Garage bzw. kühles Dachzimmer mit großen Fenstern bieten sich für Rosmarin & Co. an.

→ Merkregel für das Winterquartier: Je wärmer der Raum, desto heller muss er sein; je kühler, desto dunkler darf er sein.

- Was Ihnen sperrig und unhandlich erscheint, schneiden Sie vor dem Einräumen weg. Ansonsten ist es günstiger, die Pflanzen erst im Frühling zum Umzug nach draußen wieder in Form zu bringen.
- Schränken Sie ab Ende September die Wassergaben etwas ein. Dann sind die Wurzelballen größerer Kübelpflanzen erstens nicht so schwer, zweitens haben sie Gelegenheit, schon etwas abzutrocknen.
- Während der Ruhephase brauchen die Gewächse nicht viel Wasser und Nährstoffe. Die Düngung haben Sie ja bereits im August eingestellt (→ Spätsommerpflege Seite 147). Über die kalte Jahreszeit halten Sie die Wurzeln stets nur gerade so feucht, dass sie nicht austrocknen. Nässe fördert Fäulnis und führt auf Dauer zum Absterben.
- Beim regelmäßigen Pflegedurchgang kontrollieren Sie die Pflanzen auf Schädlingsbefall. Vor allem Läuse sowie pilzliche Erreger nutzen die für die Pflanze schwierige Situation zu ihrem Vorteil. Beim ersten Anzeichen handeln Sie entsprechend (→Blattläuse Seite 55, Pilzkrankheiten Seite 167).
- Wann immer es die Außentemperaturen zulassen, lüften Sie die Winterquartiere durch. Aber Vorsicht: Auf Zug reagieren die Südländer empfindlich!

Sobald die Temperaturen im Frühling nicht mehr unter 10 °C fallen (für Stevia 15 °C), gewöhnen Sie die Kübelpflanzen an einem schattigen und geschützten Ort stundenweise wieder ans Freie. Sollte der Ballen fest durchwurzelt sein, topfen Sie sie in den nächstgrößeren Kübel. Ansonsten putzen Sie Abgestorbenes, Krankes und Unschönes für die neue Saison aus.

Wir dürfen draußen bleiben!

Winterharte Balkon- und Terrassenpflanzen verbringen die kalte Jahreszeit draußen. Da der Frost die Töpfe von allen Seiten angreifen kann, sind die Wurzeln jedoch gefährdeter als bei ihren Verwandten im Beet. Vor allem häufiges, rasches Gefrieren und Auftauen macht ihnen zu schaffen. Aber auch kalte trockene Winde können den oberirdischen Teilen den Garaus machen. Logisch: Wenn die Erde gefroren ist, kann sich die Pflanze nicht mit Wasser versorgen. Durch den Wind verdunstet der Vorrat in den Blättern und Zweigen – und Ihre Schützlinge vertrocknen. All dem beugen Sie mit den folgenden Maßnahmen vor:

- Rücken Sie Zwergobst, Säulen-Brombeere und alle anderen Topfpflanzen an einen vor Wind, Sonne und Niederschlag geschützten Ort an der Hauswand.
- Stellen Sie die Gefäße auf eine isolierende Unterlage, z. B. Styroporplatten, oder in einen mit trockenem Herbstlaub, Holzwolle oder Ähnlichem gefüllten Behälter. Alternativ hüllen Sie sie in eine Decke aus Jute oder Gärtnervlies ein.
- An die Erdoberfläche sollten Sie in jedem Fall noch gut herankommen, damit Sie, falls erforderlich, gießen können. Auch hier gilt: Gerade nur so feucht halten, dass die Wurzeln nicht austrocknen.

So stehen die Chancen für Ihren Topfgarten gut, dass er wohlbehalten in die kommende Saison starten kann.

> *Sind die Kübelpflanzen erst einmal groß geworden, lohnen sich Hilfsmittel zum Einräumen wie die Sackkarre.*

Potager

WINTER

Ihr zweites Jahr als Küchengärtner liegt hinter Ihnen. Jetzt haben Sie Zeit, Bilanz zu ziehen und sich darüber klar zu werden, was bleiben und was anders werden soll.

WINTER: NOVEMBER BIS FEBRUAR

Vielleicht haben Sie noch ein paar Lauchstangen im Beet stehen. Gemüseanbauer ernten sie bei Frost nicht, da sie dann brechen können. Für den sofortigen Verzehr spielt das jedoch keine Rolle. In jedem Fall lockern Sie erst mit der Grabegabel den Boden, ziehen die Pflanze heraus und schneiden sie knapp unterhalb des Wurzelansatzes ab. Obstgehölze werden traditionell in der winterlichen Ruhephase geschnitten. In Fachkreisen wird diskutiert, den Sommerschnitt zu bevorzugen, weil dieser das Wachstum bremst. Dafür spräche außerdem, dass die Schnittwunden Ende Juli/August schneller heilen. Nicht zuletzt gelangt mehr Sonne an die Früchte, was sich positiv auf deren Qualität auswirkt. Profis sehen den Sommerschnitt dagegen eher als Ergänzung zum Schnitt im Winter an. Solange sich die Bäume in der Aufbau- und Erziehungsphase befänden, sei das der bessere Termin.

VORFRÜHLING: FEBRUAR/MÄRZ

Ihr zweites Jahr als Selbstversorger endet, und mit ihm in gewisser Weise die Begleitung durch dieses Buch. Natürlich können Sie beibehalten, was Ihnen gefiel. Aber Sie gärtnern von nun an auf eigenen Füßen. Möchten Sie noch ein paar Anregungen dafür? Gerne: **Zusatzwissen: Und weiter gehts! → Seite 164/165.**

WINTER

Eichenblatt

WINTER

Zaubernussblüte

VORFRÜHLING

Schneeglöckchen

OBSTGEHÖLZE ERZIEHEN

Für die Fruchtbarkeit und Langlebigkeit von Obstgehölzen ist ein fachgerechter Schnitt immens wichtig. Solange die Pflanzen noch jung sind, gilt es, die Form der Sträucher und Baumkronen aufzubauen. Und das ist leichter, als es sich anhört!

› *Rote Johannisbeeren (o.) und Stachelbeeren (u.) tragen Früchte an einjährigen Seitentrieben, Schwarze Johannisbeeren (m.) an einjährigen, langen Trieben.*

Wer ernten möchte, muss schneiden!

Obstgehölze, die lange keine Schere bzw. Säge sehen, verwildern. Auch schön! Doch wenn Sie viel zum Pflücken haben möchten, kommen Sie nicht um einen fachgerechten Schnitt herum. Hiermit fördern Sie gezielt das Wachstum sowie die Fruchtbarkeit der Obstgewächse und verjüngen sie obendrein regelmäßig. An den eigentlichen Obstbaumschnitt können Sie sich noch langsam herantasten. Nicht, dass es ein Hexenwerk wäre. Aber ein bisschen Erfahrung braucht man doch. Jetzt geht es erst einmal darum, Ihre Beerensträucher und Obstbäume zu erziehen. Das bedeutet: Sie geben den Gehölzen eine vorteilhafte Wuchsform. Das hat nur am Rande etwas mit der Optik zu tun. Die Äste und Zweige sollten so gut verteilt und luftig sein, dass die Früchte Licht abbekommen. Sonne fördert das Aroma, den Vitamingehalt, die Reife und, vor allem bei Äpfeln, eine schöne Schalenfarbe. Außerdem beugen Sie Krankheiten vor, weil das Laub nach Niederschlägen schneller abtrocknen kann.

Die passenden Werkzeuge

Für Obstgehölze benötigen Sie im Moment lediglich eine gute Gartenschere. Später, wenn die Zweige dicker geworden sind, kommen eine Astschere sowie eine einfache Schwertsäge hinzu. Für ältere Bäume haben sich Bügelsägen mit verstellbarem Sägeblatt bewährt. Das Glattschneiden größerer Wunden erleichtert ein Messer mit gekrümmter Klinge, genannt Hippe.

- Ziehen Sie beim Kauf eine Bypass-Gartenschere vor. Dabei bewegen sich die Schneiden aneinander vorbei und trennen die Zweige, ohne zu quetschen.
- Die Schneiden Ihrer Schere sollten stets scharf sein.
- Achten Sie auf Sauberkeit! Wenn Sie mit kranken Pflanzenteilen arbeiten, desinfizieren Sie die Klingen, bevor Sie gesunde Gehölze damit schneiden. Das beugt einer Übertragung der Erreger vor.

Grundkurs für den richtigen Schnitt

Damit das Gehölz optimal weiterwachsen kann, muss die Schere an der richtigen Stelle ansetzen.

- Kürzen Sie Zweige stets über einer Knospe ein. Lassen Sie dabei keinen Stummel stehen: Er stirbt ab und fördert Pilzkrankheiten. Schneiden Sie dagegen zu knapp über der Knospe, trocknet sie aus. Legen Sie einen Daumen auf die Knospe und schneiden Sie knapp darüber leicht schräg von der Knospe weg.
- An der Ansatzstelle von Ästen und Zweigen befindet sich ein kleiner Wulst. Er enthält Gewebe mit hoher

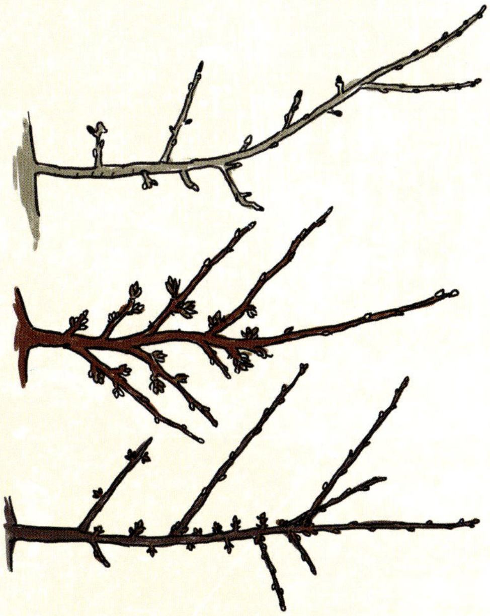

> Kernobst (o.) blüht vor allem an den kurzen Fruchtspießen zweijähriger Triebe. Die Pflaumenfamilie (m.) sowie Süßkirschen (u.) fruchten an zwei- bis dreijährigen Trieben.

Regenerationsfähigkeit und fördert eine schnelle Heilung der Schnittwunde. Setzen Sie die Schere also so an, dass dieser Wulst stehen bleibt.

Erziehung der Beerensträucher

In den ersten Jahren sorgen Sie dafür, dass die Gehölze ein Gerüst aus gut verteilten Bodentrieben entwickeln.

- Bei Johannis-, Josta- und Stachelbeeren ergänzen Sie die vorhandenen 4–5 Bodentriebe um jährlich 2–3 neue kräftige Bodentriebe. Alles andere schneiden Sie bodennah aus dem Strauch heraus.
- Wenn Rote und Weiße Johannisbeeren 8–10 Haupttriebe haben, beginnt der Erhaltungsschnitt. Dafür entfernen Sie jährlich die ältesten Haupttriebe.
- Bei Schwarzen Johannisbeeren beginnt die Erhaltungsphase mit 10–12 Haupttrieben.
- Bei Jostabeeren lichten Sie einfach gelegentlich den Strauch etwas aus, indem Sie die ältesten Haupttriebe und eng stehende Jungtriebe am Boden abschneiden.

Erziehung der Obstbäume

Bei Obstbäumen kommt der Schnitt auf die gewünschte Kronenform an. Bäume mit Stamm erhalten meist eine Pyramidenkrone, auch Rundkrone genannt.

- Für diese Kronenform baut man über die ersten 5–10 Jahre ein Grundgerüst auf aus der Verlängerung des Stamms, dem Mitteltrieb, sowie 3–4 gleichmäßig darum herum verteilten Hauptästen.
- Nach dem ersten Standjahr entfernen Sie steil wachsende Triebe (Konkurrenztriebe) am Stamm.
- An den Hauptästen entfernen Sie senkrecht stehende Seitentriebe. Flach wachsende werden geschont.
- Die Spitzen der Hauptäste kürzen Sie um ein Drittel dessen, was im Vorjahr neu gewachsen ist.
- Die Spitze des Mitteltriebs so einkürzen, dass sich ein Winkel von 90–120° zu den Spitzen der Hauptäste ergibt. Einsteiger können dafür in einigem Abstand ein Geodreieck mit dem rechten Winkel nach oben so halten, dass seine Seiten mit den Spitzen der Hauptäste etwa übereinstimmen. Was vom Mitteltrieb über das Geodreieck ragt, entsprechend kürzen.

Machen Sie sich mit dem Fruchtholz vertraut

Sind die Gerüste der Sträucher und Bäume fertig aufgebaut, beginnt der Erhaltungsschnitt. Sein Ziel ist, die Fruchtbarkeit zu erhalten. Hierfür muss man wissen, an welchen Trieben die einzelnen Obstarten fruchten (→ Bild). Kernobst z. B., also Apfel, Birne und Quitte, blühen an Kurztrieben (Fruchtspieße), die an zweijährigen Trieben entstehen. Bis die Gehölze in diese Phase kommen, haben Sie noch viel Zeit, das Fruchtholz Ihrer Pflanzen zu beobachten. Dann leuchten Ihnen die Schnittregeln später sofort ein.

PRAXIS TIPP

SCHNITTKURSE SCHAFFEN SICHERHEIT

Selbst, wenn die Theorie klar erscheint – sobald man vor dem Baum steht, sieht das Ganze oft doch etwas verwirrend aus. Bestimmt werden auch in Ihrer Nähe Schnittkurse für Obstgehölze angeboten. Wenn Sie die Praxis einmal gesehen und ausprobiert haben, fällt Ihnen der Umgang mit Schere und Säge sicher leichter.

GLÜCKWUNSCH! UND WEITER GEHT'S!

Zwei Jahre versorgen Sie sich jetzt schon selbst mit dem Obst und Gemüse Ihrer Wahl. Und haben das Rüstzeug, Ihren eigenen Selbstversorger-Weg zu gehen. Dabei können Sie auf Bewährtes setzen oder etwas ganz Neues wagen.

› *Gezielt platzierte Kräuter und Spalierobst ermöglichen, das Nützliche mit dem Schönen zu verbinden.*

Der Spaßfaktor muss stimmen!

Sie haben Fenchel in den Beetplänen dieses Buches vermisst? Stangenbohnen, Gurken, Radicchio oder Schwarzwurzeln? Haben vielleicht sogar schon das eine oder andere, das in diesem Buch gar nicht erwähnt ist, ausprobiert? Oder sind Sie eher den hier aufgelisteten Anleitungen gefolgt und haben sich an die vorgegebenen Obst- und Gemüsearten gehalten? Bestens! Eins so gut wie das andere. Hauptsache, Sie hatten Spaß daran, sich aus dem eigenen Garten selbst zu versorgen. Sicher ist das eine oder andere doch nicht ganz so geworden wie gewünscht. Rückschläge gibt es immer. Das Wetter ist nun mal wie es ist, und gegen nächtliche Schneckeninvasionen oder Rehbesuch mit Folgen an den Obstgehölzen kommt zuweilen selbst der beste Gärtner nicht an. Lassen Sie sich von so etwas nicht entmutigen. Freuen Sie sich lieber über die Erfolge. Und die sind meist zahlreicher als die Missgeschicke.

Zeit für eigene Gemüsebeet-Planungen

Tüftler stellen sich jetzt bestimmt ihre eigenen Wunschbeete zusammen. Dabei leisten Ihnen Gemüsebeet- und Partner-Planer (→ Anhang) gute Dienste: Sie zeigen auf einen Blick, wann die verschiedenen Arten gesät oder gepflanzt werden, wann die Ernte ansteht, mit welchen anderen Gemüsen sie am besten auskommen sowie welche zur gleichen Familie gehören und daher lieber nicht aufeinander folgen sollten.
Wenn Sie eher auf Nummer sicher gehen wollen, möchten Sie vielleicht die Pläne aus diesem Buch weiter nutzen oder erst einmal variieren. Auch hierfür lohnt sich ein Blick auf die genannten Planer. So ermitteln Sie, wo Ihr Wunschgemüse am besten in die Beete passt. Einlegegurken, beispielsweise, können Sie anstelle von Zucchini (→ Beet 1) pflanzen. Oder Erbsen anstelle von Frühmöhren (→ Beet 2). Wer keinen Sellerie mag, pflanzt Tomaten (→ Beet 5).

→ Und ist der Plan auch gut gelungen,
bestimmt verträgt er Änderungen.
(aus dem Planungssong)

Allerlei Basilikum, Thymian oder Minze

Das Sortiment an Kräutern ist so riesengroß, dass ganze Gärtnereien sich darauf spezialisieren. Es gibt sogar separate Kataloge nur für Thymiane oder Minzen. Da gibt es neben den alten Bekannten Schnittlauch und Petersilie viel zu entdecken. Trauen Sie sich ruhig an ausgefallene Arten oder Sorten, wie Kümmel-Thymian oder Zitronen-Ysop (sehr lecker als Tee oder Eistee) heran! Diese besonderen Genüsse kann man nicht fertig gebündelt kaufen. Nur selbst säen bzw. pflanzen. Eine Reihe von Kräutern sind auf Balkon oder Terrasse am besten aufgehoben, z. B. Brunnenkresse. Es gibt aber auch Raritäten, die im Freien zurechtkommen, wenn man ihre Vorlieben beachtet.

Saisonverlängerer & Erntesicherung

Haben Sie besonders viel Vergnügen an der eigenen Pflanzenanzucht gehabt? Dann denken Sie einmal über ein eigenes Frühbeet oder kleines Gewächshaus nach.

- Hier können Sie Ihre Sämlinge im zeitigen Frühling unter sehr guten Lichtverhältnissen auf den Weg bringen oder Salate und Radieschen früher ernten.
- Ein Gewächshaus bietet dafür noch mehr Raum und sichert den Anbauerfolg von Tomaten, Chili, Paprika und Aubergine in mäßigen Sommern.
- Manche nutzen diesen geschützten Platz, um Gemüse über den Winter einzulagern, z. B. Möhren: Sie werden mitsamt Grün in sandige Erde eingegraben und bei Bedarf herausgezogen.

Auf dem Weg zum guten Schnitt

Bei Obstgehölzen brauchen Sie einen etwas längeren Atem. Sehen Sie es positiv: So haben Sie genügend Gelegenheit, sich mit dem weiteren Erziehungs- und Erhaltungsschnitt vertraut zu machen.

Falls Sie noch Platz und Lust haben, denken Sie über ungewöhnlichere Obstarten nach. Schlaraffenobst, wie Kiwi und Weinreben, könnten beispielsweise über Ihre Pergola ranken oder als Sichtschutz dienen. Beiden verschafft eine Frühlingspflanzung bessere Startbedingungen, und beide brauchen einen speziellen Schnitt. Das glatte Gegenteil in Sachen Pflegebedürftigkeit bilden die verschiedenen Wildobstarten: Felsenbirne, Schlehe, Apfelbeere, Holunder, Kornelkirsche, Mispel sowie Eberesche sind Zierde, Vogelschutz und Lieferanten schmackhafter Vitamine in einem.

Kompost, Dünger, Pflanzenschutz

Sicher sind Sie in Ihren ersten Selbstversorgerjahren auf Gartentechniken gestoßen, die Ihr besonderes Interesse weckten. Sei es, weil Sie sie als wichtige Grundlagen für den eigenen Anbau von Obst und Gemüse ansehen wie Kompostwirtschaft oder die bedarfsgerechte Düngung. Aus Notwendigkeit, wie die erfolgreiche Eindämmung von unerwünschten „Mitessern", z. B. Blattläuse und Schnecken. Oder weil es einfach Spaß gemacht hat: Die kulinarische „Veredelung" von Kräutern vielleicht, die Ernte von eigenem Saatgut, die Entdeckung von Unkräutern als schmackhafte Ergänzung in der Küche oder die Idee, möglichst alle Teile einer Pflanze zu nutzen. Solche Themen füllen, jedes für sich, ganze Bücher. Welches Sie davon „beackern", liegt bei Ihnen. Haben Sie viel Erfolg und, vor allem, Freude daran!

Gewächshäuser und Frühbeete sind für manche Selbstversorger unentbehrlich: Sie überbrücken Versorgungslücken im Jahresverlauf.

PFLANZENSCHUTZ-PLANER

		SCHADBILD	GEFÄHRDET SIND	MASSNAHMEN	BEKÄMPFUNGSZEITRAUM
KRANKHEITEN AN GEMÜSE					
Kraut- und Braun- bzw. Knollenfäule		Laub färbt sich braun; Früchte und Knollen mit braunen harten Flecken; bei feucht-warmem Wetter	Tomaten, Kartoffel	› Tolerante Sorten wählen › Pflanzabstände großzügig einhalten › Morgens gießen, nicht über das Laub › Befallene Teile zügig entsorgen › Mit zugelassenem Mittel spritzen	Spritzen ab Befallsbeginn
Echter Mehltau		Weißer, mehliger Belag auf dem Laub, es verbräunt und vertrocknet; bei trocken-warmem Wetter	Zucchini, Kürbis, Feldsalat	› Restistente Sorten wählen › Befallene Teile zügig entsorgen › Beete nach der Ernte sorgfältig abräumen und tief umgraben › Mit zugelassenem Mittel spritzen	Ackerschachtelhalmbrühe ab Pflanzung 14-tägig; ab Befallsbeginn spritzen
Kohlhernie		Kümmerwachstum; Verdickungen und Wucherungen an der Wurzel, darin keine Fraßgänge	Kohlarten, Radieschen, Rettich	› Anbaupausen einhalten/verlängern › Keine Kreuzblütler zur Gründüngung › pH-Wert sollte neutral sein, liegt er im sauren Bereich, dann aufkalken › Befallene Teile zügig entsorgen	Während der Vegetationsperiode gelegentlich pH-Wert prüfen.
SCHÄDLINGE AN GEMÜSE					
Gemüsefliegen		Pflanzen sterben ab; weiße Maden an den Wurzeln; Fraßgänge in Rüben und Knollen	Kohlarten, Möhren, Radieschen, Rettich, Sellerie, Zwiebeln	› Unkraut und Erntereste entfernen › Nur gut verrottetes Mulchmaterial › Mischkultur Möhre/Zwiebel › Befallene Teile zügig entsorgen › Kulturschutznetze verwenden	Schutznetz ab April
Raupen		Eigelege an Blattunterseiten (gelb oder grau), Fraßschäden an den Blättern.	Kohlarten	› Kreuzblütler-Unkraut entfernen › Eigelege und Raupen absammeln › Mischkultur mit Sellerie und Tomate › Kulturschutznetze verwenden	Unkraut entfernen von April–Juni; Schutznetz ab April
Erdflöhe		Kleine Löcher im Laub; Käfer springen bei Störung weg	Radieschen, Rettich, Rucola, Kohlarten	› Bodenoberfläche stets feucht halten › Erde früh lockern › Kreuzblütler-Unkraut entfernen › Befallene Teile zügig entsorgen › Kulturschutznetze verwenden	Erde lockern und Unkraut entfernen ab März, Schutznetz ab Pflanzung/Aussaat
Kartoffelkäfer		Fraßspuren durch gestreifte Käfer, rötliche Larven, orange Eigelege an Blattunterseiten	Kartoffel	› Pflanzen regelmäßig kontrollieren › Eigelege, Larven, Käfer absammeln › Kulturschutznetze verwenden › Bei starkem Befall mit zugelassenem Pflanzenschutzmittel spritzen	Absammeln ab April bis Ernte; Schutznetz ab Pflanzung

		Schadbild	Gefährdet sind	Maßnahmen	Bekämpfungszeitraum
Krankheiten an Obst					
Echter Mehltau		Weißer, mehliger Belag auf der Blattoberseite	Apfel, Stachelbeere, Johannisbeere	› Unempfindlichere Sorten wählen › Befallene Teile zügig entsorgen › Gut mit Kalium versorgen › Pflanzen gut auslichten › Mit zugelassenem Mittel spritzen	Bei starkem Befall von Mitte April bis Anfang/Mitte Juni spritzen
Schorf		In nassen Jahren bräunliche Flecken auf Laub und Früchten; missgebildete Früchte mit Rissen	Apfel, Birne	› Unempfindlichere Sorten pflanzen › Kronen gut auslichten › Herbstlaub zügig einsammeln und entsorgen › Bei starkem Befall spritzen	Empfindliche Sorten von Blütenbeginn an bis Ernte alle 1–2 Wochen spritzen
Rostpilze		Gelbe Blattflecken, die sich rötlich oder bräunlich färben Blattunterseite mit Pustelbildung	Birne, Schwarze Johannisbeere, Brombeere, Pflaume, Zwetschge	› Schwarze Johannisbeere: Weniger anfällige Sorten pflanzen › Kranke Blätter zügig entsorgen › Pflanzen gut auslichten › Mit Schachtelhalmbrühe spritzen	Brühe zur Blüte, bei Johannisbeere ab April wiederholt spritzen
Obstbaumkrebs		Wuchernde Wunden in der Rinde, die immer größer werden	Apfel, Birne	› Ausschneiden bis ins gesunde Holz, dann mit Baumwachs verschließen › Stammanstrich mit Schachtelhalmbrühe und Lehm › Staunässe, Überdüngung vermeiden	Stammanstrich über den Winter
Monilia		Triebspitzen verdorren; Fruchtfäule mit ringförmig angeordneten Pilzfruchtkörpern	Kirsche, Apfel	› Ins gesunde Holz zurückschneiden › Befallene Pflanzenteile entsorgen › Fruchtmumien im Baum entsorgen › Kronen gut auslichten › Meerrettichtee spritzen	Spritzung mit Meerrettichtee in die Blüte
Weiß-/Rotfleckenkrankheit		Rötliche Blattflecken oder rot umrandete weiße Blattflecken	Erdbeere	› Widerstandsfähige Sorten wählen › Kaliumbetont düngen › Kranke Pflanzenteile entsorgen › Blätter nach der Ernte entfernen › Alle 2–3 Jahre neu pflanzen	Vorbeugend Schachtelhalmbrühe während der Blütezeit spritzen
Grauschimmel		Braune, sich ausbreitende Flecken an Früchten, später grauer Pilzrasen	Erdbeere, Himbeere	› Widerstandsfähige Sorten wählen › Kaliumbetont düngen › Großzügige Pflanzabstände › Befallene Teile zügig entsorgen › Erdbeerpflanzen mit Stroh mulchen	Schachtelhalmbrühe im Herbst und im Frühling; Strohmulch ab Blüte
Schädlinge an Obst					
Raupen/Maden	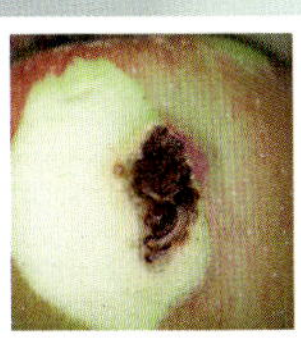	Schädlinge im Inneren der Früchte	Kirsche, Himbeere, Apfel, Pflaume	› Frühe Kirschsorten wählen › Kirschen im Garten: Gelbtafeln aufhängen › Vögel fördern › Fallobst verwerten bzw. entsorgen › Weißanstrich des Stamms	Gelbtafeln vor Rotfärbung der Früchte; Weißanstrich im Herbst
Himbeerkäfer		Fraßschäden an Knospen, Blüten, Früchten; Larve in der Frucht	Himbeere	› Herbst-Himbeeren bleiben befallsfrei › Käfer frühmorgens über einem Eimer mit Wasser abklopfen › Befallene Früchte entsorgen › Rainfarntee auf den Boden gießen	Käfer abklopfen im Mai/Juni; Rainfarntee im Herbst/Frühling

DIE BEETPLÄNE IN DER ÜBERSICHT

Alles auf einen Blick: Hier finden Sie die Saat- bzw. Pflanztermine sowie die Kulturdauer der einzelnen Gemüse in den Beeten 1–5. Außerdem können Sie die nötigen Abstände zwischen den Reihen ablesen.

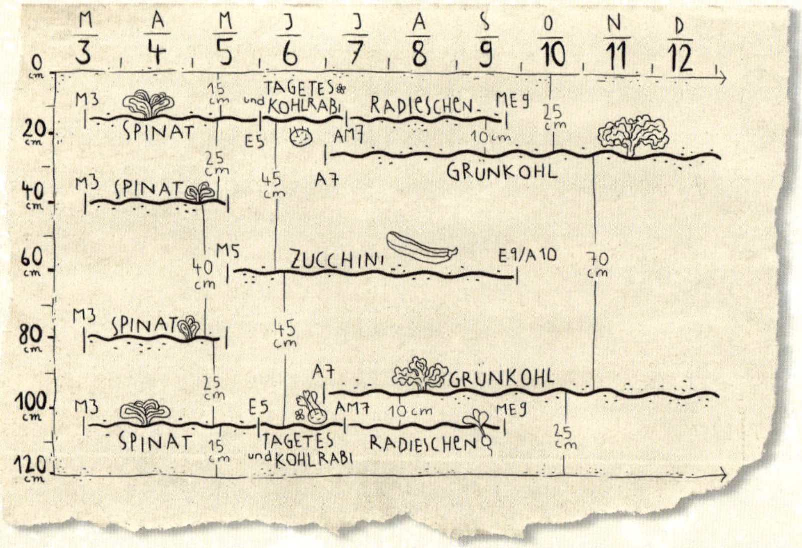

Die exakten Zeitpunkte für Beginn und Ernte einer jeden Kultur hängen stark von den jeweiligen Witterungsbedingungen ab. Dennoch geben Ihnen diese Übersichten eine Vorstellung davon, wie die Saison in den Gemüsebeeten verlaufen wird. Solche Schemata sind auch bei der Beetplanung nützlich **(Memo: Beetplanung → Seite 122/123)**: Sobald Sie die Hauptkultur ausgewählt und die möglichen Vor-, Nach- und Nebenkulturen dazugestellt haben, zeichnen Sie ein Schema. Darin berücksichtigen Sie die Beginn- und Erntezeiten sowie die Reihenabstände. Und sehen schnell, wo noch etwas fehlt bzw. nicht ganz hinhaut!

1

Beet 1: Starkzehrer

Etwa Mitte März geht es in diesem Beet los mit Spinat. Mitte/Ende Mai folgen darauf Zucchini sowie Kohlrabi mit Tagetes. Im Juli kommen noch Radieschen und Grünkohl ins Beet.

2

Beet 2: Mittelzehrer

Möhren und Zwiebeln sind die Hauptkulturen dieses vielseitigen Beets, dessen Bestellung etwa Mitte März beginnt. Begleitet werden sie von Pflücksalat und Endivie, Rettich und Radieschen sowie Petersilie und Dill.

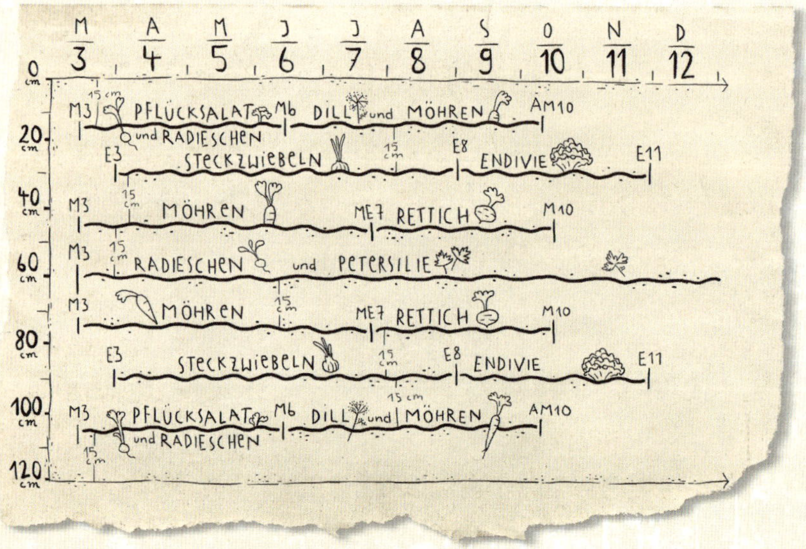

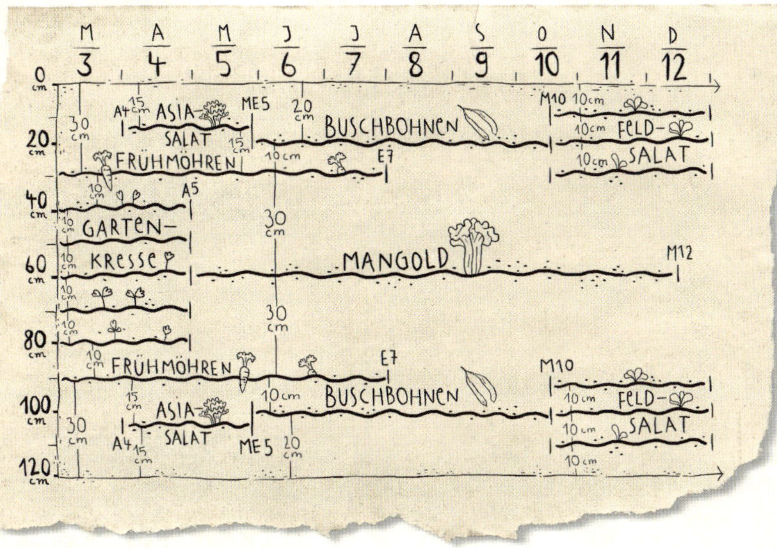

3

Beet 3: Schwachzehrer

Fast rund ums Jahr liefert dieses Beet mit der Hauptkultur Buschbohne etwas für die Küche. Im März geht es los mit der Aussaat von Kresse, Frühmöhren und Asia-Salaten. Im Mai folgen Buschbohne und Mangold. Letzterer sorgt dann mit dem im Oktober gesäten Feldsalat für Wintervitamine.

4

Beet 4: Mittelzehrer

Kopfsalat ist die Wunsch-Hauptkultur dieses Beetes. Pastinaken sind seine Partner. Ab März rahmen sie Radieschen, Pflücksalat und Kerbel, ab Frühsommer neben Kopfsalat noch Mangold und ab Hochsommer Endivie.

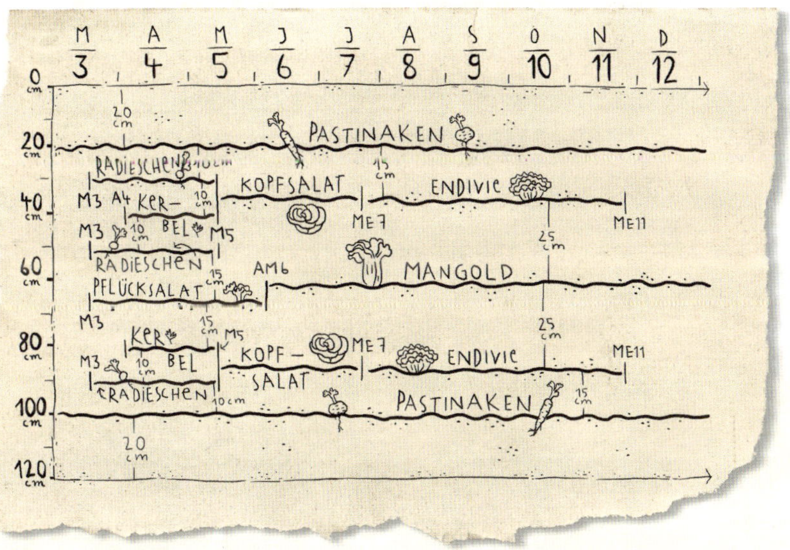

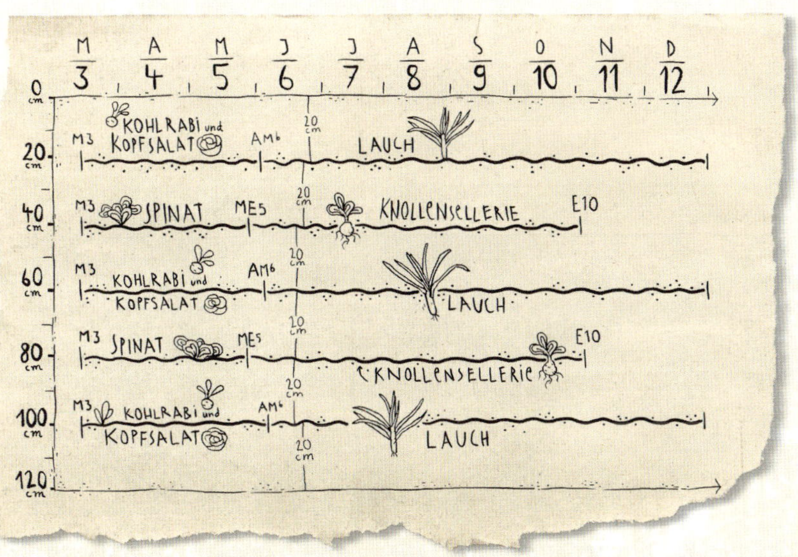

5

Beet 5: Starkzehrer

Ein sehr übersichtliches Beet, das es dennoch in sich hat: Nur Spinat wird ab März direkt gesät. Kohlrabi, Kopfsalat und, ab Mai/Juni, Lauch und Sellerie müssen als Jungpflanzen vorgezogen werden.

ADRESSEN LITERATUR

Bodenuntersuchungen

VDLUFA – Verband Deutscher Landwirtschaftlicher Untersuchungs- und Forschungsanstalten e.V.
c/o LUFA Speyer
Obere Langgasse 40
67346 Speyer
www.vdlufa.de

Verbände

Verein zur Erhaltung der Nutzpflanzenvielfalt e.V. (VEN)
(Geschäftsstelle)
Walburger Str. 2
37213 Witzenhausen
www.nutzpflanzenvielfalt.de

Verein ARCHE NOAH
Obere Straße 40
A-3553 Schiltern
www.arche-noah.at

ProSpecieRara
Unter Brüglingen 6
CH-4052 Basel
www.prospecierara.ch

Samen- & Pflanzenversand

Bingenheimer Saatgut AG
Ökologische Saaten
Kronstraße 24
61209 Echzell-Bingenheim
www.bingenheimersaatgut.de

Bio-Saatgut Gaby Krautkrämer
Weingartenstraße 58
97252 Frickenhausen am Main
www.bio-saatgut.de

Dreschflegel Versand
In der Aue 31
37213 Witzenhausen
www.dreschflegel-saatgut.de

Artemisia Stauden & Kräuter
artemisia
Hopfen 29
88167 Stiefenhofen im Allgäu
www.artemisia.de

Rühlemann´s Kräuter & Dufpflanzen
Auf dem Berg 2
27367 Horstedt
www.kraeuter-und-duftpflanzen.de

Staudengärtnerei Gaißmayer
(Großes Kräutersortiment)
Jungviehweide 3
89257 Illertissen
www.gaissmayer.de

Obstpflanzen

Häberli Fruchtpflanzen AG
Stocken
CH 9315 Neukirch-Egnach
www.haeberli-beeren.ch
(Bezugsquellennachweis)

Zubehör

W. Neudorff GmbH KG
(Biologische Pflanzenschutzmittel, Erden und Dünger)
An der Mühle 3
31860 Emmerthal
www.neudorff.de

F. Schacht GmbH & Co. KG
(Pflanzenstärkungsmittel, Pflanzenschutzmittel, Baumpflege)
Bültenweg 48
38106 Braunschweig
www.schacht.de

Snoek Naturprodukte GmbH
(Pflanzenstärkungsmittel, Algenextrakte)
Tannenweg 10
27356 Rotenburg/Wümme
www.snoek-naturprodukte.de

Literatur

Andreas Barlage/ Brigitte Goss/ Thomas Schuster: Quickfinder Gartenjahr
Gräfe und Unzer Verlag, München

Jürgen Feder: Der Pflanzenretter
Gräfe und Unzer Verlag, München

Hansjörg Haas: Das große GU Praxishandbuch Pflanzenschnitt
Gräfe und Unzer Verlag, München

Renate Hudak, Harald Harazim: Das große GU Buch Selbstversorgung
Gräfe und Unzer Verlag, München

Joachim Mayer: Alte Gemüse neu entdeckt
Gräfe und Unzer Verlag, München

Mascha Schacht: Gartenbasics
Gräfe und Unzer Verlag, München

Wolf-Dieter Storl: Der Selbstversorger: Mein Gartenjahr
Gräfe und Unzer Verlag, München

REGISTER

REGISTER

REGISTER BILDNACHWEIS

Bildnachweis

Cover: **Jonathan Lovekin**
Alamy: U4; **Andreas Vietmeier:** 103-2, 156-2, 166-2, 166-3, 166-4, 166,6, 167-1, 167-4, 167-6, 167-9; **BKN Strobel/Meilland:** 138-3, 139-1; **Botanikfoto:** /Hans-Roland Müller: 149-1; /Steffen Hauser: 5-2, 33-1, 85-3, 137-2, 137-3, 144-2, 153-3; **Corbis/Paul Viant/Ocean:** 140; **Dorothea Baumjohann:** 2-3, 4-5, 5-4, 6, 13-2, 29-5, 37-1, 37-2, 42-3, 47-2, 55-1, 65-2, 69-2, 72, 74-2, 79, 81, 85-1, 92-1, 97, 106-2, 107-3, 108-1, 113-1, 125, 126-1, 129-2, 130-2, 132-2, 133, 143-5, 145, 153-1, 166-1, 166-5, 166-7, 167-1, 167-2, 167-3, 167-5, 167-6, 167-7, 167-8, U2-3; **Elke Borkowski:** 8-9, 37-3, 71, 123-1; (RHS Chelsea Flower Show, Design del Buono Gazerwitz) 101; **Flora Press:** 73-1; /Thc Garden Collection/Derek St. Romain: 47-1; /Angelica Linnhoff: 4-3, 11-3, 119-3; /BIOSPHOTO/Alexandre Pezold: 43-3, 44-2, 64-3, 136-1; /BIOSPHOTO/NouN: 115, 132-1; /BIOSPHOTO/Philippe Giraud: 160; /Bodo Butz: 131-1; /Botanical Images: 109-2; /Christine Ann Föll: 93-1, 108-2; /Daniela Kunze: 30-2; /Flowerphotos/Laura Stolfi: 4-1, 11-1, 111-3, 119-1; /GWI: 57-1, 114, 128-2, 141-1; /Helga Noack: 49, 52-2, 69-3; /Kirsten Hinte: 59-5; /Kramp + Gölling: 40-2; /MAP: 45-3, 109-3; /Martin Hughes-Jones: 129-1; /Meyer-Rebentisch: 30-3; /Nova Photo Graphik: 28-1, 51-2, 57-3, 109-1, 135-1, 141-3; /Otmar Diez: 17-2; /Royal Horticultural Society: 54-2, 55-2, 129-3; /Sabine Jacobs: 35-3; /The Garden Collection/Derek St. Romaine: 46-2; /The Garden Collection/FLPA: 4-4, 86-2; /The Garden Collection/Jonathan Buckley: 107-1, 111-2, 161-3; /The Garden Collection/Liz Eddison: 43-1; /The Garden Collection/Martin Hughes-Jones: 36; /The Garden Collection/Nicola Stocken Tomkins: 65-3; /Tim Gainey: 65-1; /Visions: 26-1, 50-1, 64-2, 75, 134-2, 152; **Flowermedia/Dirk Mann**: 33-2, 43-2, 44-1; **Fotolia.com/heiko119:** 111-1, 161-1; **Friedrich Strauß:** 12-2, 32-1, 34-2, 41, 51-1, 52-2, 53, 57-2, 58-1, 60-2, 63-3, 63-4, 67-2, 73-2, 77-2, 89-5, 90-2, 93-2, 95, 112-2, 141-2, 147, 154-1, 155-5, 158, 159; /GBA/NouN: 76-2, 154-2; **GAP Gardens/Jerry Pavia**: 4-2; **GAP Photos**: 26-2, 61-4, 61-5, 62-2, 74-3, 90-1, 103-1, 105, 150-2, 151, 157-2; /FhF Greenmedia: 7, 11-2, 35-2, 63-1, 119-2; /Fiona Lea: 13-1, 29-4, 42-1, 46-1; 113-2; /Gary Smith: 31, 94-2, 143-4; /Jo Whitworth: 126-2; /Jonathan Buckley: 64-1, 136-3, 138-2; /Jonathan Buckley (Design Sarah Raven): 35-1; /Juliette Wade: 68, U2-1; /Lynn Keddie: 45-2; /Matt Anker/Design Paul Stone: 123-2;/Maxine Adcock: 24-1, 102-2, 137-1; /Paul Debois: 50-2; /Pernilla Bergdahl: 39-2, 138-1, 155-4; /Rob Whitworth: 106-1; /Robert Mabic: 10, 59-3, 59-4, 84, 88-2, U2-2; /Suzie Gibbons: 165; /Thomas Alamy: 42-2, 92-2, 136-2; /Thomas Tonsberg: 45-1, 61-3; /Tim Gainey: 99-1; /Victoria Firmston: 34-1; **gartenfoto.eu/Martin Staffler:** 16, 17-1, 77-1, 83, 86-3, 99-2, 100-1, 100-2, 131-2; **Häberli Beeren:** 139-2, 139-3; **Kristijan Matic:** 14, 15, 78; **mauritius images/Alamy**: 5-3, 85-2, 153-2, 157-1; **MMGI/Marianne Majerus**: 111-2, 161-2; (The Old Rectory, Sudborough) 164-2; (Design Tom Stuart-Smith) 5-1, 110; (Design Val Bourne) 116-117; **Picture Press/Annett Poppe:** 118; **plainpicture/Folia images:** 94-1; **Stefan Müller:** U3 (Porträt Autorin); **shutterstock:** /BMJ: 128-1; /Cora Müller: 135-2; /daseafort: 107-2; /Godluz: 56; **Volker Michael:** (Ineke Greve, Heerlen, NL) 32-2; (Imig-Gerold, Bedburg-Hau) 39-1, 67-1; (Kees Jacobse, Schoondijke, NL) 149-2;

Im Layout verwendete Fotos:
Hintergründe: shutterstock/nature photos; shutterstock/Nik Merkulov; shutterstock/picsfive; shutterstock/Vladimir Prusakov
Erdefreisteller: Ronja Bernhardt

Illustrationen: Lars Baus
Illustration Kalendarien: Mat Kovacic

IMPRESSUM

Die Autorin

Silke Kluth ist Gartenbau-Diplomingenieurin, ausgebildete Zeitschriftenredakteurin und Gartenjournalistin. Sie war Redakteurin bei der Zeitschrift „Mein schöner Garten“ und als stellvertretende Chefredakteurin beim Living & More Verlag in Offenburg an der Entwicklung und Veröffentlichung von Gartenzeitschriften beteiligt. Seit 2003 ist Silke Kluth als eine der profiliertesten deutschen Gartenjournalistinnen und -redakteurinnen freiberuflich tätig. Neben Gartenbüchern schreibt sie regelmäßig Beiträge für diverse Garten-Magazine.

DIE KOLUMNEN

Anhand der Symbole rechts oben auf den Seiten sehen Sie gleich, ob es auf der Seite thematisch um Allgemeine Praxis, um Gemüse, Obst oder Kräuter geht. Oder um Hinweise zur Pflanzenkultur auf Balkon und Terrasse.

- Allgemeine Praxis
- Balkon und Terrasse
- Obst
- Kräuter
- Gemüse

Impressum

Umwelthinweis: Dieses Buch ist auf PEFC-zertifiziertem Papier aus nachhaltiger Waldwirtschaft gedruckt.

Projektleitung: Angelika Holdau
Redaktionelle Mitarbeit: Christina Freiberg
Bildredaktion: Judith Starck
Layout und Satz: Marion Feldmann
Gestaltungskonzept und Umschlaggestaltung: independent Medien-Design, Horst Moser, München
Korrektorat: Claudia Kohnle
Produktion: Petra Roth
Reproduktionen: Longo AG, Bozen
Druck und Bindung: Firmengruppe APPL, aprinta druck, Wemding

ISBN 978-3-8338-3937-5
10. Auflage 2022

Syndication: www.seasons.agency

QUALITÄTS G|U GARANTIE

LIEBE LESERINNEN UND LESER,
wir wollen Ihnen mit diesem Buch Informationen und Anregungen geben, um Ihnen das Leben zu erleichtern oder Sie zu inspirieren, Neues auszuprobieren. Wir achten bei der Erstellung unserer Bücher auf Aktualität und stellen höchste Ansprüche an Inhalt und Gestaltung. Alle Anleitungen und Rezepte werden von unseren Autoren, jeweils Experten auf ihren Gebieten, gewissenhaft erstellt und von unseren Redakteur*innen mit größter Sorgfalt ausgewählt und geprüft.

Haben wir Ihre Erwartungen erfüllt? Sind Sie mit diesem Buch und seinen Inhalten zufrieden? Wir freuen uns auf Ihre Rückmeldung. Und wir freuen uns, wenn Sie diesen Titel weiterempfehlen, in Ihrem Freundeskreis oder bei Ihrem Online-Kauf.

Sollten wir Ihre Erwartungen so gar nicht erfüllt haben, tauschen wir Ihnen Ihr Buch jederzeit gegen ein gleichwertiges zum gleichen oder ähnlichen Thema um.

KONTAKT ZUM LESERSERVICE
GRÄFE UND UNZER VERLAG
Grillparzerstraße 12
81675 München
www.gu.de

GRÄFE UND UNZER

Ein Unternehmen der
GANSKE VERLAGSGRUPPE

GARTENLUST PUR.

ISBN 978-3-8338-6535-0

ISBN 978-3-8338-7590-8

ISBN 978-3-8338-6705-7

ISBN 978-3-8338-8030-8

ISBN 978-3-8338-6349-3

ISBN 978-3-8338-6242-7

e Auch als eBook erhältlich.

G|U

Mehr von GU auf **www.gu.de** und **facebook.com/gu.verlag**

PARTNER-PLANER

PFLANZENART	Familie	Gute Partner	Schlechte Partner
ASIA-SALAT	Kreuzblütler	Kopf- und Pflücksalat	
BOHNENKRAUT	Schmetterlingsblütler	Bohnen, Rote Bete, Salat, Mangold	
BUSCHBOHNEN	Schmetterlingsblütler	Kartoffel, Kohl, Mangold, Radieschen, Rettich, Rote Bete, Sellerie, Tomate, Bohnenkraut, Dill, Erdbeere	Zwiebeln, Lauch
DILL	Doldenblütler	Bohnen, Möhre, Kohl, Rote Bete, Salat, Zwiebeln	
ENDIVIE	Korbblütler	Kohl, Möhre	
FELDSALAT	Baldriangewächs	Radieschen, Erdbeere, Himbeere, Pflaume/Zwetschge	
GARTENKRESSE	Kreuzblütler	Möhre, Radieschen, Spinat, Tomate, Erdbeere, Beerensträucher, Obstbäume	Kopfsalat
GRÜNKOHL	Kreuzblütler	Buschbohne, Lauch, Möhre, Salat, Sellerie, Spinat, Tagetes, Tomate, Dill	Kartoffel, Kohl, Knoblauch, Zwiebeln
KARTOFFEL	Nachtschattengewächs	Buschbohne, Frühkohl	Rote Bete, Salat, Sellerie, Tomate
KERBEL	Doldenblütler	Salat	Radieschen
KNOBLAUCH	Zwiebelgewächs	Kräuter, Möhre, Tomate, Erdbeere, Obstbäume	Lauch, Zwiebeln
KOHLRABI	Kreuzblütler	Bohnen, Lauch, Rote Bete, Salat, Spinat, Tomate, Erdbeere	Kartoffel, Zwiebeln
KOPFSALAT	Korbblütler	Bohne, Kohlrabi, Kohl, Radieschen, Rettich, Spinat, Tomate, Dill, Kerbel	Gartenkresse, Petersilie, Sellerie
KÜRBIS	Kürbisgewächs	Tagetes	
LAUCH	Zwiebelgewächs	Knoblauch, Möhre, Sellerie, Erdbeere	Bohnen
MANGOLD	Gänsefußgewächs	Buschbohne, Kohl, Möhre, Radieschen, Rettich	Spinat, Rote Bete
MÖHREN	Doldenblütler	Endivie, Dill, Knoblauch, Kohl, Gartenkresse, Lauch, Radieschen, Rettich, Salat, Schnittlauch, Tagetes, Tomate, Zwiebeln	Möhre
PASTINAKEN	Doldenblütler	Möhre, Kartoffel, Salat, Radieschen, Rote Bete, Sellerie, Spinat, Zwiebeln	
PETERSILIE	Doldenblütler	Möhre, Winterlauch, Tomate, Zwiebeln, Schnittlauch, Erdbeere	Salat, Rote Bete
PFLÜCKSALAT	Korbblütler	Buschbohne, Kohl, Radieschen, Rote Bete, Pastinake	
RADIESCHEN	Kreuzblütler	Bohnen, Gartenkresse, Kohl, Möhre, Salat, Spinat, Tomate, Petersilie, Erdbeere	Zucchini
RETTICH	Kreuzblütler	Bohnen, Gartenkresse, Möhre, Salat, Tomate, Erdbeere	Zucchini
ROTE BETE	Gänsefußgewächs	Bohnen, Zwiebeln, Bohnenkraut, Dill	Kartoffel, Lauch, Mangold, Spinat
SELLERIE, KNOLLEN-	Doldenblütler	Kohl, Bohnen, Lauch, Spinat, Tomate	Kartoffel
SPINAT	Gänsefußgewächs	Bohnen, Kohl, Radieschen, Rettich, Salat, Tomate, Erdbeere, Beerensträucher	Mangold, Rote Bete, Spinat
STECKZWIEBELN	Zwiebelgewächs	Möhre, Salat, Tomate, Dill, Petersilie, Obstbäume	Bohnen, Kohl, Knoblauch, Lauch
TAGETES	Korbblütler	Bohnen, Möhre, Kohl, Erdbeere, Obstbäume	
TOMATEN	Nachtschattengewächs	Bohnen, Kohl, Möhre, Lauch, Salat, Sellerie, Spinat, Tagetes, Zwiebeln, Petersilie	Kartoffel, Rote Bete
ZUCCHINI	Kürbisgewächs	Bohnen, Zwiebeln	
ZUCKERHUT	Korbblütler	Kohl, Möhre	
ERDBEEREN	Rosengewächs	Gartenkresse, Feldsalat, Knoblauch, Lauch, Möhre, Salat, Spinat, Zwiebeln, Petersilie	
BEERENSTRÄUCHER	Rosengewächs	Gartenkresse	Obstbäume
OBSTBÄUME	Rosengewächs	Gartenkresse	Beerensträucher